# 戦後日本の貧困と社会保障
## 社会調査データの復元からみる家族

相澤真一／渡邉大輔／石島健太郎／佐藤 香［編］

東京大学出版会

POVERTY AND SOCIAL SECURITY IN POSTWAR JAPAN
Households Viewed through the Reconstruction of Social Survey Data
Shinichi AIZAWA, Daisuke WATANABE,
Kentaro ISHIJIMA and Kaoru SATO, Editors
University of Tokyo Press, 2024
ISBN 978-4-13-051149-0

# まえがき

　本書は東京大学社会科学研究所の附属社会調査・データアーカイブ研究センター（以下，CSRDA）が運営している課題公募型二次分析研究会「戦後福祉国家成立期の福祉・教育・生活をめぐる調査データの二次分析」の研究成果のひとつである．この研究会は 2017 年度に開始され，2024 年度の現在も継続されている．研究代表者は相澤真一，石島健太郎，渡邉大輔がつとめてきた．

　CSRDA では，その前身組織である日本社会研究情報センターの時代から，社会調査データの二次分析の普及を目的として二次分析研究会を開催してきた．その後，2010 年度からは CSRDA が共同利用・共同研究拠点に認定されたことを受けて，二次分析研究会を共同研究活動の一環として公募し組織化することとなった．研究テーマや利用するデータをあらかじめ定めて研究会参加者を募集する従来からの研究会を参加者公募型，研究テーマ・利用データ・共同研究者とも応募者が設定する研究会を課題公募型としている．

　本書を手にとってくださった読者の方たちには改めて説明する必要はないかもしれないが，二次分析とは既存の社会調査データをもちいた分析にもとづく実証的な研究方法である．研究者が自分自身で調査を実施して収集したデータを分析することを一次分析というのに対する呼称である．現在では多くの研究者がもちいている研究方法であるが，日本社会研究情報センターが SSJ データアーカイブを設立した四半世紀まえには，その利点は十分に知られていたとはいえない（たとえば佐藤 2002）．二次分析を普及させるための方策のひとつが二次分析研究会であった．

　これまで多くの二次分析研究会が開催されてきたが，ほとんどの二次分析研究会では，SSJ データアーカイブから公開されている整備済みのデータを利用している．それに対して，本書の執筆者が参加している二次分析研究会では，調査票原票のみが残されている社会調査データ（東京大学社会科学研究所所蔵「戦後労働調査資料」，本書の序章および第 1 章参照）を復元するところから研究を開始する点が異なっている．私たちは，この研究を復元二次分析と名付け

i

ている.

　復元二次分析の研究会が活動を開始したのは 2011 年度であるが，復元作業そのものは 2010 年度から始まっている．2011～12 年度は「戦後日本社会の形成過程に関する計量歴史社会学的研究」（研究代表者：橋本健二），2013～14年度は「戦後日本社会における都市化のなかの世帯形成と階層構造の変容」（研究代表者：森直人），2015～16 年度は「戦後日本における福祉社会の形成過程にかんする計量社会史」（研究代表者：相澤真一）であった．この間の経緯や復元二次分析の方法についての詳細は，本書の付録に収めているので，そちらを参照していただきたい．

　14 年間の二次分析研究会の活動には，ほんとうに多くの研究者が参加してくださった．研究成果として何冊かの書籍も刊行している．けれども，復元二次分析による「計量歴史社会学」の可能性と「あり得べき形」を十分に検討することができた成果としては，本書が最初のものとなった．本書の序章では，私たちの考えた復元二次分析の可能性と「あり得べき形」についてもふれている．

　本書の執筆者はみな，中堅から若手の研究者であり，利用した復元データは1950 年代から 1960 年代にかけての社会調査データである．自分たちが経験していない戦後の日本社会について，調査データを手がかりとして，周辺情報を収集しつつ，当時の社会状況と問題関心を理解し文脈を解読していく作業は，ときに楽しく，ときに苦しいものであった．各自がこれまで蓄積してきた研究領域における知見を利用して執筆を進めてきた．

　その一方で，戦後日本社会の貧困が共通の関心となった．本書の準備を始めた時期にコロナ禍があり，巻き込まれない人がいないような大きな困難にあっては，もともと不利な立場にある人々が，より深刻な影響を受けることについて研究会でも議論になった．コロナ禍がなかったとしても，バブル経済の崩壊から 30 年が経過するなかで，貧困が日本社会の課題として立ち現れてきている．戦後の日本社会において，貧困は現代よりも一層，身近で切実な問題だった．本書の執筆者たちは，戦後の貧困を理解することは現代の貧困を理解することにつながるのではないかと考えている．

　「戦後労働調査資料」の復元二次分析には，さまざまな可能性が存在する．

本書が実現できたのは，その可能性のうちのひとつにすぎないことを編者・執筆者とも承知している．けれども，ひとつの可能性を追究し実現しないことには，次の可能性に着手することもできない．本書を送り出した後，研究会では新たな調査データによる新たな可能性を見出そうと研究を進めている．

　読者の皆さまが復元二次分析という研究方法に関心をもち，また戦後の日本社会の貧困について現代とも通底する課題を共有していただけるならば嬉しく思う．さらに，本書で使用されているデータは CSRDA の SSJ データアーカイブから順次，公開されているので，本書を読んで関心をもってくださった研究者がデータを申請して分析し，本書を超える成果を出してくださるならば，望外の喜びである．

編者を代表して　　佐　藤　　香

［参考文献］
佐藤博樹，2002，「二次分析の新たな展開を求めて」『理論と方法』17(1): 1-2.

# 目　次

まえがき　　i

## 序章　戦後日本社会の世帯と福祉を復元二次分析から解読する
————————————————————————相澤　真一　1

### 第Ⅰ部　戦後の貧困へのまなざし
1950 年代・1960 年代の貧困はいかなるものだったか

## 1章　社研所蔵社会調査の由来と特徴————————岩永　理恵　13
復元二次分析の可能性

1　"社会調査" とその歴史　　13
2　社会調査・労働調査・貧困調査　　18
3　戦後直後に調査実施可能であった由来　　20
4　調査実施体制＝東大社研・氏原研究室　　22
5　社会階層論　　26
6　東大社研・氏原研究室，その後　　28

## 2章　「調査員」を中心に社会調査を描きなおす————堀江　和正　35
神奈川調査シリーズにおける民生委員の役割に着目して

1　問題設定——なぜ調査員に着目するか　　35
2　なぜ民生委員が調査員となったか　　38
3　民生委員が調査員となったことの帰結　　42
4　民生委員は調査をいかに経験したか　　45
5　おわりに　　49

v

## 3章　戦災母子世帯の戦後─────────渡邊　勉　53

1　戦争未亡人の戦後　53
2　分析のための背景　55
3　生活保護世帯の特徴　57
4　母子世帯の特徴　63
5　結　論　68

## 4章　「ボーダー・ライン層」調査の復元二次分析──相澤　真一　71
データから見る 1960 年代前半の低所得層

1　はじめに　71
2　「ボーダー・ライン」層と調査の歴史的位置づけ　72
3　神奈川県民生基礎調査（「ボーダー・ライン層」調査）の概要　75
4　分析結果　77
5　結果のまとめと考察・結論　85

### 第 II 部　人びとはいかに厳しい状況からの脱却を図ったか
生業・教育・医療・住宅

## 5章　高度経済成長期の福祉貸付─────────角崎　洋平　91
昭和 30 年代の世帯更生資金貸付（生業資金）の位置と効果

1　はじめに　91
2　世帯更生資金貸付制度の沿革と生業資金貸付の位置　93
3　世帯更生資金貸付生業資金の対象世帯と対象事業　99
4　生業資金貸付の効果はあったのか　103
5　むすびにかえて　110

## 6章　高度経済成長初期段階の進学支援とその意味—白川　優治　115

1　はじめに　115

2　1950年代における進学資金を支援する2つの制度　116

3　「福祉資金行政実態調査」からみた母子福祉資金における「修学資金」の利用の状況　123

4　まとめ——高度経済成長初期段階の進学支援制度とその意味　128


## 7章　福祉貸付と医療保障————————————————坂井　晃介　135
療養資金の機能と「ボーダー・ライン層」の健康

1　医療保障における貸付の役割　135

2　世帯更生資金と療養資金　137

3　社会保険と療養資金　141

4　生活保護と療養資金　144

5　傷病と療養資金　149

6　結　論　155


## 8章　既存持家の改善からみる住宅資金の歴史的意義
住宅事情および政策の棲み分け————————————佐藤　和宏　161

1　はじめに　161

2　東大社研における住宅調査——住宅難の観点から　161

3　戦後日本における住宅事情　164

4　福祉資金における住宅資金の総論的検証　167

5　住宅資金はニーズを満たしたか？　171

6　結　論　176

## 9章　福祉資金の利用にともなう恥の規定要因————石島健太郎　181
### 民生委員による伴走支援に注目して

1　問題の所在　181
2　先行研究と本章の仮説　183
3　データと方法　187
4　結　果　188
5　考察と結論　193


# 第III部　マージナルな人びとのライフコース
### 主婦・子ども・高齢者


## 10章　耐久消費財の普及は妻の家事時間を減らしたのか
————————————渡邉大輔・前田一歩　203

1　問題の所在と問いの設定————家族の戦後体制と家事　203
2　データと方法　206
3　分析結果　208
4　考察と結論　214


## 11章　団地のなかの児童公園————————前田　一歩　221
### 高度経済成長期の外遊びをめぐる生活時間データの分析

1　はじめに————大人—子ども関係の焦点としての公園　221
2　戦後日本社会のなかの公園　226
3　「団地居住者生活調査」（1965年）の分析から　228
4　結論————公園をとおして家族を見る，家族をとおして公園を見る　238

## 12章　1960年代における高齢者の生活の実相————羅　　佳　243
　　　「老人問題」の諸相

　1　はじめに　243
　2　1960年代の高齢者をめぐる動向　245
　3　新聞記事と文献から取り上げられた高齢者の生活の実相　248
　4　考　察　257
　5　おわりに　259


## 13章　戦後日本型労働・雇用─保障体制の手前における高齢者の
　　　働き方と子からの自立生活意識————————渡邉　大輔　263

　1　問題の所在と問いの設定──高度経済成長期初期の老い　263
　2　データと方法　266
　3　分析結果　268
　4　考察と結論　277


　付　　録　281
　あとがき　305
　索　　引　307

# 序章────
# 戦後日本社会の世帯と福祉を復元二次分析から解読する

相澤　真一

　本書は，半世紀以上前の複数の社会調査票をデジタル復元し，その復元デー
タの統計分析と各種史資料の突き合わせから，戦後日本社会の世帯・家族と福
祉について読み解くことを目指している．

　東京大学社会科学研究所にある SSJ データアーカイブは，日本最大のデー
タアーカイブとして，21 世紀日本の社会科学において二次分析の手法を広め
ることに多大なる貢献をしてきた．一方で，我々が思い立ってすぐに二次分析
を試みることができるデータは，このように然るべき形式で保管されているも
ののみである [1]．そのため，日本社会の過去に計量的に迫ろうとする場合にお
いては，二次分析できる状態のデータが存在するか，という制約が常につきま
とう．例えば，SSJ データアーカイブの場合，2024 年 8 月 18 日時点において，
1990 年代に調査されたデータは 197 件寄託されている一方で，1980 年代の調
査は 40 件，1970 年代の調査は 46 件にとどまる [2]．現代史がどこまで計量的
検討に耐えうるかは，二次分析可能なデータの有無に大きく規定されている．

　本書の編者，執筆者らが行ってきた復元二次分析は，現代技術を生かして，
アーカイブの時代規定性にささやかながら抗しようとする試みである．復元二
次分析とは，「紙の原票データについて，回収された個票の情報を（コーディ
ングした上で）ディジタル化し，二次的な利用が可能なサンプルデータとして
整備」（相澤ほか 2013：65）したうえで分析を行うものである．本書編者を代表
とする研究グループでは，2010 年以来，東京大学社会科学研究所に所蔵され
ている調査票原票を復元し，二次分析データとして活用できるようにする作業
を行ってきた．

　この作業を開始するにあたり，大きな手掛かりとなったのが，東京大学出版

1

会から出版された『戦後日本の労働調査』という書籍である．『戦後日本の労働調査』は，東京大学社会科学研究所で長年調査研究に従事してきた氏原正治郎が行ってきた調査の目録とも言える資料である[3]．『戦後日本の労働調査』では，「戦後労働調査資料」として，65の調査がリストアップされており，労働組合あるいは労働環境の調査が多い．これらの調査のうち，SSJデータアーカイブの調査番号001として最初に寄託・公開されたのが，新規学卒者（中卒）労働市場調査（資料No. 36）である．このデータは，のちの「金の卵」となる中卒者の1953年当時の労働市場のありようの解明に貢献している（苅谷ほか編 2000）．「戦後労働調査資料」としてとりわけ重要なものは，戦後日本社会における長期勤続雇用の出現についての根拠資料となった1951年の京浜工業地帯調査（従業員個人調査）（資料No. 18）である．この調査票は，比較的良い保存状態で残されており，その後に経済史や労働社会学の研究関心に基づいて復元が試みられた（菅山 2011；橋本 2015）．橋本健二による復元データが寄託され，現在では，SSJデータアーカイブにおいて公開されている．

　一方，その他のデータの多くは散逸している．先述のように65点リストアップされた調査のうち，オリジナルの回答が記入された調査票原票が残っているのは3分の1程度である．そのなかで，特に良い状態で残されていたのが，『戦後日本の労働調査』で「後期」の「貧困・社会保障」に分類されていた12件の調査である．このうち，当時の集計に使われた個票が全て現存していると確認できたものは6件で，特に，1961年から65年に氏原正治郎が神奈川県と連携して行った調査については，2010年に本研究を開始した時点で全て原票が保管されていた．具体的に列記すると，次の通りになる．

　No. 55　貧困層の形成（静岡）調査（1952年実施，復元済，SSJDAから公開済）

　No. 60　「ボーダー・ライン層」調査（1961年実施，東半分を復元，SSJDAから公開済）

　No. 61　福祉資金の経済効果調査（1962年実施，復元済，公開寄託作業中）

　No. 62　老齢者の労働・扶養調査（1963年実施，復元済，公開寄託作業中）

　No. 63　ソーシャル・ニーズ調査（1964年実施，2022年度撮影，入力，復

元作業中）

No. 64　団地居住者生活調査（1965 年実施，復元済，SSJDA から公開済）

　本書は，このうち，2024 年 8 月現在も復元作業が続く No. 63 のソーシャル・ニーズ調査を除く 5 点のデータの復元二次分析の結果から，戦後日本社会の世帯・家族と福祉を読み解くことを目指している．ただし，No. 55 貧困層の形成（静岡）調査と No. 60「ボーダー・ライン層」調査のデータについては，既に，相澤真一ほか『子どもと貧困の戦後史』（青弓社）にて，No. 64 団地居住者生活調査については，渡邉大輔ほか編『総中流の始まり』（青弓社）を先行して出版しているため，その点と重複を避けて全体を構成している[4]．

　本書の各部の研究関心を端的にまとめるならば，第 I 部の問いは，戦後日本の貧困はいかに調査され，把握されたか，第 II 部の問いは，戦後日本の貧困からの脱出がどのような形で試みられたのか，第 III 部の問いは，貧困が経済成長によって後景に退くなかで，どのようなライフコース上の課題が現出したのか，である．第 I 部では，復元二次分析に用いた調査票に歴史的にアプローチするとともに，No. 55 貧困層の形成（静岡）調査と No. 60「ボーダー・ライン層」調査から高度経済成長前の日本に横たわっていた貧困の様態と調査のありように迫っている．第 II 部では，全て 1962 年に実施された福祉資金の経済効果調査（No. 61）を扱っている．福祉資金の経済効果調査は，その字義通りに貸付を行った福祉資金の経済効果を測るものであった．ここに現代的な統計分析を応用して，当時の貧困脱却の試みの歴史的文脈を探る．第 III 部では，No. 62 老齢者の労働・扶養調査と No. 64 団地居住者生活調査を用いて，成人男性に対して様々な形で周縁的な立場に置かれていく子ども，主婦，高齢者といった人々の生活に注目する．

　本書巻末では，この復元作業をどのように行ってきたのか，の具体的な作業過程の詳細を付録として紹介している[5]．詳細はこの付録に譲るが，本作業の一連のプロセスは，「1　保管されている調査票を確認する」「2　撮影する」「3　入力ルールを作成し，入力する」「4　文字情報をコーディングする」「5　データクリーニングをする」といった流れで構成されている[6]．その分野の方ならばすぐに気づくと思うが，2 の「撮影する」という作業を除けば，その多くは，

調査票を用いた量的社会調査と同じ方法である.

このため，氏原正治郎を始め，当時，経済学者が多く手がけた調査ではあったものの，本復元作業に携わった者の多くは，社会調査に従事する社会学を学問的出自とする者たちである．また，「貧困・社会保障」の調査に，籠山京や江口英一といった貧困研究に重要な貢献をもたらした研究者たちが参加していたことは見逃せない．この点で，家計の研究が社会福祉学の一部へ分化していく前に行われた経済学的社会調査という特徴も持ち合わせている．そのため，復元されたデータについては，社会福祉学の観点からの解読作業も合わせて行うことが必要であった.

さらに，「撮影する」あるいは「解読する」という点では，文化史におけるデジタル保存の研究なども参考にし（例えば，樫村 2010），調査票の読解に当たっては，日本史学で用いられるくずし字事典を参照した．最終的に，復元されたデータは，現代のコンピュータを用いた統計分析が行われている．このように復元二次分析とは，社会学，経済学，社会福祉学，歴史学，統計学にまたがる総合的社会科学の営みとも言える作業であることを強調したい.

## 復元二次分析の学術的研究の可能性と価値

復元二次分析は，このように学際的な知識を必要とする作業である．時間も労力もかかる．では，それだけの価値のある作業なのだろうか．この点は，読者の評価に委ねられる点も大きいと思われる．一方で，10 年以上この作業に従事してきた立場から，「復元二次分析」の可能性はどのように考えられるか，この点について，ここで試論として示しておきたい.

この「戦後労働調査資料」の保存・記録の実務に関わった 1 人でもある山本潔は次のように書き残している.

> とりわけ，社会科学研究所に所蔵されている「調査原票」について，調査当時の集計方法を吟味しながら，現時点において新たな問題関心と研究方法によって再整理してみると，既存の調査報告書とは著しく異なった結論が導き出されるのではないか．（山本 2009：130）

我々は，復元二次分析に携わってきて，この山本潔の発言には，注目すべき箇所が次の3点に集約されると考えている．

1.「調査当時の集計方法を吟味しながら」
2.「現時点において新たな問題関心と研究方法によって再整理してみると」
3.「既存の調査報告書とは著しく異なった結論が導き出されるのではないか」

という点である．統計的社会調査をやった者ならば誰しも経験することだが，統計的社会調査は得られたデータに入っていない情報は分析できない．異なる時代に別の人間が実施した調査であれば，なおさらである．そのため，当時，実際にどのようにこの調査を集計したのか，調査項目と当時の文脈を補っていく作業が必須となる．この点で，復元二次分析は，現在の学問的区分に拘泥せずに，当時の問題意識を汲み取ることを研究者に要求するものである．本書でも，第Ⅰ部第1章（岩永理恵），第2章（堀江和正），第Ⅱ部第5章（角崎洋平），第Ⅲ部第12章（羅佳）の章は，調査当時の集計方法あるいは調査周辺の社会状況を吟味する作業を行っていると見ることができる．

　この点を踏まえながら，「新たな問題関心と研究方法」で当時の文脈を読む試みが，復元二次分析として，統計分析を行ってきた章となる．その結果，「著しく異なった結論」か，は読者に判断を委ねる点もあるものの，そもそも復元二次分析には，「著しく異なった結論」かどうかを検証する「仮説検証型復元二次分析」と別の形で時代や社会を理解しようとする「探索型復元二次分析」があるのではないか，と筆者は考える．

　例えば，「戦後労働調査資料」のなかでもその歴史的価値が認められている京浜工業地帯従業員調査の再分析から，日本の製造業労働における長期勤続雇用のあり方を検討した菅山（2011）や橋本（2015）の研究は，仮説検証型復元二次分析と言える．他方，本書で扱う戦後労働調査資料「貧困・社会保障」に関するデータは，このような「仮説検証型」とは異なる「探索型復元二次分析」向きのテーマと資料群と言えるのではないだろうか．今回復元したデータでは，既存の調査報告書の結果を吟味しつつ，むしろ貧困，福祉資金の貸付，

老齢者（高齢者），団地居住といった当時の調査対象の問題領域と，それを調査することに関心のあった社会状況とを相互に探索的に読み解いている．この作業を通じて，歴史資料としての調査データの可能性を吟味するという作業が主となるからである．

　本書で扱うデータは，貧困と貸付のデータ，高齢者世帯のデータ，公営と公団の住宅に居住する人たちのデータである．これらのデータを相互に横断しながら分析を進めてきて，日本における「福祉的なるもの」の勃興につながる問題意識を持ったデータであるという感触を執筆者間で強めてきた．ただし，これらのデータは，行政と連携した調査であったこともあり，報告書は単純集計にとどめられている．報告書のなかに必ずしも何らかのストーリーが語られている訳ではない．当時の政策に何らかの形で反映していた可能性はあるものの，これらのデータを用いて学問的に確たる結論を当時，得たわけではない．すなわち，本書で扱うデータは，そもそも「著しく異なった結論」を導出する土台となるこれまでの定説を見出しづらいデータである．

　しかしながら，データ分析に身を沈潜させればさせるほど，京浜工業地帯調査以降，断続的に続いた神奈川県との調査協力関係のなかで，制度・実態両面において，（後の時代から見れば）「福祉的なもの」に目を向けざるを得ないような社会状況に至ってきたことが窺える．特に，1960年代前半の神奈川県は，農村的なものが残る地域から都市化，工業化の先端を行く地域まで，当時の国土の開発・発展の成果と問題の「るつぼ」のような状態だったように見えてくる．このようななかで，データを史資料と突き合わせながら，どのような社会が見えるのか，これを探索的に組み立てていく上での重要な構成物として本書で用いた復元データが生きる可能性がある．本書は，このように，当時の定説あるいは現代の定説を否定するというよりは，現代までの社会変化を踏まえながら，当時の社会をいかに復元，再構成してみることができるのか，という探索的な営みだと考えている．

　この探索的な営みが，社会学の基本概念である「社会学的想像力」（ミルズ）が要求される作業であることは，社会学に触れたことがある人ならばすぐ理解できるだろう．ミルズは「人間とは隔絶されたような客観的な変化から身近な自己の親密性へと眼を移し，そして両者の関わりを見ることのできる能力」

（Mills 1959＝2017：23）として社会学的想像力を位置付けているが，このように縦横無尽に当時の社会と個人の「あたりまえ」と今の社会と個人の「あたりまえ」を自由に架橋する社会学的想像力が要求される作業である．本書が目指してきたのは，このような探索型二次分析の立場から見た戦後日本社会の再構成である．

　この再構成を行う際に留意すべき点は数多く存在した．第1に，注意しなければならないのが「世帯」の概念である．今回復元した調査は，すべて経済単位としての世帯を基本とした調査票であった．個人が世帯にネストされているという発想の調査であり，その発想を生かした分析手法や記述手法を常に頭において分析していく必要があった．加えて，第Ⅰ部第2章で詳述したものの，データがランダムサンプリングデータでないことを踏まえた積極的な位置づけがいずれのデータでも必要であった[7]．この点で，日本全体について統計的推測を行おうとするデータとも異なる位置づけで分析結果を吟味する必要があった．このため，単純に統計的検定結果を解釈することをよしとするのではなく，既存統計や各種資料との紐づけも重要な作業となった．この点で思わぬ見落としがあれば，ぜひご指摘願いたいところである．

1）　この点は，海外でも同様の問題を抱えている．例えば，アメリカのデータアーカイブ ICPSR では，政治学者シュタイン・ロッカンが 1953 年に行った 7 カ国の教員についての比較調査が所蔵されているが，これは 2024 年本書出版時点でテキストデータのみしか存在しない（https://www.icpsr.umich.edu/web/ICPSR/studies/7239）.

2）　なお，1970 年代の 46 件のうち，実に 41 件の調査は，調査データの多くをデータアーカイブに寄贈した政治学者の三宅一郎によるものである．三宅一郎はこのようなデータの未整備状況における偉大なる例外であり，SSJ データアーカイブに所蔵されている 1960 年代の調査データ 98 件のうち 94 件，1950 年代の調査データ 17 件のうち 12 件が三宅一郎の寄託によるものである（2024 年 8 月 18 日現在）．このようなデータを用いた再分析も俟たれるところである．

3）　この『戦後日本の労働調査』がまとめられた際，「整理票」の名称は「戦後日本労働調査」であった．これを後にまとめた山本（2009）が用いた「戦後労働調査資料」の名称をこの資料の総称として用いた．本調査の実務主要メンバーは 1920 年生まれの氏原正治郎を筆頭にして，1920 年代，30 年代生まれの人々であり，最も若い世代が 1940 年代後半生まれの団塊の世代であった．そのため，ほとんどの先生方は既に大学を去っており，復元に際しての情報を得ることは困難であった．そ

のなかでも聞き取りに応じてくださった川上昌子氏と下田平裕身氏には記して感謝申し上げる．また，幾度となく当時のことについて資料を含めて情報提供してくださった仁田道夫氏に心から感謝申し上げる．

4）　この書籍 2 冊以外に，既に報告書としては，東京大学社会科学研究所附属社会調査・データアーカイブ研究センター（2013）『2012 年度課題公募型二次分析研究会社会科学研究所所蔵「労働調査資料」の二次分析研究成果報告書』と東京大学社会科学研究所附属社会調査・データアーカイブ研究センター（2020）『2019 年度課題公募型二次分析研究会戦後福祉国家成立期の福祉・教育・生活をめぐる調査データの二次分析』の 2 点にも分析結果を報告している．この 2 点の報告書の内容は，本書でも一部，反映されている．なお，先述した No. 55 から No. 64 の調査名については，若干の表記ゆれが存在する．本書では基本的に『戦後日本の労働調査』にあった先述のもので基本的に記載している．ただし，No. 61 と No. 62 についてはこの名称が調査目的を限定的に示しすぎているという編者からの意見により，調査票に記載されている調査名である「福祉資金行政実態調査」と「老齢者生活実態調査」の名称も用いている．

5）　この付録に加えて，既に編者や執筆者たちの行ってきた復元作業については，相澤ほか（2013），佐藤ほか（2015），前田ほか（2024）を参照されたい．特に前田ほか（2024）は近年の作業の改善を含むものとなっている．

6）　具体的には，「ボーダー・ライン層」調査（東半分）（1961）は，6152 世帯，329 カラムで合計 202 万 4008 セルを入力する作業であった．同様の計算方法によると，貧困層の形成（静岡）調査（1952）は，1000 世帯，920 カラムで 92 万セルの入力作業，団地居住者生活実態調査（1965）は，1052 世帯，689 カラムで 72 万 4828 セルの入力作業，老齢者生活実態調査（1963）は，5729 世帯，7020 人，235 カラムで 164 万 9700 セルの入力作業，福祉資金行政実態調査（1962）は，4281 世帯，570 カラムで 240 万 170 セルの入力作業であった．「ボーダー・ライン層」調査と貧困層の形成（静岡）調査は相澤が，それ以外の 3 点のデータは渡邊大輔が作業代表者となって復元を進めた．団地居住者生活実態調査は，森直人（筑波大学）も共同代表として作業している．編者のうち，石島健太郎は，これらのデータ復元作業のほぼ全てに何らかの形で関わった．佐藤香は，東京大学社会科学研究所で本事業を進める上での先導的役割を担った．

7）　当然のことながら，抽出された社会階層が調査ごとに大きく異なっている．被保護世帯から回収された貧困層の形成（静岡）調査が最も貧しく，「ボーダー・ライン層」調査，福祉資金調査は貧困前後の世帯が多かった．

[付記]

　本研究は，「戦後労働調査資料」の特別利用をはじめ，東京大学社会科学研究所に全面的にご支援を頂いております．記して感謝申し上げます．

［参考文献］

相澤真一・小山裕・鄭佳月，2013，「社会調査データの復元と計量歴史社会学の可能性——労働調査資料（1945-1961）の復元を事例として」『ソシオロゴス』37: 65-89.

相澤真一・土屋敦・小山裕・開田奈穂美・元森絵里子，2016，『子どもと貧困の戦後史』青弓社.

橋本健二編，2015，『戦後日本社会の誕生』弘文堂.

苅谷剛彦・菅山真次・石田浩編，2000，『学校・職安と労働市場——戦後新規学卒市場の制度化過程』東京大学出版会.

樫村雅章，2010，『貴重書デジタルアーカイブの実践技法』慶應義塾大学出版会.

前田一歩・堀江和正・瀬戸健太郎，2024，「『国鉄労働組合婦人部実態調査』（1952年）の復元過程——『データセットの整備』と『資料保存』は両立しうるか」SSJデータアーカイブ Research Paper Series No.90，東京大学社会科学研究所附属社会調査・データアーカイブ研究センター.

Mills, C. W., 1959, *Sociological Imagination*, Oxford University Press.（＝2017，伊奈正人・中村好孝訳，『社会学的想像力』筑摩書房）.

労働調査論研究会編，1970，『戦後日本の労働調査』東京大学出版会.

佐藤香・相澤真一・中川宗人，2015，「第2章　歴史的資料としての社会調査データ」野上元・小林多寿子編著『歴史と向きあう社会学——資料・表象・経験』ミネルヴァ書房，pp. 45-64.

菅山真次，2011，『「就社」社会の誕生——ホワイトカラーからブルーカラーへ』名古屋大学出版会.

渡邊大輔・相澤真一・森直人編，2019，『総中流の始まり——団地と生活時間の戦後史』青弓社.

山本潔，2009，「社会科学研究所所蔵『戦後労働調査資料』の研究史上の価値について」『社会科学研究』61(1): 111-133.

第I部

戦後の貧困へのまなざし
1950 年代・1960 年代の貧困はいかなるものだったか

第Ⅰ部では，本書全体で用いるデータについて歴史的観点から批判的に検討を行った第1章，第2章と，このデータを用いた計量分析によって戦後日本の貧困を描き出した第3章，第4章の計4章で構成されている．

　第1章の「社研所蔵社会調査の由来と特徴──復元二次分析の可能性」（岩永理恵）は，本書の復元二次分析の対象とした東京大学社会科学研究所所蔵の「戦後労働調査資料」と総称される調査票資料群がいかなるものであるのかを，2020年代から再アプローチする試みである．第2章の「『調査員』を中心に社会調査を描きなおす──神奈川調査シリーズにおける民生委員の役割に着目して」（堀江和正）は，調査員としての民生委員に注目した論稿である．第1章では，調査プロジェクト自体を"鳥の目"の視点から，第2章では調査員を務めた民生委員の"虫の目"の視点から捉えなおしている．この両者の論考を通じて，当時，とりわけ神奈川県において，なぜ，どのように大規模な社会調査が行われたのかについての理解が深まるだろう．

　第3章の「戦災母子世帯の戦後」（渡邊勉）では，1952年に静岡県の被保護世帯を対象に行われた調査の復元二次分析によって，特に戦災母子世帯に注目した分析が行われている．このデータは，当時の貧困を考える上での重要点である女性世帯主世帯からの回収が過半数を占めており，この特徴を生かした分析が行われている．第4章「『ボーダー・ライン層』調査の復元二次分析──データから見る1960年代前半の低所得層」（相澤真一）では，「ボーダー・ライン層」が被保護世帯よりも少し上の低所得層から回収されたデータであることに着目し，保護の対象にはならないレベルの低所得層が1960年代前半にどのように存在していたかについて，計量分析から理解を試みる．第3章・第4章で描き出される貧困の様相は，第Ⅱ部以降で取り上げる貧困からの脱却と高度経済成長期以後のライフコースの近代化を後に控えた，戦後日本社会の出発点とも言えよう．また，これらの章は，21世紀に入ってから問題として再注目された「子どもの貧困」と「母子世帯の貧困」の歴史的文脈を理解する上で一定程度貢献するものであると考えられる．

# 1章──
# 社研所蔵社会調査の由来と特徴
## 復元二次分析の可能性

岩永　理恵

## 1 "社会調査"とその歴史 [1]

　東京大学社会科学研究所所蔵の社会調査（以下，社研所蔵社会調査，と略す）の復元二次分析とは，日本における社会調査の営みにおいて，いかなる位置を占めるのであろうか．社研所蔵社会調査は，どのように実施され，いかなる結果を残したのか．本章は，まず社会調査やその歴史を扱う先行研究を参照しながら，特に復元二次分析を行った社研所蔵社会調査，具体的には「**表1-1 復元された社研所蔵社会調査**」にまとめた各種調査の由来を論じる．次に，社研所蔵社会調査の特徴を，調査が実施された歴史的経緯や先行研究における評価を紹介しながら検討する．

　ところで，そもそも社会調査とは何か．社研所蔵社会調査といっても，社会調査の意味するところが問題である．社研所蔵社会調査は，『戦後日本の労働調査』と銘打った著作に収められた調査の数々であるから，社会調査というより労働調査という語を用いるべきか．労働調査は社会調査に含まれないのか．社研所蔵社会調査のいくつかの主な調査者であり，自身を調査屋と称する江口英一（1990：19）は，戸田貞三（1935）に言及しながら，「要するに，社会調査とは何かについての定説はまだあまりないといってよい」という．

　このように江口に言わしめるほどに社会調査とは何か捉えがたいといっても，社会調査を説明する文献は多数ある．たとえば，社会調査の語句がタイトルにある文献を多数著した福武直（1958：13-14）は，次のように社会調査を説明し

## 表1-1 復元された社研所蔵社会調査

| No. | 労働調査論研究会編（1970）の番号 | 企画決定から終了 | 労働調査論研究会編（1970）上の調査タイトル | 調査組織 | 依頼者 | 備考 |
|---|---|---|---|---|---|---|
| 1 | 18 | 1951年8月-1954年3月 | 京浜工業地帯調査（従業員個人調査） | 公式責任者：大河内一男　直接参加者：氏原正治郎、内藤則邦、松本達郎ほか | 神奈川県企画審議室 | 調査実施経緯、大河内一男が1951年3月から神奈川県の県専門委員であり依頼をうけた。 |
| 2 | 36 | 1953年7月-1955年7月 | 新規学卒者（中卒）労働市場調査 | 公式責任者：大河内一男　直接参加者：氏原正治郎、江口英一、関谷耕一、高梨昌 | 神奈川県企画審議室 | 調査実施経緯、大河内一男が神奈川県の専門委員であった。 |
| 3 | 55 | 1953年5月-1954年3月 | 貧困層の形成（静岡）調査 | 公式責任者：氏原正治郎　直接参加者：氏原正治郎、江口英一、関谷耕一、高梨昌 | 厚生省企画室 | 調査実施経緯、労働科学研究所藤本武が原票を提供した。54 貧困層の分布（富山）調査と関連しておこなわれた。 |
| 4 | 60 | 1961年5月-1962年3月 | 「ボーダー・ライン層」調査 | 公式責任者：氏原正治郎　直接参加者：氏原正治郎ほか | 神奈川県民生部 | 調査票は主として神奈川県民生部員が調査対象者を訪問し、民生委員が調査票にもとづいて聴き取り、記入した。 |
| 5 | 61 | 1962年4月-1963年3月 | 福祉資金の経済効果調査 | 公式責任者：氏原正治郎　直接参加者：氏原正治郎、小池和男 | 神奈川県民生部 | 貸付時の世帯の状況は神奈川県民生部福祉課が貸付決定時の書類から調査票に転記し、調査時点現在の世帯の状況については県下の全民生委員が調査対象世帯の世帯主と面接して調査票に記入した。 |
| 6 | 62 | 1963年4月-1964年3月 | 老齢者の労働・扶養調査 | 公式責任者：氏原正治郎　直接参加者：氏原正治郎、下田平裕身 | 神奈川県民生部 | サンプリング調査、調査員は、民生委員。 |
| 7 | 64 | 1965年10月-1966年3月 | 団地居住者生活調査 | 公式責任者：氏原正治郎　直接参加者：氏原正治郎、小林謙一ほか | 神奈川県民生部および日本住宅公団 | 聴き取り調査とアンケート調査。アンケートは、自治会役員または管理人、連絡員を通して配布、回収。 |

注：No.5とNo.6は公開・寄託に向けた作業中、その他は寄託済み。No.1-7の他に「ソーシャル・ニーズ調査」「国鉄女子労働者調査」は復元作業中（2024年8月1日時点）。
出典：労働調査論研究会編（1970）を参照し、筆者作成。

た[2].

> 社会調査は，社会事象を人間の社会的生活関連における意義に即して調査するものであり，いわば社会生活の調査である．この社会生活は，いうまでもなく，政治，経済，社会，教育，宗教，等々の諸側面を含んでいる．したがって，これらの諸側面のどれを主な対象とした調査であっても，それは社会調査になる．

　この説明は，現在の日常語における社会調査の語感とも違和感がないであろう．本章のタイトルにある社会調査とはひとまずこの意味であり，労働調査は社会調査に含む．福武（1958：18-19）は「社会調査は，科学的調査と実践的調査に分けられるとしても，その区別は重要ではないし，その間の差異は本質的なものではない」とした．

　ただし福武（1958）は次のようにもいう．「社会的生活関連をとらえることができない調査は，社会調査としては完全に失敗」（同書：14）であり，「社会調査は科学的調査であれ，実践的調査であれ，ひとしく科学的に行われるべき」（同書：19）である．福武直（1954：7）は，「明確な問題意識と精密な技術的方法とが失われるとき，社会調査はその名に値しない」というのである．本章で深入りすることはできないが，福武の所論からは，学術，社会科学としての社会調査は，日常語の社会調査とは別の意味を持たされていることが分かる．戸田・甲田（1951）などでも，福武と似た論理展開によって社会調査の意味が説明されており，福武の立場は，少なくとも戦後から1950年代の社会学において共有されていたと推察する．

　さらにいえば，このことは社会学の発展と深く関わる．現在からみると意外かもしれないが，島崎稔（1956：449-472）は，敗戦後から1950年代は「調査ブーム」であること，戦前期の「社会学の主流は理論的研究にあり，実態調査を社会研究の必須的条件とするには至らなかった」と述べた．上記に引用した文献は，「調査ブーム」の中にあって，社会学としての社会調査を発展させようとした取り組みの一環と捉えられる[3]．

　ところが，その後の日本における社会調査について森岡清志（2007）は，

「大学において実践的な学問として位置づけられる機会に恵まれることは，ついぞなかったように思う」という厳しい評価を示している．これは「社会調査は社会学の方法として発展」し，コロンビア大学で統計調査（Statistical Survey，サーベイ調査）の方法が確立した，というアメリカとの対比で述べられた見解である．「日本の場合，社会調査は大学ではなく，国家や地方自治体の行政によって担われる技術として展開する」と述べる[4]．

社会調査を行政が担うという日本の特徴は，社研所蔵社会調査の由来においても重要である．あとで詳しくみるように，復元二次分析を行った社研所蔵社会調査の多くは，行政，具体的には神奈川県や厚生省から調査費を得ている．森岡（2007）を敷衍すれば，日本では，アメリカのように民間財団の寄付によって大学に機関が設置され調査遂行するのではなく[5]，行政機関の予算や科研費などいわば税金から大学所属の研究者個人（や任意の研究グループ）が調査費を得て調査遂行する．その際，少なくとも社研所蔵社会調査に顕著な特徴は，調査員が，大学の研究者や学部生・院生のみでなく行政の職員，民生委員などを含む点である．このような調査費，調査組織という調査実施体制の特徴は，実施された調査結果を解釈するうえで重要と考える．

しかしながら，これらのことは，社会調査とその歴史を語るなかで，あまり注目されてこなかったように思われる．その理由を，佐藤健二（2011）が次のように論じている．佐藤（2011：340-344）は，社会学における社会調査史の不在と70年代までの社会調査論を検討し，「二次資料よりも一次資料に，二次分析よりも一次分析のほうに価値がある」とし，「一次性が特権化される」と指摘した．この傾向によって「研究主体が認識を生産していくのだというプロセスそのものの認識」が甘くなったという．調査結果だけでなく，認識の生産プロセス，つまり「問題の設定，対象の設定，素材の選択・収集・整理一覧などの処理，さらには分類という解体と関連づけを経て，分析が立ちあがる」ことには触れられない．佐藤（2011）は，調査論が技法化していくなかで，このような多重のプロセスでさまざまな質を持つ資料・データが介在していることが語られなくなったと述べた．

翻って，これらの佐藤（2011）の指摘は，本書が取り組む二次分析の意義を明らかにしている．佐藤の指摘に加えて，調査の実施体制への関心も高めるべ

きと考える．社会学では，すでに触れた社会学としてあるべき社会調査を前提とすることから，行政が実施する，とりわけ調査員が行政職員や民生委員などである調査は，認識の外におかれたようである．川合隆男（2004）は行政，民間，社会学者という「三者の相互の交流や相互の活用も乏しく，多くの観察・調査結果資料も充分活かされないまま散逸」（同書：382）し，「数多くの行政調査の動向やそれらの批判的な活用もなされずに」（同書：389）いると指摘した．石川淳志ほか（1994）や松尾浩一郎（2015）など，社会学者による社会調査史では，行政が実施する調査にほとんど触れられていない．

　もちろん，社会学において行政実施の調査，行政とともに調査することが蔑ろにされてきたと主張したいわけではない．たとえば，福武・松原（1967）は，国や地方自治体が作成する統計資料を含む既存統計資料の利用方法を詳しく書いている．安田三郎の『社会調査ハンドブック』では，社会調査の系譜を，①行政的目的の統計調査（センサス），②社会事業的目的を伴って行われる社会調査（社会踏査），③サービス的または営利的目的のために行う世論調査および市場調査，④研究的目的のための調査，と４つ紹介した．後に続く章で解説する社会調査法，データ蒐集の技術と分析の論理は，社会学的研究のための調査だけでなく①〜④を含む広く社会調査一般に共通した技術であるとする（安田・原 1982：3-6）．社会調査は広く捉えられている．

　ただし安田三郎も，福武直と同様，その解説する技術に基づかない社会調査は「その名に値しない」という立場であろう．安田の『社会調査ハンドブック』各版を検討した佐藤健二（2011：417-443）の指摘が示唆的である．佐藤の分析によれば，『社会調査ハンドブック』の第２版では，第０版と第１版にあった官庁統計という調査実践を押さえた章が削除された．第０版では，社会学における一次的データの強調を批判し，官庁統計など二次的データを軽視しているとし，軽視の理由となる既存統計データの問題点として，①クロス集計がない，②社会学的な調査項目が少ない，③未熟な調査員が任命された場合の信憑性の低さ，を挙げたという．安田が第２版で官庁統計を削除したのは，まさにこの①〜③の問題，つまり，技術，作法に基づかない社会調査は取り上げるに値しないと判断したためではなかろうか．

　他方で，社会福祉学における調査史では[6]，行政や社会事業と関わる調査を

除外して論じることはできない．安田三郎が整理した系譜①や②は，④に先んじて実施されてきて，戦前期においては，むしろ主流であった．貧困調査と家計調査の歴史をまとめた先行研究，たとえば戦前は高野史郎（1974），戦後は岩田正美ほか（1983）が明らかにしたように，行政主体の調査が多い．実際的にいえば，行政や社会事業家を介さなければ，知りたい・調査したい対象に接近しがたいのであって，調査実施体制上，行政が関わる方が調査はスムーズに進行するともいえよう[7]．

　社会調査の技法がおざなりでよいわけはないが，学術としての社会調査に相当しないからといって，それを社会調査とみなさないという立場はとらない．その定義に照らして把握される未熟さや課題をも社会調査の一部として読み込めればと考える．社会学で試行錯誤されてきた社会科学としての調査とはなにかという研究，そして社会調査の歴史に鑑みて，社研所蔵社会調査について，調査実施体制，行政が関わる調査という特徴を認識することが重要である．調査が実施された経緯，調査自体のプロセスを検討することが二次分析であって，これらを試みる本書は，社会調査史にあらたなページを刻むものになろう．

## 2　社会調査・労働調査・貧困調査

　前節において，本章で用いる社会調査は広い意味であり，労働調査を含むとしたが，同時に，労働調査に独特の意味があることは指摘しておかなければならない．山本潔（2004）は，労働調査は「第一に，資本・賃労働関係についての科学的認識の始源としての役割」，第二に「日本資本主義における資本・賃労働関係の特質が，個々の産業分野・企業や社会現象において如何に具体的に発現しているかを明らかにし，ひいては社会的実践を導く役割」をもっているとした（同書：7）．これは定義というより意義を説明しているように思われるが，下田平裕身（2006）の表現をかりれば，「一般に経済学系の実態調査は，まず〈理論ありき〉」，日本資本主義に関する理論仮説や作業仮説を前提とする調査，といえよう[8]．

　示唆的なことは，先の定義により労働調査をまとめた山本潔（2004）が，『戦後日本の労働調査』と実質上の姉妹編（山本 2004：43）としながら，「『貧

困・社会保障』分野の諸調査」を研究対象から除外した点である（同書：12-14）．本書が扱う社研所蔵社会調査は，この『貧困・社会保障分野の諸調査』に該当する．除外の理由について山本潔（2004）は，「この分野は社会的にはもちろんのこと，社会科学研究所関係の調査史においても，一つの重要な分野をなしてきた」が，この分野の調査が1970年代以降にないこと，報告集があることを挙げた．

　そもそも東大社研による社会調査をまとめた『戦後日本の労働調査』は，一部に貧困調査を含むが本のタイトルには"社会調査"ではなく"労働調査"と題された．このことは，経済学における社会調査の系譜をたどる際，重要な論点になると考える．ただし，本書にとって，このことはさほど重要ではない．というのも，「**表1-1　復元された社研所蔵社会調査**」に挙げた1950年代実施の社研所蔵社会調査においては，労働調査と貧困・社会保障調査が明確には分かれていないからである．社会調査の実施を通じ，「社会階層論」という理論が見いだされる過程で分岐が生じる．下田平裕身（2008）は次のように述べている．

　　　　氏原氏と江口氏を比較したとき，氏原氏があくまでも「労働市場論」の立場で労働から生活を見て描く自立論を持っていたことに対して，江口氏は最初から「貧困」に関心を持っており，その共通する部分が「自立」であったと考えられる．江口氏にとって社会階層というのは，階層の移動，転落，没落をたどる一つの集団という発想が強かったのではないか．そこにやがて江口氏と氏原氏の系列が微妙に分かれていく流れが生じたのであろう．

　同じ社会調査に従事していても，それに取り組む関心，発想から「微妙に分かれていく流れが生じ」，氏原や山本が整理した労働調査と，江口の貧困調査の系譜ができてきた．そのような過渡期に位置するのが，「**表1-1　復元された社研所蔵社会調査**」の数々である．前節で参照した戦後直後に執筆された社会調査の文献である民族文化調査会編（1948）では，藤林敬三による「労働調査のために」があり，戦後直後に社会調査を論じるなかでは，労働調査を含ん

1章　社研所蔵社会調査の由来と特徴──19

でいたと解せる．佐藤（2011：333, 340-341）も，社会調査史を論じるなかで
『戦後日本の労働調査』に触れている．ただし佐藤は，『戦後日本の労働調査』
が，農村社会学者がまとめた『戦後日本の農村調査』（福武直編 1977）に比し
て，個票をはじめとする基本資料が共有され資料性の水準が高いと論じ，社会
学における社会調査の範疇に入れていないように読み取れる．

　社会調査の在り方は，学問分野の違いや，各分野を確立しようとする歴史と
深く関わるのである．と同時に，学問分野をまたがって研究交流がなされる重
要な現場でもある．社研所蔵調査の二次分析に取り組むには，その特徴を，一
連の調査が実施された歴史的経緯に照らして理解することが不可欠なのである．
そこで以降の節では，すでに触れた先行研究を含む，東大社研が実施した調査
を論じた先行研究や，関係者が執筆した様々な文章[9]を参照しながら，主に
「表1-1　復元された社研所蔵社会調査」に関わる時代背景，戦後直後に調査
実施可能であった由来を論じたうえで（第3節），調査実施体制＝東大社研・
氏原研究室（第4節）と社会階層論（第5節）という復元二次分析を行ってい
る社研所蔵調査の特徴を検討してみたい．

# 3　戦後直後に調査実施可能であった由来

　「表1-1　復元された社研所蔵社会調査」No. 1の調査の公式責任者は大河内
一男で，次節で述べるように彼が神奈川県の内山知事とつながりがあって調査
依頼を受けたという．労働調査論研究会編（1970）のNo. 1に挙げられ，前史
に位置づけられた『都内壕舎生活者調査』[10]の公式責任者も大河内一男である．
大河内一男は，一連の調査の中心人物の1人である．そこで，彼が，隅谷三喜
男，氏原正治郎，田添京二，高梨昌，兵藤釗を聞き手に研究に関する思い出な
どを語った内容をまとめた大河内一男（1970）に依拠し，大河内が活躍した戦
前・敗戦直後の時代からみていこう．同書には，次の記述がある．

　　戦後最初の調査は，労働組合調査を東京大学が社会科学研究所として正
　式に取り上げる前に，有志の調査グループという形で，初期の労働組合や，
　主として敗戦直後の異常な生活実態のいくつかの側面をえらび出して調査

20——第Ⅰ部　戦後の貧困へのまなざし

をやりました．そのなかでいわゆる「下層社会」——当時は浮浪児やヤミ
市や街娼・パンパンや壕舎生活者，そういう妙なのばかりをより出してや
りましたね．それが当時の日本の生活の実態でしたもの．調査に参加した
のは，学生社会科学研究会の薄信一，邱炳南（永漢），田沼肇，氏原正治
郎などの諸君だったかしら．

　戦後最初の調査は，主体が学生社会科学研究会で，その会長が大河内一男で
あった．大河内一男（1970）によれば，「当時，『社会科学』とは何か，どう研
究すべきものか，などという話しを学生諸君の集まりでした」というのが同研
究会との関係のはじまりであった．敗戦直後の日本には，「広範な『下層社会』
的現象」（大河内 1970：282）が現れていて，その状況に触発された学生たちを
中心に調査がはじまり，教員である大河内が協力したという経緯のようである．
第1節に述べた社会学における「調査ブーム」と共通した時代背景が読み取れ
る．
　実査の進め方に関係して興味深いのは，「浮浪児やヤミ市や街娼・パンパン
や壕舎生活者」は社会事業的な活動の対象であって，それに大河内自身が関心
をもっていたこと，実態調査は「穂積重遠先生の社会事業研究所」の調査手伝
いをしたころから「病みつき」であったことである．大河内は，穂積に依頼さ
れ，社会事業研究所の参与[11]となり，3つの実態調査に関与したという．
　1つ目は『神奈川県福沢村に於ける母性並に乳幼児及び村の経済状態に関す
る調査』（1939年）で「富士フィルムという地元の大工場と福沢村という地元
部落の雇用問題」，「今日でいえば，労働市場の問題」（大河内 1970：146-148）
であった[12]．2つ目は『茨城県舟島村に於ける少額所得世帯及び村の経済事情
に関する調査』（1940年）で，大河内は直接関与していないが，施行されたば
かりの母子保護法の要保護世帯を調査対象にしたもので，当時中央社会事業協
会にいた松本征二が企画を立てた（大河内 1970：147-148）．3つ目は，『埼玉県
原谷村における経済事情並に農民生活に関する調査』（1942年）である（大河内
1970：148）．当時学生であった隅谷三喜男はこれらの調査に駆り出され手伝い
をした1人であり，社会事業研究所の若い研究者と交流したとのことである
（大河内 1970：154）．

社会事業研究所[13] は，1934年12月に中央社会事業協会[14] に設置され，穂積重遠を第2代所長として迎えたのは1939年3月，この際，職員を増員し，調査・研究，出版，従事者養成を3つの柱として活動を進めた組織である（日本社会福祉学会 2004：95）．大河内（1970）で触れられた2つ目の調査が，中央社会事業協会の松本征二が企画者であるように，社会事業研究所と母体組織である中央社会事業協会も結びつきがある．このようにみていくと，穂積重遠を中心とする縁が広がって大河内，学生，特に東京帝大セツルメント，そして社会事業研究所などの関係者と人的繋がりが生まれ，共に実査の経験を積んでいったことが，社研の社会調査前史として重要ではないかと考える[15]．

社研が設置されて最初の画期となった調査が，労働調査論研究会編（1970）掲載番号 No. 11『戦後労働組合の実態』である．公式責任者が大河内一男，直接参加者は，氏原正治郎，遠藤湘吉，大河内一男，大塚斌，塩田庄兵衛，隅谷三喜男ほかとされる．大河内（1970）では，多いに張り切って調査票をつくり試行錯誤した様子が話されている．大河内（1970：311-313）によれば，この調査から「単産」調査を経て，神奈川県の産業調査に発展した．すでに触れたように，大河内と神奈川県の内山知事との関係性から，「京浜工業地帯調査」を実施することになる．「**表1-1　復元された社研所蔵社会調査**」No. 1 の調査である．

大河内（1970）の社会調査に関する思い出が，「京浜工業地帯調査」で終わっていることは示唆的である．隅谷は，1952年の秋頃から「大河内先生は忙しくなるし，氏原君は病気で，研究会の運営が苦しかったこと」を覚えているという（大河内 1970：311）．「**表1-1　復元された社研所蔵社会調査**」に挙げた調査でも，No. 1 と No. 2 の公式責任者は大河内であるが，No. 3 から公式責任者は氏原に移っていく．

## 4　調査実施体制＝東大社研・氏原研究室

氏原正治郎は，1949年3月に経済学部から社研に移った．氏原正治郎（1981）によると，その経緯や理由は，社研が調査に力を入れることになって，外部の委託調査受け入れが必要なこと，そのための受け入れ機関を氏原と藤田

若雄に任せたい，と大河内と矢内原から指示されたことにある．氏原は，遠藤湘吉，藤田と共に労働問題調査研究会という組織をつくり，1949 年から 1955年まで続け，その財政的基礎は科研費と外部の委託研究費であった．

　ところが，氏原正治郎（1981）は，同研究会は社研の中に「もう一つ小さな研究所をつくったみたいなもの」であって「色々と矛盾を感じ出し」た．氏原と藤田は，社研に所属しながら「実は別の小さな研究所の経営者みたいな形ですから，たまらない」．そこで 1955 年，当時の社研所長であった山之内一郎，大河内，遠藤，氏原で議論して，①当時の研究会事務担当者を社研に採用，②研究会が実施した調査と資料収集は社研で継続，③研究会の財産は研究所が整理することを条件として寄贈，と 3 点を合意し，研究会は解散した [16]．

　その少し前，1953 年 10 月に氏原は鎌倉に転居し，「煩わしい人間関係を避けて，神奈川県の新規学卒者調査屋や都市貧困層調査に専心し」，「新しい文献も読みたい」と考えた（氏原正治郎 1981）．この調査が，「**表 1-1**　復元された社研所蔵社会調査」No. 2 と No. 3 に該当する．その後，1957 年大晦日に東京に帰り，昭和 40 年代前半まで調査に専念した．その間の調査実施体制は，次のようであった．

　氏原は，労働問題調査研究会の教訓から，調査実施は，プロジェクトごとに関心と熱意を持った少数グループで行い，プロジェクトが終われば解散することにした．ただし，調査の実施には，調査に関心があり経験を積んだ助手が必要であった．助手は，鈴木佐紀，伊藤純子，太田純子，鈴木洋子などの各氏が引き受けた．彼女たちが継続して実務を担当し，アルバイトの人たちを指導し「氏原マニュファクチュア」などと呼ばれるようになった．また，調査以外の文献を読む，労働問題文献研究会も実施した．

　下田平裕身（2006）も，1950 年代から 1960 年代に実施された東大社研・氏原研究室による調査の実施体制を「氏原工房」と紹介し，その仕組みを次のように説明した．「さして広くない研究室に，たえず 3，4 人の女性アシスタントたちが調査票の集計作業を行っており，別の片隅では，何人かが調査をめぐって激論を交わしているという状態で，氏原先生といえば，高く積まれた調査資料の向こう側にすっぽりと埋もれて仕事をされていた」．下田平が「学部生として出入りし始めた」のが，1962〜3 年頃で，このころ「すでに〈氏原工房〉

1 章　社研所蔵社会調査の由来と特徴――23

は最後の活動段階にあり，まもなく消滅していくことになる」．

　このような変遷をたどりながら東大社研・氏原研究室の調査実施体制を維持していくにあたって，神奈川県からの予算は重要であった．神奈川県との繋がりは，大河内が内山知事から頼まれたことにはじまり，毎年一定の予算を得た（大河内 1970：312）．とはいえ，いわゆる行政の下請け，ではないと考える．

　氏原は，神奈川県からの調査依頼を受けた経緯について，1950 年に設置された政を企画部署の担当者が，熱心に調査実施の意図を説明したという（氏原 1981）．このような担当者の熱意と氏原らの関心がかみ合ったのであろう．氏原（1981）は，前期の昭和「20 年代後半から 30 年代の前半」は「どちらかというと，工業化の条件という発想」，後期は「それがもたらした社会問題ということで生活調査に重みがかかって」いるとし，かなり問題関心が変わったという [17]．

　「**表 1-1　復元された社研所蔵社会調査**」No. 1〜3 が前期，No. 4〜7 が後期に該当する．下田平（2006）は，後期にあたる「1961 年から 65 年まで毎年のように神奈川県民生部から氏原研究室に委託された調査シリーズ」について「神奈川県が社会行政を展開していく上での方針を模索するための基礎資料を求めようとするもの」であって，「県側は大きなテーマと問題意識を提示するのみで，調査の内容はすべて研究者側に委ねられていた」とする．後期においても，氏原たちの問題意識や方法論による調査が可能であった．

　また，「**表 1-1　復元された社研所蔵社会調査**」No. 3 は，厚生省企画室からの依頼であり，厚生省との関係にも触れておきたい．1950〜1954 年頃に厚生省に在籍した石田忠は次のように述べた．

　　僕の記憶にあるのは，要するに，こういう生活保護なり貧困問題なりについて，研究者の関心をそこへ持っていくということには，非常に意図的にそういう話にのってくれる先生を探して，そちらのほうへ研究費を出していくということ．それは非常に意識的にやりました．そのときの厚生省のスタッフというのはおそらく自然科学系統だけだったんじゃないですかね．それから，保護課で直接委託をやっていって，それで保護課との間に綿密な関係をつけていく．そういうのをやりました．それが 28 年からの負

担率5割というときに，その先生方をすぐに動員できた．（厚生省社会局保護課 1981：150–151）

　江口の回想では[18]，1953年に生活保護予算の引き締め，1954年に社会保障全般の予算削減が問題になった．一方で，政策的には，いわゆるボーダーライン層の性質をはっきりさせる必要があって，「厚生省の方から，昭和29（引用者注 1954）年に，氏原さんの方へ，『都市における貧困層の分布と形成』に関する研究をしてもらいたいという依頼」があり，「ここで，われわれの貧困調査が始まった」とする．

　石田の記憶は，貧困調査の実施→予算削減時に先生方も動員，という順だが，江口は逆である．江口の回想中の「昭和29（引用者注 1954）年」が1953年の記憶違いで，このような語りになったのではと推測する．

　つまり，石田が述べたように行政が研究者の関心を生活保護や貧困問題に誘導し行政との関係を密接にしようとする意図とは別に，前節までに述べた内容も踏まえると，研究者側に自立した問題意識があったと考える．篭山は，1953年3月に氏原と「日比谷の市政会館の一室に集って，厚生科学研究の要望課題『貧困階層の分布と発生過程に関する研究』に応募する相談をした」[19]という．それは三年計画で「実際社会における貧困階層の所在を明らかにする研究を行う」ことを目的としていた[20]．農村（山形県最上郡萩野村）は篭山らの担当で，都市が氏原らの担当であり「**表 1–1　復元された社研所蔵社会調査**」No.3及び備考に記した「貧困層の分布（富山）調査」に相当する[21]．

　ときに，このように少ない研究者で調査実施可能であったのは「**表 1–1　復元された社研所蔵社会調査**」備考に記したように，実質的な調査員として，多くの民生委員が関わったからではないかと考える[22]．社会福祉学における調査史では，行政や社会事業と関わる調査を除外して論じることはできないことと関わって，戦前・戦後の社会事業や，社会福祉行政に関わる調査は，民生委員を「手足」としており，それが，政策企画や実施にも影響を与えている．このような循環を捉えることも，重要な研究課題である．

1章　社研所蔵社会調査の由来と特徴──25

# 5　社会階層論

　前節で述べてきたような調査実施体制で社会調査が進められるなかで，社会階層論が見いだされていく．岩田正美（2010）は，貧困研究における社会階層論の端緒は，労働調査論研究会編（1970）における「No. 54 貧困層の分布（富山）調査」の報告書，氏原正治郎・江口英一「都市における貧困層の分布と形成に関する一資料（1）（『社会科学研究』8 巻 1 号，1956 年 11 月）とする．

　「表1-1　復元された社研所蔵社会調査」No. 3 は，この後継調査である．下田平裕身（1973）は，「富山調査」が「貧困の分布」論としてまとめられたのにたいし，同じ時期に並行して進められた「静岡調査」では，「貧困の形成」論が意図されていたこと，「静岡調査」は，「富山調査」に，ほとんど新たなものをつけ加えなかった，と指摘する．

　これらの調査以前，第 3 節で触れた社研の調査前史に位置する「都内壕舎生活者調査」など 1946 年頃の調査について，岩田（2010）は「戦後日本の貧困研究の出発点」とし，「敗戦直後の広範な生活困窮を前提に，とりあえずはこれらの状況を把握しようとしたナイーヴな貧困調査群」と評した[23]．

　ただし，「この敗戦直後の貧困調査は必ずしも貧困研究としての固有の領域を形成せず，戦後社会の全般的な困窮や混乱をその内に含んでいた」．岩田（2010）は，このことを下田平（1973）に依拠して，敗戦直後に「普遍性」をもった貧困研究や調査が貧困論として「閉じた領域」になるのは，緊急失業対策法（1949 年），生活保護法の改正（1950 年）が契機となり，社会政策による貧困カテゴリーが創出されたことによるとする．

　貧困論の「閉じた領域」が形成されようとした 1950 年代の日本において，最低生活基準，貧困線の設定をめぐって異なる議論が存在した．「一つは，マーケット・バスケット方式による最低生活水準をより理想的なものにしようとする規範的基準作成に向けての研究であり，今一つは，むしろこのような規範的な貧困線による貧困の裁定を疑問視して，これとは別のアプローチを模索した研究群である」（岩田 2010）．後者に含まれるのが社会階層論であり，「日本独自ともいえるユニークなアプローチ」（岩田 2010）である[24]．

この対比を，下田平（2008）は次のように述べている．規範的な貧困線の設定に関する研究は，「望ましき保護基準を科学的，合理的に算出したい」，「憲法 25 条があって，望ましき最低生活が実現されるべきであり，それを計算する」という発想による．この研究に対して「社会階層論」は，2 つの疑問を呈した．第 1 に「ア・プリオリに最低生活基準を設定することへの疑問」であり，第 2 に「ア・プリオリに設定されたものが政策的に実現される保障はない」ことである．

　「社会科学の視点から『実態としての最低生活を明らかにする必要』」があり，労働生理学や栄養学で導かれるものではない」と考え，「『政策的に』という発想は社会科学ではない」という立場である．実態を調べる調査を決定的に重視するという．「そういう調査シリーズを貫いていく理論的フレーム・ワーク」が社会階層論である．

　社会階層論の集大成が，江口英一『現代の「低所得層」──「貧困」研究の方法（上・中・下）』（1979-1980，未来社）である．江口（1979：24）は，「複雑で高度な現代社会の『貧困』をとらえるために『社会階層』という用具を用い」て，「現代の『低所得階層』＝“現代の貧困の作用を最も強くうけている階層”」を限定するとし，貧困研究の立場と方法を詳細に述べた．「この『社会階層』という概念は，生活上の上下と，資本主義経済の再生産，蓄積行程を土台としてその上に成立する『社会階級』構成上の細分された社会的地位とをからみあわせたものである」（江口 1979：26）．

　大須眞治（1990）は，この「江口社会調査」の特徴を，「東大社研の労働組合調査」と「篭山京氏による貧困調査」と対比して，最大の特質を「社会階層論的方法の発見あるいは社会階層の発見」とまとめている．「江口社会調査」と「東大社研の労働組合調査」は「近代的な賃労働者を共通な基盤として，労働問題の解明を試みた」共通点がありながら，「造船調査以降」に「前者が日雇労働者，不安定階層へ重点を移し」，「後者は企業別組合の組織労働者，職場内の労資関係へと焦点をあてていく」と述べ，その分岐を指摘する．

　この点は下田平（2008）の指摘と重なる．「氏原氏があくまでも『労働市場論』の立場で労働から生活を見て描く自立論を持っていたことに対して，江口氏は最初から『貧困』に関心を持って」おり，この違いが生み出す政策提案の

違いも指摘する.「『それぞれの階層はそれぞれの均衡点を持っているのだから,均衡を維持させるように政策支援をすることが望ましい』という含意」があり,「雇用者には雇用者政策,自営業者には自営業政策等,複合的な自立支援政策があるというところでは氏原氏と江口氏は一致していたのであるが,江口氏は上の方の自立には関心がなかった」.「江口氏はその後,全日自労に深くかかわっていくことになる」と指摘する.

大須（1990）は,「江口社会調査」と「篭山京氏による貧困調査」の共通点は,貧困を調査対象とし,労働力の再生産という観点をもつところだという.違いは,「篭山氏において社会階層論的な方法が欠落していってしまうこと」にあるとする.この差によって,「篭山調査が高度経済成長の過程で貧困を見失ってしまうのに対して,江口調査は高度経済成長を経てもなおかつ,激しく変転しその姿態を変える貧困の追求を続けるのである」と述べ,江口の優位性を指摘する[25].

社会階層論は,1950年代〜70年代くらいまでの時代的条件下で,調査者らが悩み,調査チーム内でおそらくは喧々諤々の議論をしながら,さまざまな工夫をこらすなかで,ようやく紡ぎだされたアイデアをまとめたものである.そのことを十分に踏まえつつ,上記のような評価がつけられていることをいわば「後知恵」としつつ,二次分析にいかに利用できるであろうか.本書でわれわれがいままさに取り組もうとしている.

# 6  東大社研・氏原研究室, その後

本章の執筆にあたり,東大社研の一連の調査後期に携わった下田平裕身から直接,当時の様子を教えていただいた.その際に用意された資料には,「『東大社研』という組織は,名目上はともかく,これらの調査と直接の関係を持たないことに注意しておく必要がある.調査は研究的にも組織的にも財政的にも『氏原研究室』の独立した営みであり,研究室がたまたま東大社研に所属していたということにすぎない.だから,正確を期すとすれば,『東大社研・氏原研究室調査』と呼ばれるべきではないかと思う」とあった.これを受け,本章は東大社研・氏原研究室と表記している.

この下田平の指摘は，第4節で述べた調査実施体制の変遷に照らして示唆的である．というのも，氏原自身，『生活古典叢書』の1巻を受け持つように篭山から依頼を受けた経緯を説明するなかで，次のように一連の調査と『戦後日本の労働調査』が刊行に至るまでの所感を述べている．

　　　私は，私が所属する社会科学研究所の社会調査部門の担当者であった関係から，現代の労働社会問題の実態調査を実施することに，私の研究時間の大半を捧げてきた．（中略）
　　　私は昭和四〇年をもって私の実態調査を終りたいと考えていた．一つには，学術的な実態調査を企画し組織し実施するということは，日本の学問的風土のもとでは，かなりの気力と体力を必要とすることであって，私の健康は，もうそれに耐えがたくなっていたことである．二つには，私が行ってきた実態調査が，問題関心の面でも理論的フレーム・ワークの面でも，研究技術の面でも，マンネリズムに陥りがちであり，焦慮の念を押えがたくなっていたことである．二十数年にわたる実態調査法による研究のあとで，いかなる研究方法を採用すべきであるか，思いここに至ると，私の迷いは深くなるばかりであった．
　　　永年にわたる経験の重みは，まったく思いを新たにして新研究に取り組むには，あまりにも重すぎる．丁度，その頃，昭和四一年，私の同僚の間で戦後の労働社会調査の実績を反省し，将来の研究に資したいという気運が起り，「労働調査論研究会」が組織され，私もそれに参加することになった．
　　　丁度，そういう時期に遭遇したので，私も篭山教授の勧誘を引受けることにした．だが実際には，私の実態調査が多くの未完了の部分を残しながら，一応終ったのは昭和四四年であり，労働調査論研究会が第一期の作業として計画した東京大学社会科学研究所に所属する労働関係研究者とその協力者達が行ってきた実態調査の資料を整理し，解題を附するという仕事が完了したのが，昭和四五年である．

第1節で述べたように，日本の社会調査が，行政や科研費などいわば税金か

ら大学所属の研究者個人（や任意の研究グループ）が調査費を得て実施されるという特徴があり，氏原研究室はその代表格といえよう．下田平の指摘によれば，一連の調査は名実ともに氏原が中心であった．その氏原が「学術的な実態調査を企画し組織し実施するということは，日本の学問的風土のもとでは，かなりの気力と体力を必要とする」と述べたことの意味は重い．

氏原の感じた負担は，森岡（2007）が，日本の場合に社会調査が「大学において実践的学問として位置づけられる機会に恵まれることは，ついぞなかったように思う」と述べていたことに照らすと，構造的な問題として理解できるからである．あらためて日本における社会調査の実施体制を検討する必要が理解できよう．というなかで，社会調査を実施する人的・金銭的資源を備えていて，社会調査を量産しているのが官公庁であることに目を向ける必要もあらためて指摘できる．

社会学の社会調査史では除外されるような官公庁主体の調査は，現在も多数実施されていて，政策の根拠にされている．当たり前だが，調査は1人ではできず，多くの人が関わらなければ実施できない．そのような仕組みが現代社会ではどのように構築されており，運用されているのか，あるいは構築すべきなのか．調査実施体制の問題は，今後の日本の社会調査の在り方を考えるうえで重要な論点である．復元二次分析の研究は，現在や未来の社会調査にも資するのである．

1) 特に本節の記述においては，「史料データセッション」（https://socio-logic.jp/sociology/datasession/）から示唆を得ている．企画者，参加者のみなさまに，記して感謝申し上げる．
2) 本章では，参考文献からの引用において，旧字体を新字体に改めた．
3) 民族文化調査会編（1948）には，同調査会の名を付した次の文章を含む「刊行のことば」がある．「敗戦の苦い経験がもたらした貴重な教訓のひとつは，単にその場限りの着想や，徒らに抽象的な論議をもって，科学を語り国策を論ずることが，いかに重大な禍いを招くものであるか，という点に存するであろう．廻りくどくはあるが着実な，実証的・調査的方法を通じて社会事象を分析し，しかもこの分析のなかから，民族再建に対する具体的な基礎資料を準備することが，時代の最もつよい要請となっていることは，あえてここにことわるまでもないところである．そうした最近の情勢にかんがみ，われわれは本会の第一次研究事業として，本書を世におくることとなった」．「調査ブーム」の背景には敗戦，戦争への反省があり，だか

30——第Ⅰ部　戦後の貧困へのまなざし

らこそ社会学者は科学的な調査の重要性を強調したことが分かる.

4) 日本に対し「アメリカの社会学は，社会調査の結果にもとづいて政策的に社会を制御しようとする科学として確立することになる」（森岡 2007）.

5) この箇所の記述は戸田・甲田（1951）を参照した.

6) 社会福祉学における調査史全体については，戦前期は『戦前日本社会事業調査資料集成 1 巻〜10 巻・別巻・補巻』，戦後期は『戦後日本における社会福祉調査の展開と現局面――調査技術の蓄積と福祉対象像の系譜』（中川清代表・科研費課題番号 17203037）にまとめられている.

7) たとえば，生活保護利用世帯の完全な名簿は，行政しか保持できないという面もある.

8) 下田平裕身は，下田平ほか（1989）で労働調査の歴史に触れ，80 年代の労働調査の実態やあるべき姿を論じている.

9) 同書は，1966 年夏に組織した労働調査論研究会による成果である．関連業績として，以下が残されている．『労働調査論研究会中間報告 其の 1――労働調査の方法について』（1968），『労働調査論研究会中間報告 其の 2――調査参加者との面接結果および手稿』（1968），『労働調査論研究会ノート No. 1〜8』（1969〜1972 年）がある.

10) 氏原は「壕合生活者の調査は，実は学生社会科学研究会が最初にやったのではないのでして，当時労働科学研究所におられた安藤政吉さんが，戦争中から，空襲で東京が焼かれた直後から，壕合生活者の調査をやっておられました.」と述べている（労働調査論研究会 1968：6）.

11) 1939 年から社会事業研究所に勤務した浦辺史によれば，社会事業研究所の参与は，大河内に加え城戸幡太郎，戸田貞三の 3 人で，専任研究員は 10 人ほどであった（吉田・一番ケ瀬編 1982：138）.

12) これが，大河内ひいては氏原と神奈川県との関わりのはじまりであろうか.

13) 戦後は，戦前から開催されていた同研究所主催の研究発表会が，1948 年にそれを再開する形で開催され，所長は谷川貞夫に代わった（日本社会福祉学会 2004：95-96）.

14) 中央社会事業協会は，1908 年に渋沢栄一らが設立した慈善事業の中央統合団体である中央慈善協会が，1921 年に改称し 1924 年に財団法人，1947 年に日本私設社会事業連盟と合併するまで続いた組織である（仲村ほか編 1982：334）．1947 年からは日本社会事業協会と称し，1951 年に設立された財団法人中央社会福祉協議会に，全日本民生委員連盟，同胞援護会とともに参加した．社会福祉事業法施行に伴い，1952 年に社会福祉法人全国社会福祉協議会連合会と改称し，1955 年に全国社会福祉協議会と改称し，現在に至る（仲村ほか編 1982：334，359）.

15) 本文中で言及した松本征二も東京帝大セツルメント（以下，セツルメントと略す）に所属していた．松本の回想によれば，「末弘，穂積両先生が中心で，学生が 100 人か 150 人ぐらい集まり，泊まり込んでやるのが一番基礎的な仕事」であった（吉田・一番ヶ瀬編 1982：194）．セツルメントは多くの人材を輩出し，社会調査を

行う場でもあった．中筋直哉（1998）によれば，セツルメントの創設は，関東大震災後の東京帝大学生による救援活動の継続発展によった．賀川豊彦からの活動継続の慫慂（しょうよう）を承け，それを取り次いだのが法学部民法講座の教授，末弘厳太郎と穂積重遠であったが，それをセツルメントというかたちに結実させたのは，学生たち自身であった．活動は6部門あり，その第1が「調査部」（活動期間：1923-26）の社会調査であった．東京市社会局より委託されて市内相談所の調査や衛生調査も行った．これを指導したのが，文学部社会学科助教授の戸田貞三である．彼のもとから，当時設置された東京市社会局，内務省社会局などの場所で働く社会事業関係者や社会調査関係者が育った．このような歴史や本章で述べる東大社研の社会調査の歴史が，戦後の貧困調査，生活保護や社会福祉行政に関わる調査実施と深く関わることについては，その一部について，岩永（2024）にて論じる．

16)　①と②の半分，すなわち調査は実現し，②の資料収集と整理は実現しなかったという．

17)　このことは各調査の考察や結果をはじめ調査内容に踏み込んで検討すべきであり，本章では十分に論じられない．この考察は，成果報告会における小山裕氏の示唆によっており記して感謝申し上げる．

18)　以下，労働調査論研究会（1968）所収，江口英一「貧困・生活問題調査」を参照．

19)　氏原正治郎（1981）は，1946年頃，中央労働学園で実施されたインター・カレッジの労働問題研究セミナーのチューターを務め，様々な学生や先生と知り合い「籠山，中鉢両氏から，家計費調査について耳学問をした」と述べている．このような籠山らとの繋がりがあって貧困調査が企画されたのであろう．

20)　以下の本文と注21）の籠山の回想は，労働調査論研究会（1968）所収，籠山京「貧困調査『共同研究ノート』を参照．

21)　籠山は，1953年度の研究は，農村と都市に分けて分担し，そうせざるを得なかったという．都市では地域社会というまとまったものを対象にすることができず，対象が複雑かつ膨大で手に負えない．「収入の源泉は職業だということで」都市は個人の職業を対象として調査し，農村は農家という世帯を対象として調査した．結果として，「都市では賃労働者を，農村では自営業を研究することになった」が，「この差異は決定的で根本的」であることに気づかず，「共同研究に不統一な欠陥を残した」．これがどのような意味をもつのかは，次節で述べる社会階層論の発見とあわせて検討を要する．

22)　これが調査の中身に与える影響は，本書第2章を参照されたい．

23)　この認識の延長線上で執筆されたであろう岩田正美（2017）もあわせて参照されたい．

24)　貧困研究の系譜については，岩田正美（1995），岩永理恵・岩田正美（2018）に譲りここでは社会階層論にフォーカスする．前者のアプローチと生活保護行政の関係については，小沼正（1980）に詳しい．

25)　ただし筆者は，注20）の指摘と関わって，この大須の評価は再検討の余地があ

ると考える.

[付記]

本研究は JSPS 科研費 JP20H01601 の助成を受けておこなわれた.

[参考文献]

江口英一，1979-80，『現代の「低所得層」——「貧困」研究の方法（上・中・下)』未來社.

————編，1990，『日本社会調査の水脈——そのパイオニアたちを求めて』法律文化社.

福武直，1954，『社會調査の方法』有斐閣.

————，1958，『社会調査』岩波書店.

————編，1977，『戦後日本の農村調査』東京大学出版会.

福武直・松原治郎，1967，『社会調査法』有斐閣.

石川淳志・浜谷正晴・橋本和孝・阿部實・村上文司・吉原直樹・後藤隆・川合隆男・辻勝次・木本喜美子・柄沢行雄・飯島伸子，1994，『社会調査——歴史と視点』ミネルヴァ書房.

岩永理恵，2024，「生活保護行政における公的統計の歴史——被保護者調査を史資料として利用する可能性と課題」『大原社会問題研究所雑誌』787: 2-15.

岩永理恵・岩田正美（2018）「貧困研究の系譜」駒村康平編集『貧困（福祉＋α)』ミネルヴァ書房，pp. 40-50.

岩田正美，1995，『戦後社会福祉の展開と大都市最底辺』ミネルヴァ書房.

————，2010，「序論　より開かれた福祉と貧困の議論のために」岩田正美監修・編著『貧困と社会福祉』日本図書センター.

————，2017，『貧困の戦後史——貧困の「かたち」はどう変わったのか』筑摩書房.

岩田正美・室住真麻子・平野隆之，1983，『戦後日本の家計調査』法律文化社.

川合隆男，2004，『近代日本における社会調査の軌跡』恒星社厚生閣.

小沼正，1980，『貧困——その測定と生活保護』（第 2 版）東京大学出版会.

厚生省社会局保護課，1981，『生活保護三十年史』社会福祉調査会.

松尾浩一郎，2015，『日本において都市社会学はどう形成されてきたか——社会調査史で読み解く学問の誕生』ミネルヴァ書房.

民族文化調査会編，1948，『社會調査の理論と實際』青山書院.

森岡清志，2007，『ガイドブック社会調査』（第 2 版）日本評論社.

仲村優一ほか編，1982，『現代社会福祉事典』全国社会福祉協議会.

中筋直哉，1998，「磯村都市社会学の揺籃——東京帝大セツルメントと戸田社会学」『日本都市社会学会年報』(16): 29-47.

日本社会福祉学会，2004，『社会福祉学研究の 50 年——日本社会福祉学会のあゆみ』ミネルヴァ書房.

大須眞治，1990，「戦後社会調査の流れ」江口英一編『日本社会調査の水脈——その
　　パイオニアたちを求めて』法律文化社，pp. 355-382.
大河内一男，1970，『社会政策四十年——追憶と意見』東京大学出版会.
労働調査論研究会，1968，『労働調査論研究会中間報告　其の 2——調査参加者との
　　面接結果および手稿』.
————編，1970，『戦後日本の労働調査』東京大学出版会.
佐藤健二，2011，『社会調査史のリテラシー——方法を読む社会学的想像力』新曜社.
島崎稔，1956，「社会調査の動向とその問題意識」福武直編『日本社會學の課題——
　　林惠海教授還暦記念論文集』有斐閣，pp. 449-472.
下田平裕身，1973，「貧困・生活研究の方法に関するノート——「社会階層論」的接
　　近をめぐって」『日本労働協会雑誌』15(5): 35-47.
————，2006，「〈書き散らかされたもの〉が描く軌跡——〈個〉と〈社会〉をつな
　　ぐ不確かな環を求めて——〈調査〉という営みにこだわって」『信州大学経済学論
　　集』(54): 1-85.
————，2008，「東京大学社会科学研究所による貧困・社会保障関連調査について」
　　中川清編『戦後日本における社会福祉調査の展開と現局面——調査技術の蓄積と福
　　祉対象像の系譜（科学研究費補助金（基盤研究 A）研究成果報告書平成 17 年度-
　　平成 19 年度)』277-289.
下田平裕身ほか，1989，『労働調査論——フィールドから学ぶ』日本労働協会.
高野史郎，1974，「貧困調査と家計調査の歴史」岩本正次・高野史郎編著『生活調査』
　　ドメス出版，pp. 115-308.
戸田貞三・甲田和衛，1951，『社會調査の方法』學生書林.
戸田貞三，1935，「講座　社会調査概説 (1)」『社會事業』18(2): 81-88.
氏原正治郎解説・大阪市社會部調査課編，1970，『余暇生活の研究（生活古典叢書第
　　8 巻)』光生館.
————，1981，「思い出すこと・思い出す人——ある調査屋の半生」『社會科學研
　　究』32(5): 277-329.
山本潔，2004，『日本の労働調査——1945-2000 年』東京大学出版会.
安田三郎・原純輔，1982，『社会調査ハンドブック』（第 3 版）有斐閣.
吉田久一・一番ヶ瀬康子編，1982，『昭和社会事業史への証言』ドメス出版.

# 2章

# 「調査員」を中心に社会調査を描きなおす
神奈川調査シリーズにおける民生委員の役割に着目して

堀江　和正

## 1　問題設定──なぜ調査員に着目するか

　東京大学社会科学研究所（以下，東大社研）では 1960 年代，氏原正治郎らのグループが神奈川県民生部から委託を受ける形で集中的に 5 つの社会調査を実施した．これらの社会調査を，以下「神奈川調査シリーズ」と呼ぶが，この神奈川調査シリーズにおいては，民生委員が調査員として重要な役割を果たしていた．民生委員は，厚生大臣（現・厚生労働大臣）の委嘱を受けた住民であり，地域で社会福祉にかんする諸活動にあたる存在である．神奈川調査シリーズにおいて，民生委員は調査員を担当するのみならず，調査対象世帯の選定もおこなうなど，実査の中核的な役割を果たしていた．本章の目的は，民生委員を中心に神奈川調査シリーズの実施過程を検討することで，調査への見方を立体化することにある．

　調査員について検討することには，どのような意義があるのだろうか．神奈川調査シリーズを含む，東大社研による調査群を総括した『戦後日本の労働調査』では，「調査者[1] と被調査者の関係」について，「調査者と被調査者とが一体となっている場合，調査者が多少とも社会的強制力を持つ場合，調査者と被調査者が対等の立場に立つ場合，両者がまったくの他人であって調査者は調査旅行者にすぎない場合など，種々の関係があり」え，「両者の関係の在り方如何は，調査がいかなる種類の資料を収集しうるか，あるいは収集しえないかという点からしても，調査の全過程を大きく規定する」と指摘されている（労働調査論研究会編 1970：12）．このように，「調査者と被調査者の関係」が調査

過程, そして調査結果にいかなる影響をもたらすのかが, まずは問題となる. 民生委員が調査員となり, 調査対象世帯の選定にも重要な役割を果たしたことが, データにどのような影響を及ぼしているのか. 計量二次分析の実践にあたっても, こうした点を検討しておくことには意義があるだろう.

　しかし, 本章のねらいはこの点に留まらない. ここで, 社会調査史の視点からの問題提起を参照しよう. 佐藤健二は社会調査データのアーカイブが「認識の生産のプロセス総体の自覚化」(佐藤 2011：344) に寄与する可能性を評価している. 佐藤によれば,「社会調査は, 対象として自存している現実を描写して分析していく過程ではなくて, 主体が対象を媒介にして社会に対する認識を生産していくプロセスである」(佐藤 2011：343). それゆえ社会調査データのアーカイブは, 最終的なデータだけでなく, 調査実践プロセスの諸段階で残された資料[2] にも注意を向けるべきではないかと, 佐藤は指摘している. 本章では, 神奈川調査シリーズの実施過程を調査員としての民生委員を中心に再構成する作業を通じて, 社会調査における「認識の生産のプロセス総体の自覚化」を目指す. 神奈川調査シリーズをめぐっては, 調査報告書のみならず, 調査原票, 調査関係者の回顧, 行政文書といった多様な資料が残されており, その過程を分析するうえで特有の強みをもつ. 神奈川調査シリーズと, そのなかでの民生委員の関与を中心的な素材として, 社会に対する認識が生産されるプロセスを明らかにしたい.

　そして神奈川調査シリーズにおける民生委員の役割を検討する必要性は, 調査に直接参加した研究者らによって, 早い段階で指摘されていたことでもある. 先述の『戦後日本の労働調査』の編集過程では, 東大社研による労働調査に携わった研究者らによって, 調査の総括がおこなわれており, その際の報告・討議内容は『労働調査論研究会ノート』として残されている.「老齢者」「ソーシャルニーズ」の2調査に携わった下田平裕身は, 神奈川調査シリーズについて次のように述べている.

　　　神奈川県が金だけを出してかなりフリーな調査をやらせるということの
　　歴史的意味, 民生委員組織による対象把握, アンケートのコンピューター
　　によるソーティングという方式, 方法的にはアンケート回答の社会階層ご

との分類による解析という，民生基礎調査と福祉資金調査で設定された方式を，石川氏（引用者注：石川晃弘）なり私なりが，必ずしもその意味を問うことなく踏襲してきたということもあります．（労働調査論研究会 1969：58）

　下田平は，神奈川調査シリーズを総括するうえで問うべき点のひとつとして，「民生委員組織による対象把握」をあげている．
　さらに「ソーシャルニーズ」調査に携わった石川晃弘は，民生委員が実査を担当したことの問題点を，より具体的に指摘している．

　　　民生委員に個々の調査対象の選択を──もちろんサンプリング上の枠は与えはしましたけれども──対象選択の具体的な活動を，まかせましたため，民生委員の知っている範囲，あるいはある程度自分と同じ価値感を分有している範囲に調査対象が限られがちだったのではないか……民生委員にたのんだことからくるもう一つの問題は，ニーズの担い手，またさらに運動の担い手というものとの直接的な対話を，分析者が全く欠いた形で調査の企画から分析整理まで進めていったということです．（労働調査論研究会 1970：81）

　このように，調査過程において民生委員が重要な役割を果たしたことが，調査にいかなる影響をもたらしたのかという点は，調査設計・分析を担った研究者らによって認識されていた課題でもあった．調査当時に積み残されていた課題を再検討することも，二次分析の重要な意義といえよう．
　以下，本章では神奈川調査シリーズの実施過程を調査員＝民生委員を中心に再構成し，認識の生産プロセスを明らかにする．2節では，なぜ民生委員が神奈川調査シリーズの実査において重要な位置を占めることになったのかを検討する．3節では，民生委員が実査において中心的な役割を果たしたことが，調査結果にどのような影響をもたらしたのかを検討する．4節では，民生委員にとって神奈川調査シリーズがいかなる経験であったのかを検討する．5節では，本章の知見をまとめる．

2章　「調査員」を中心に社会調査を描きなおす──37

表 2-1　調査の概要

| 調査名 | 実施年 | 調査対象世帯数 | サンプリング方法 | 調査方法 |
|---|---|---|---|---|
| 「ボーダー・ライン層」調査（神奈川県民生基礎調査） | 1961 | 14,037 | 民生委員が生活相談を受けた世帯から5世帯を選定 | 民生委員による訪問面接（他記式） |
| 福祉資金行政実態調査 | 1962 | 5,432 | 1956-60年に福祉資金を借り受けた全世帯 | 民生委員による訪問面接（他記式） |
| 老齢者生活実態調査 | 1963 | 6,400 | 民生委員が所得条件により2世帯を選定 | 民生委員による訪問面接（他記式） |
| ソーシャルニーズ調査（社会福祉意識調査） | 1964 | 6,280 | 民生委員が所得条件により2世帯を選定 | 民生委員による留置法（自記式） |

## 2　なぜ民生委員が調査員となったか

　1960年代，5年にわたり毎年1件ずつ実施された神奈川調査シリーズでは，5調査のうち4調査で民生委員が調査に深くかかわっていた．それら4調査の概要は**表 2-1**の通りである．本章では，それぞれの調査を「ボーダー・ライン」「福祉資金」「老齢者」「ソーシャルニーズ」と表記する．またそれぞれの調査の報告書は『ボーダー・ライン』などと表記する．

　神奈川調査シリーズのうち，「団地生活調査」を除く4調査で，民生委員が調査員となっている．特筆すべきは，「ボーダー・ライン」「老齢者」「ソーシャルニーズ」の3調査においては，調査対象世帯のサンプリングも民生委員がおこなっていることである．

　民生委員とはいかなる存在か，本章の目的に必要な範囲で確認しておこう．冒頭でも述べたように，民生委員制度とは，厚生大臣（現・厚生労働大臣）の委嘱を受けた地域住民が無報酬で社会福祉に関する相談・援助等にあたる制度であり，民生委員法に法的根拠をもつ．1960年代当時の民生委員法第1条は，「民生委員は，社会奉仕の精神をもって，保護指導のことに当り，社会福祉の増進に努めるものとする」と規定している[3]．民生委員には基本的に担当区域が割り当てられ，そのなかで「常に調査を行い，生活状態を審かにして置くこと」などが職務とされていた（同第14条）．1961年7月時点で，神奈川県の

38——第Ⅰ部　戦後の貧困へのまなざし

民生委員は 2973 名, うち男性が 2349 名（79.0%）, 女性が 624 名（21.0%）だった（神奈川県 1961：736）. 民生委員の社会的属性について, 1965 年の全国データによれば, 年齢は平均 55.4 歳で, 40 代が 18.5%, 50 代が 39.1%, 60代が 32.6% を占めていた. 職業は農業 45.1%, 無職 19.6%, 自営業 18.3%, 会社員 6.1%, 宗教家 4.3%, その他 6.6% となっている（全国社会福祉協議会編 1968：139-140）. この数字をそのまま神奈川県にあてはめることはできないが, 同時期の関東地方における全国社会福祉協議会の調査結果も参照すれば（小倉 1965）, おおよその傾向として「男性・50〜60 代・農業や自営業の経営主」がもっとも典型的な担い手だったと考えられるだろう.

## 2.1 「ボーダー・ライン」調査における民生委員

なぜ, 民生委員が調査員とされたのだろうか. 神奈川調査シリーズの嚆矢となった「ボーダー・ライン」調査の報告書には, その論理が明確に示されている.

「ボーダー・ライン」調査が対象としたのは,「下限に生活保護基準の 1.1 倍をとり, 上限に市町村民税の均等割線を設定しその上下の巾の中に落ちてくる世帯の中で, 質的には, その主たる生計中心者の稼働状態が都市においては……不熟練不安定な労働に就労している者を又農村部では, 耕地面積 3 反以下の耕作者を中心」とする低所得世帯である. さらに, 1960 年の厚生行政基礎調査から, 市町村別の低所得世帯数を推計したうえで,「民生委員の調査負担能力と市町村別推定低所得世帯数とを勘案して, 市町村別調査対象数を決定」し, 民生委員 1 人あたり平均 5 世帯が割り当てられた. 民生委員は「過去 1 年間において生活相談を受けた（平均 1 人が年間 20 世帯の生活相談を受けている）世帯の中から前項で規定した低所得世帯を任意に選定し」, 調査票にもとづいて各世帯を訪問, 聞き取り調査をおこなった（『ボーダー・ライン』：2-4）. これが,「ボーダー・ライン」調査の大まかな流れである.

ここで民生委員に調査世帯のサンプリングが一任されたことは, 次のような論理で正当化されている. 調査対象の選定は, 定義された低所得世帯の名簿から抽出されたものではないが,「この種の名簿を作成すること自体が, 不可能」なため,「次善の策として, 民生委員の有意の選定にまかされた」（『ボーダー・

ライン』：4）．生活保護を受給していない低所得世帯を行政では網羅的に把握していないから，「生活困窮者のよき相談役」（『ボーダー・ライン』：刊行によせて）である民生委員にサンプリングを一任するという論理である．そしてこの論理は，「民生委員の本来の任務からして，またその地域分布からして，低所得世帯との接触は，網羅的であると考えられるから，抽出世帯は，無作為抽出によるものとほぼひとしく母集団に対する代表性は，かなり高いと考えられる」（『ボーダー・ライン』：4）という見立てによって補強されている．

　民生委員によるサンプリングにあたっては，「各民生委員が保持している生活相談カードや市町村民税の均等割の世帯名簿および各福祉事務所において過去においてとりあつかった被保護世帯（現に更生している世帯）や母子福祉資金，世帯更生資金などを借り受けたことのある世帯の名簿など」（『ボーダー・ライン』：4）が検討された[4]．「ボーダー・ライン」調査において民生委員がサンプリングを担当したことは，このような形で民生委員の蓄積している低所得世帯の情報を利用するという意味があった．

　さらにいえば，民生委員にとって「ボーダー・ライン」層は，重要な支援対象として組織的に規定されてもいた．全国の民生委員は1952年から「世帯更生運動」[5]を実施し，世帯更生資金貸付制度[6]の創設にも結びついていくことになるが，1957年に全国社会福祉協議会が発行した民生委員向けの手引書は，この世帯更生運動の目的を次のように示している．

　　　この運動の目的を一言でいえば，現在は公の扶助を受けていないが，それとスレスレの生活をしている人々で，病気をしたり何か一寸した事故がおこれば，すぐに扶助を受けなければならなくなるような人々……これらの人々をボーダー，ライン階層といいます……を人並の生活ができるように，また生活困窮におちいらないように，いわゆる生活を向上させ，または，その生活の基盤を固めさせようとするものなのです．（全国社会福祉協議会編 1957：2）

　民生委員は「ボーダー・ライン」層を意識した活動を展開していた．この点でも，民生委員は「ボーダー・ライン」調査の調査員として適合的な存在だっ

たといえる.

　このように,「ボーダー・ライン」調査においては, 民生委員が調査員となり, またサンプリングまでおこなうことの意義が積極的に示されていた. また調査テーマ自体, 民生委員の平時の活動とも親和性の高いものであった.

## 2.2　民生委員が可能にした社会調査

　民生委員が調査員となる体制は,「ボーダー・ライン」調査のあとにおこなわれた「福祉資金」「老齢者」「ソーシャルニーズ」の各調査にも引き継がれていく. ただ, 報告書の中で, その体制の積極的意義はとりたてて示されなくなる. いずれの調査も, 民生委員の平時の活動と一定のつながりを持つ内容であったから, 民生委員が調査員となることに深い説明は不要だと考えられたのかもしれない. ただ,「福祉資金」「老齢者」「ソーシャルニーズ」の各調査報告書では, 調査体制はむしろ調査上の制約となっているようにも読める. その最たる例が, 一連の調査で, 市町村ごとの調査対象世帯数は基本的に当該地域の民生委員数に応じて決定されているという事実である.

　これは, 実は最初の「ボーダー・ライン」調査からの問題であった. 市町村別の低所得世帯数の推計はおこなわれたものの, 実際には民生委員ひとりあたり 5 世帯を調査することが標準とされたから, 市町村ごとの民生委員数が調査世帯数を強く規定することとなった.「福祉資金」調査は, 対象となる資金貸付制度の利用者全員が調査対象であったが,「老齢者」調査と「ソーシャルニーズ」調査は, いずれも民生委員数がサンプルサイズを規定することになった.「老齢者」調査では「調査時点(昭和 37 年 7 月)における県下の民生委員数は 3,200 名であった. そして, 対象世帯数は調査員がそれぞれ 2 世帯ずつ担当することを決定したことから, 自動的に導かれた」(『老齢者』: 6)のがサンプルサイズだと説明されている.「ソーシャルニーズ」調査では「民生委員 1 人当り担当する調査対象数を均一にすること, および調査票の回収率を高いものとし, かつそのためにも民生委員の調査負担をなるべく軽くすることを考慮し, 民生委員 1 人が担当する調査対象を 2 世帯とした」(『ソーシャルニーズ』: 11)という. すなわち, 民生委員が調査員となり, しかもその負担を全県で均一にするという前提が, 神奈川調査シリーズにおいてサンプル数とその地域的偏り

を規定しているのである.

　このような制約がありつつも，各地域に網羅的に配置されている民生委員の存在なくしては，県下全域を対象とした神奈川調査シリーズの実施は困難だったといえよう．神奈川県としては，おそらく県内の一部自治体ではなく全域を調査対象とすることに，行政調査としての価値を置いていた．そして，東大社研の側から見ても，当時の環境下において調査員の確保は困難な課題であった．仁田道夫が指摘するように，当時は民間の専門調査機関も勃興しつつあったとはいえ，「調査票を配布し，記入させ，集めることも困難であった」のであり，「どのように調査員を確保して調査を実施するか」は，氏原がおこなったさまざまな調査を通じての問題であった．そうした状況下で「氏原が多くの場合にとったのは，組織を利用する方法であった」．たとえば1953年の「新規学卒者調査」では，神奈川県下の全中学校の就職指導教員が調査員となった．神奈川調査シリーズにおいて民生委員が調査員となったことは，こうした文脈からも理解できる（仁田 2021：111）．民生委員と行政との結びつきの強さを踏まえれば，民生委員を調査員とすることは行政側の意向によって規定された面が大きいように思われるが，東大社研（氏原）の側から見ても，一定の合理性があったといえよう．端的にいえば「安い金でしかも大量にデーターを集めることができ」（労働調査論研究会 1970：81），かつ高い回収率を得ることができたのである．このように，民生委員が調査員となり，必要に応じてサンプリングもおこなう体制なくしては，神奈川調査シリーズの実査は不可能だったといえよう．一連の調査は，民生委員が可能にした調査であった．

# 3　民生委員が調査員となったことの帰結

## 3.1　民生委員がサンプリングをおこなうこと

　本節では，民生委員が調査員となったことで，とりわけ調査結果にいかなる影響が生じえたのかを検討する．まず，民生委員がサンプリングをおこなったことの意味を考える．ここで検討すべきは，民生委員は誰にアクセスしたか，ということである.

　そのもっとも単純な表出が，市町村ごとの民生委員数の差である．前節で述

べたように，市町村ごとの調査対象世帯数は，民生委員の配置数に強く規定されていた．そして，民生委員ひとりあたりの，担当区域内の住民数は，郡部よりも市部で多い傾向にあった．その結果として，神奈川調査シリーズにおいては，人口分布に比して市部のサンプルが少なく，郡部のサンプルが多くとられることになった．そのため，「県全体の世帯にくらべて，集計対象の世帯はやや農林漁業主の世帯に片寄っている」（『ソーシャルニーズ』：14）というような事態が生じていた．

　しかし，こうしたサンプル数の地域的偏りにもまして重要と思われるのが，民生委員がどのような人・世帯をサンプルとして「任意に」抽出したのか，という点である．民生委員がサンプリングを担当した「ボーダー・ライン」「老齢者」「ソーシャルニーズ」の各調査は割当法でおこなわれた．先述の通り「ソーシャルニーズ」調査において調査票作成・分析・報告書執筆にかかわった石川晃弘（調査当時，東京都立大学助手）は「民生委員の知っている範囲，あるいはある程度自分と同じ価値感を分有している範囲に調査対象が限られがちだったのではないか」（労働調査論研究会 1970：81）と指摘していた．この指摘は，神奈川調査シリーズ全体にたいして，潜在的にあてはまるものだといえる．

　どのような調査対象の偏りが生じ，それが結果にどのような影響をおよぼしたのかを明らかにすることは難しい．とりわけ「意識における代表性の保証」（労働調査論研究会 1970：81）まで論じようとすればなおさら困難な課題である．そもそも，民生委員はいかなる手続きによって，与えられた条件に見合う世帯を選定したのか，低所得世帯はともかく中・高所得世帯の抽出をいかにおこなったのか，その実態は不明である．ただ，その断片的な手がかりは残されている．「ボーダー・ライン」調査において，老齢の1人世帯を除いた単身者世帯はごく少数（全体の 1.1%）しか調査されなかった．このことについて報告書は，「単身世帯の中の低所得者には簡易宿泊所，飯場などに，起居しているものが多いと思われるが，調査技術上，これらのものが対象からもれたおそれがある」（『ボーダー・ライン』：8）と述べている．民生委員は地域に長期的に居住する住民によって担われると想定されていたことを踏まえれば，単身・流動的な低所得層は捉えられておらず，これがサンプリングにも反映されている可能

性は大きい．いずれにせよ神奈川調査シリーズでは，現代において典型的な調査技法であるランダムサンプリングがおこなわれているわけではない．そのため，知見の一般化に一定の注意を要することも事実であろう．

## 3.2 民生委員が実査をおこなうこと

　3.1では民生委員がサンプリングをおこなうことの意味を検討した．3.2では，民生委員が実査をおこなうことで何が生じたのかを検討する．

　社会調査においては，とりわけ訪問面接法で「調査員の存在そのものが回答者にとって意識的あるいは無意識的プレッシャーとなって回答者の回答に影響を与える」（吉村 2017：157）ことによる測定誤差が生じることが知られている．

　この問題は，調査当時の報告書においても認識されていた．「福祉資金」調査では，「貸付金と直接関連が低い項目において無記入率が低く，逆に高い関連を示す質問において無記入率が高い」ことの原因について，「資金を借りるに際し，なにくれとなく世話になった民生委員を前にして，折角資金をかりたが生活費に廻してしまったとか，事業をすっかりやめてしまったとか，あるいは返済がおくれているとは，ややいい難い面もあるだろう．ましてや民生委員のかなりの人が保証人あるいはそれに近い役割を果し，且つ事業の運営や生活面で指導すべく規定されている以上，この無記入率の意味は明白である」（『福祉資金』：17）と指摘されている．

　また，「ソーシャルニーズ」調査では訪問面接法ではなく留置法がとられているが，その理由について「調査事項の中に意見ないし態度を問う項目が少なからずあり，それが民生委員という立場の調査員との面接の過程で，歪曲されるのをふせぐためであった」（『ソーシャルニーズ』：13）と，「ソーシャルニーズ」報告書は述べている[7]．

　このように，当時の調査設計や分析においても，民生委員が調査員となることの影響が考慮されており，二次分析の際にも留意すべきだろう．そして，民生委員が調査員となることで生じる調査結果への影響は，より早い時期におこなわれた調査において，すでに意識されていたことでもある．

　東大社研による貧困・社会保障調査の嚆矢と位置付けられているのが，「貧困層の分布（富山）調査」（1953〜54年）であり，この調査は厚生省社会保障

調査（1952 年）の原票を氏原が責任者となって再分析したものである（労働調査論研究会編 1970：317-318）．この原調査である厚生省社会保障調査の報告書では，「調査が家庭内生活実態の精密調査であるので被調査世帯が無用の危惧を抱くことを考慮し，公務員或いは民生委員等は調査員としないこととし，調査員には厚生省発行の身分証明書を携帯提示させ，税金その他に関係ないことなどよく説明させた」（厚生大臣官房総務課編 1953：12）と述べられている[8]．民生委員が調査員として家計状況等の調査をおこなうことは，調査拒否や回答の歪曲をもたらしかねないという認識が厚生省内にあったといえる．神奈川調査シリーズも，前節で述べた調査員の確保といった問題と，調査結果への影響とを勘案しながら，実施されたのである．

## 4　民生委員は調査をいかに経験したか

### 4.1　行政組織と民生委員

　それでは，調査員となった民生委員にとって，一連の調査はどのようなものとして経験されたのだろうか．

　「ボーダー・ライン」調査の実施にあたっては，次のような流れがとられていた．

　　　調査にあたっては，調査上の約束ごとや記入要領の理解のために，県本庁主管課が各市，郡単位の説明会を開催したほか，各調査機関が，それぞれの民生委員協議会単位に数回の説明会を開き，複雑な調査票の記入にあたって誤記を生じないよう十分なる配慮を行った．又調査終了後は各民生委員協議会単位に，それぞれの総務委員（各民協ごとに 1 名）の手許に調査票が回収せられここで一応調査票記入の精度を検討し，記入もれその他の不明確な点や誤記について訂正を行った．ついでこれら調査票が各福祉事務所へ回収せられると，ここでも，さらに綿密な検討が各ケース・ワーカー，査察指導職にある人々の手によって行われ，最終的な調査が完了した．（『ボーダー・ライン』：4）

2章　「調査員」を中心に社会調査を描きなおす——45

重要な点は，県から市・郡へ，市・郡から民生委員へ，というように，階層的に指示がなされていることである．「福祉資金」「老齢者」「ソーシャルニーズ」の各調査においても，民生委員への直接的な調査指示は，当該自治体の福祉事務所がおこなっていた．この点から，神奈川調査シリーズは民生委員にとっては福祉事務所から依頼されるさまざまな業務の一部として経験されたと，まずはいえよう．

そして，「ボーダー・ライン」「福祉資金」「老齢者」の各調査において，神奈川県下の「全民生委員」が知事から調査員を委嘱され，「ソーシャルニーズ」調査においても3140名と基本的には全民生委員が委嘱されたと思われるから，これらの調査への民生委員の参加は義務的なものであった．

「ボーダー・ライン」報告書のあとがきで，民生部福祉課長・敦賀三嗣は次のように民生委員の調査への献身をたたえているが，この献身は行政組織の有する上意下達的な指揮系統あってのものだったといえる．

　　調査時期としては梅雨時という条件，とり分け郡部では猫の手も借りたい農繁期という最悪のコンディションにも拘らず，調査終了予定日の7月15日には8割という驚異的な消化率を示して7月末日までに全県下の調査票が回収されました．とくに横浜市，横須賀市，藤沢市，鎌倉市，逗子市では丁度調査期間の6月下旬には豪雨禍に見舞われ，災害救助法が発動されるという最悪事態に直面しながら，最後まで一票たりともおろそかにせずご努力願いましたことなどは，この調査を成功にみちびいたものでありまして，県下3,000人の民生委員の皆様方に心からなる敬意を捧げる次第であります．（『ボーダー・ライン』：あとがき）

神奈川調査シリーズにおける，民生委員と行政組織との関係からは，社会調査のいわば行政業務としての側面が浮かびあがってくる．ここで，ある行政文書を紹介したい．筆者は，「老齢者」調査にかんして神奈川県民生部福祉課が作成した行政文書群「昭和38年度企画調査関係綴」（神奈川県立公文書館所蔵）を発見することができた[9]．これによれば，「老齢者」調査の実施に際しての県から市・郡への調査説明会，および県と各市社協との間で結ばれた委託

契約 10) は，民生部児童課による「M.R.C. 調査（精神薄弱児童実態調査）」と一体の形でおこなわれている．「老齢者」以外の調査にあたって，同様の抱き合わせがおこなわれたかは不明だが，少なくとも「老齢者」調査において調査依頼がまったく別種の「調査」と一体の形でおこなわれたことは確かである．

このように，神奈川調査シリーズは県から福祉事務所を通じて民生委員をコントロールするという行政機構のしくみによって可能になっており，調査依頼は他の諸業務と一体の形に落とし込まれ，民生委員もそのような諸業務のひとつとして調査を経験したといえる．

### 4.2 調査の現場で民生委員はなにを考えたか

それでは，実査の現場において民生委員はどのようなものとして調査を経験したのだろうか．ここでは，「福祉資金」調査の付帯調査票に設けられた自由記述欄 11) を素材に，その一端を検討する．自由記述欄は「民生委員の福祉資金制度に対する意見希望」を聞いたもので，調査に対する意見を聞いているわけではない．ただ，いくつかの自由記述からは，民生委員が調査をいかなるものとして経験したのかを，うかがい知ることができる．

まず，「福祉資金」調査は，民生委員にとっては，自分が何を「知らない」のかを知る機会にもなった．「福祉資金」調査は，「母子福祉資金」と「世帯更生資金」の利用世帯を対象に実施されたが，このうち世帯更生資金は借入申入書の提出先が民生委員であるのに対して，母子福祉資金の申し込み先は福祉事務所であった（『福祉資金』: 2-4）．そのため，なかには「福祉資金」調査の実施まで，対象世帯が母子福祉資金の利用世帯だと知らない民生委員も存在していたようだ．ある民生委員は，調査対象世帯の母子福祉資金利用の事実を知らなかったことについて「おはづかしき次第」と述べている．

このように，母子福祉資金の利用状況を必ずしも自身が把握できていないことを，「福祉資金」調査を契機に知った民生委員の一部は，母子福祉資金の借り入れ世帯を民生委員に通知するよう求めている．

全く相談がなかったため此の調査の依頼を受け私のケース内に此の様な家庭がある事を始めて知りました．（民生委員①：筆者補（以下同））

母子福祉資金借入者を民生委員が知らずにいることを今度知り母子貸付者
　　に対しても民生委員に通知して返済にも相談にも応ずる必要を感じました.
　　（民生委員②）

　さらに一部の民生委員は，そのような状況において民生委員に調査が委託さ
れることに対して，不都合あるいは憤りを訴えている.

　　資金貸付の際民生委員の手を経てして下さい　それでないと，今度の様
　　な調査の時に困難です，余り複雑過ぎる（民生委員③）

　　福祉資金貸出に就て申請人と福祉事務所で直接調査と契約をなし地区
　　民委員には何等連絡なく今回の行政実態調査等の時は民生委員に委託調査
　　をせしめる如き事は遺憾なり一應斯の如き場合には連絡を地区民生委員に
　　もとられたし（民生委員④）

　すなわち「福祉資金」調査には，民生委員がなにを「知らない／知らされて
いない」かを逆照射する効果があった．資金の貸付を「知らされていない」に
もかかわらず，調査員としての参加を要請されるという事態を，行政による民
生委員の都合のよい動員だと意味づける民生委員もいたのではないか.
　さらに論を進めれば，民生委員のあずかり知らぬところで母子福祉資金が運
用されることへの抵抗感は，民生委員こそが資金貸付の妥当性を正しく評価で
きるのだ，という主張ともつながっている.

　　母子福祉資金は他の福祉資と違って民生委員の調書もなくあまり簡単な
　　申請によって貸付決定はどうかと思います.（民生委員⑤）

　　民生委員はその受持区域内の世帯の事情を可成り詳しく知っているので
　　民生委員を通じて借入れたものは当を得ているが未亡人会等を通じて借り
　　たものには適当でないものも見受けられる.（民生委員⑥）

ここでは，民生委員の手を介さないことが原因で不適切な資金貸付が生じているのではないか，という疑念が表明されている．「未亡人会」のようなアクターとの対抗関係において，貸付の妥当性を判定する主体としての民生委員の優位性が主張されているのである．冨江直子は，民生委員の前身である方面委員が昭和初期の大阪府でおこなった救貧活動に着目し，「方面委員は，『必要』に対する正当な判定者としての地位を独占し，他の支援者にも，貧困者本人にも，『必要』を語らせない」ような政治的実践をおこなっていたことを見出している（冨江 2022：137）．この視点は，「福祉資金」調査をめぐる民生委員の記述を理解するうえでも役に立つ．「福祉資金」調査を契機として，母子福祉資金の貸付をめぐり民生委員こそが「必要」の正当な判定者であるという主張が表明されているのである [12]．

最後に，前節で述べたような民生委員が調査員となることの問題点を，民生委員自身が認識していた例を紹介したい．

> 本調査は同じ調査でも民生委員が訪問して調査するより直接本人に郵送して調査した方が効果的で民生委員の行動，批判，貸付不平が良く出ると思われる．（民生委員⑦）

このように調査方法上の問題を明確に指摘する自由記述は例外的なものだが，民生委員が調査におもむき面接をおこなうなかで，調査対象者の答えにくさやためらいに触れることもあっただろう．別の民生委員は，調査に際して調査対象者から「ちゃんと返へしているのに幾度も調べられるような気がして嫌だ」と言われたことを書き留めている．こうしたエピソードも「被調査経験の歴史」（佐藤 2011：256-258）を考えるうえで貴重な素材だといえる [13]．

## 5　おわりに

本章では，神奈川調査シリーズにおいて調査員の役割を果たした民生委員に着目し，認識の生産プロセスとしての社会調査を総体として把握するというねらいのもと，調査の実施過程を検討してきた．

調査を企画し実行する組織の意図や，行政と民生委員との関係，同時代の社会調査をめぐる環境などに規定されつつ，民生委員は調査過程のなかで重要な位置を占めた．民生委員の存在は神奈川調査シリーズの実施を可能にするとともに，調査結果にいくつかの制約や偏りをもたらしてもいる．これらの影響は，計量二次分析にあたっても考慮されてよいだろう．

　社会調査はデータの収集と分析の過程としてのみ理解できるわけではない．調査の現場では，福祉事務所と民生委員が，あるいは民生委員と調査対象者とがかかわりあい，そのなかで民生委員は福祉制度の状況や調査対象者の生活状況・態度，行政からの業務依頼のありかたなどについて，さまざまな認識を得ることになる．その一端は，「福祉資金」調査の自由記述欄にも垣間見ることができた．調査対象者や行政職員もまた，調査の経験を通じてさまざまな認識を得たはずである．これらの，さまざまなアクターによる認識の獲得と表出もまた，社会調査による「認識の生産プロセス」の一部分として無視できない．こうした意味での社会への認識の生産は，通常「調査主体」と考えられている研究者の営為とは異なる位相においておこなわれていたことが重要である．

　神奈川調査シリーズの事例は，社会調査が社会関係の網の目のなかで実施されるものであり，そのプロセス自体が社会学的な分析の対象たりえることを示している．そのなかにあって，「調査員」としての民生委員は決して無色透明のパイプ役だったのではなく，固有の主体として調査を形作っていたのである．

1)　ここでの「調査者」には，実際に聞き取り調査などにあたる調査員だけでなく，調査の企画・設計・分析にあたる研究者なども含まれていると考えられる．
2)　佐藤はこうした諸資料の例として，調査票，集計のための中間記録，収集されたが分析されなかった資料などに言及している．
3)　民生委員制度は，2000年の民生委員法の大幅改正を経て，2024年現在まで存続している．
4)　ここでいう「生活相談カード」の様式はかならずしも統一されていたわけではないようだが，たとえば横浜市で1952年以降作成された「福祉カード」は，「生活保護法による被保護者（世帯）」（第一種）および「それに近い状況におかれている者（世帯）」（第二種）を対象に作成され，世帯構成や収支などの項目からなっていた（横浜市民生局青少年部指導課編 1971：186-190）．
5)　1961年からは「しあわせを高める運動」に改称された．
6)　詳細は第5章（角崎論文）を参照．

50——第I部　戦後の貧困へのまなざし

7)　やや細かいことではあるが,「ソーシャルニーズ」の質問票の表紙には,「調査対象は県下約六千の世帯で, これを無作為抽出法（ランダム・サンプリング）で選び, おたくもその一つにあたったわけです」という, 事実——民生委員による有意抽出——とは異なる「ごあいさつ」が書かれている. これも, 回答への影響を考慮したある種の「配慮」ではないだろうか. 民生委員によって「選ばれた」世帯だと調査対象世帯に知られることは, とりわけ意識項目への影響を考えれば, 避けたいことだっただろう.

8)　調査員には大学生が大量に参加し, 富山調査では調査員の半数（約120名）が富山大学の学生だったという.

9)　とりわけ行政からの委託を受けておこなわれた社会調査の実施プロセスを検討する際には, このような行政文書が重要な手がかりとなるだろう. 佐藤は, あいさつ状のような「調査にまつわる文書」も社会調査にかかわる歴史資料となることを指摘している（佐藤 2011：356）.

10)　市部では県と市社協（横浜市のみ民生委員連盟）との間で委託契約（民生委員ひとりあたり260円で契約額を計算）が結ばれた. なお郡部では県から民生委員に記念品の「ハイチ皿」（200円）が送付された. この記念品も, 2調査をまとめてのものである.

11)　この自由記述欄の内容は, 調査当時の報告書ではまったく分析されていなかった.

12)　冨江が対象とした昭和初期の大阪における方面委員と, 本章が対象とした1960年代の神奈川における民生委員とでは, 置かれた状況は大きく異なる. 前者の存在感は後者のそれと比べ, 低所得者支援における役割という面でも社会的な認知という面でも, はるかに大きかったと考えられる. ここでは, そうした状況の違いがあってもなお, 両者が資金貸付の「必要」判定において類似の観念をもっていたことを指摘したい.

13)　自由記述欄は本来民生委員が記入すべきところ, 調査対象者が記入していると思われるケースが散見される. たとえば「前の民生委員の方はほんとうにかんじの悪い人でした　何かたのみに行こうと思っても, おこられるようでいやでした……もう少し, びんぼう人の気持をくんでほしいのです」という率直な吐露は, 調査設計上は「異常回答」というべきものであろうが, 民生委員による「保護指導」対象者の体験を示す語りとして興味深い.

### ［付記］

本章は JSPS 特別研究員奨励費（21J12151）の助成を受けた研究成果の一部である.

### ［参考文献］

神奈川県, 1961,『昭和36年版 神奈川県勢要覧』.
神奈川県民生部, 1962,『神奈川県における民生基礎調査報告書』.（『ボーダー・ライ

ン』）

─────，1963，『福祉資金行政実態調査報告』．（『福祉資金』）

─────，1964，『神奈川県における老齢者生活実態調査報告書』．（『老齢者』）

─────，1966，『神奈川県におけるソーシャルニーズ──社会福祉意識調査』．（『ソーシャルニーズ』）

厚生大臣官房総務課編，1953，『生活実態の分析──社会保障調査の解析』．

仁田道夫，2021，「Column 調査の達人 氏原正治郎」『社会と調査』27: 111.

小倉襄二，1965，「民生委員の意識状況について──地域（福祉）組織化の問題として」『人文學』83: 105-117.

労働調査論研究会，1969，『労働調査論研究会ノート』No. 3.

─────，1970，『労働調査論研究会ノート』No. 6.

─────編，1970，『戦後日本の労働調査』東京大学出版会.

佐藤健二，2011，『社会調査史のリテラシー──方法を読む社会学的想像力』新曜社.

冨江直子，2022，「救貧のなかの『公正』──大阪府方面委員の救貧実践にみる『必要』をめぐる政治」佐藤健太郎・荻山正浩編著『公正の遍歴──近代日本の地域と国家』吉田書店，pp. 95-154.

横浜市民生局青少年部指導課編，1971，『横浜市民生委員制度50年のあゆみ』横浜市.

吉村治正，2017，『社会調査における非標本誤差』東信堂.

全国社会福祉協議会編，1957，『民生委員・児童委員必携──世帯更生資金医療貸付資金取扱いの手引き』全国社会福祉協議会.

─────，1968，『民生委員制度五十年史』全国社会福祉協議会.

# 3章
# 戦災母子世帯の戦後

渡邊　勉

## 1　戦争未亡人の戦後

　1956年の経済白書における「もはや戦後ではない」という宣言は，誤解を招く言葉ではないか．この言葉の背景には，経済的に戦争の影響が消失し，高度経済成長へと日本社会が向かっていったことを自明視する考え方がある．しかしこれは1955年のGDPが戦前の水準を上回ったからに過ぎない．GNPが戦前水準を上回ったということが，すべての日本国民が戦前水準を上回ったということを意味するわけでは，もちろんない．

　アジア・太平洋戦争は，多くの人々の人生をさまざまな形で変化させた．あの戦争で亡くなった人は日本人だけで約310万人もいるといわれている．そして生き残った人たちの中には，仕事を失い，家を失い，自らの身体の一部を失い，家族を失った人たちが大勢いた．彼らの1950年代は，もはや戦後ではないといえるのだろうか．

　中でも戦争によって配偶者を失った妻，父を失った子の世帯である戦災母子世帯は，戦争によって最も人生を大きく狂わされた世帯であったといわれている．当時，戦後GHQによる無差別・平等原則から母子世帯への支援が十分にされていないとの認識があった（横山・田多編 1991；菊池 2003）．平林たい子は「戦争で夫を失った妻，子や父を失った母や子の永遠の悲しみこそ恐らく，戦争のもたらした最大の悲劇」といい切る（植村ほか編 1952）．厚生省や母子福祉対策国会議員連盟などが主催した未亡人対策懇談会では，出席者の一人が「戦争犠牲者の中最も悲惨なのは未亡人である」と発言する（一番ヶ瀬編 1988）．そ

れゆえ1949年の国会では，未亡人や母子世帯への援護，支援に関する決議がなされた（厚生省五十年史編集委員会編 1988a）.

　こうした戦争未亡人への関心の高まりから，彼女たちの手記や聞き書きが1950年代以降出版されるようになり，反響をよぶ[1]．例えば『主婦之友』が未亡人に呼びかけて集めた手記によって構成される『いとし子と耐えてゆかむ』を読んだ林房雄は「子と共にここまで生きぬいた母達の何という強さ，そして何という哀れさであろう！」と呻り，中村汀女は「涙と血と母としての愛情がにじむ手記を読んで，私はいつまでも涙の流れるのにまかせました」と吐露する（植村ほか編 1952）.

　他にも，例えば岩手の農村部落の戦争未亡人の聞き書きをおこなった『あの人は帰ってこなかった』からは，農村における戦争未亡人の生活の過酷さが伝わってくる．聞き書きをした大牟羅良は「女世帯は部落社会で一人前にあつかって貰え」ず，「寄ってたかっていためつけてきた」とさえ見えてくると語る（菊池・大牟羅 1964）．戦災母子世帯の過酷な生活と，それに対する憐憫がここにはある.

　ただこれが現実のすべてなのだろうか．例えば手記や短歌を書ける女性は実はまだ恵まれているといえるのかもしれない（川口 2003）し，聞き書きした女性たちも岩手の農村の女性たちであることから，当時の現実であるものの，それはあの時代の貧困の一部に過ぎなかったのかもしれない．戦争未亡人は戦争の被害者として特別視されていなかったか．うがった見方をすれば，いつの時代も過酷な運命に翻弄される人々はいるのだ．川端康成は『この果てに君ある如く』の選評で「未亡人ばかりがこの世でつらく悲しいのではない．……世間は未亡人を枠に入れて見，未亡人自身も境遇を誇張して考へるところがある」（中央公論社編 1950）と述べているではないか.

　この謎に答えるために本章は，当時の貧困世帯，特に生活保護世帯に注目する．生活保護世帯の中には戦争未亡人の戦災母子世帯だけでなく，親を亡くした世帯，子どもを亡くした世帯，様々な理由で働けなくなった世帯が含まれている．そこで，あえて分析の戦略として戦災母子世帯が他の世帯と同じように生活に困窮しており，特別ではなかったという立ち位置から考えてみたい.

　そこから出発してもなお，戦災母子世帯が他の世帯とは異なる特徴を具えて

54——第Ⅰ部　戦後の貧困へのまなざし

いることが発見できるのであれば，戦災母子世帯がアジア・太平洋戦争という戦争の被害者の中で特別な存在であったと言えるだろう．そしてそのことは，戦争が実際に戦場で戦った兵士だけでなく，銃後で支えていた人々に戦後長く負の影響をもたらし続けた事実の一端を示すことになるだろう．

　具体的な分析作業として，1952 年におこなわれた「貧困層の形成（静岡）調査」（以下，静岡調査）という生活保護世帯を対象とした調査データの分析をおこなう．ここで生活保護を受給している母子世帯は，2 つの特性を持つ．つまり生活保護世帯であるという特性と，母子世帯であるという特性である．そこで分析は 2 段階でおこなう．第 1 段階では，データに含まれる生活保護世帯全体の分析をおこない，その中で母子世帯の位置づけを明らかにする．そして第 2 段階では，母子世帯全体に焦点をあわせ，その中の生活保護を受けている母子世帯，さらにその中の戦災母子世帯の特徴を明らかにする．

## 2　分析のための背景

### 2.1　静岡県の概況

　静岡調査について説明する前に，当時の静岡県の状況をまとめておきたい．

　静岡県の人口は 1920 年の第 1 回の国勢調査以降，戦時中を除いて一貫して増加している．1952 年の人口は約 254 万人であり，1920 年の約 167 万人と比べ 1.53 倍，1944 年に比べても 1.26 倍（1945 年と比べると 1.15 倍）へと増加している．特に都市部の人口が増加しており，比較可能な 1950 年と 1955 年を比較すると，郡部が 102.6%，都市部が 111.5% へと増加していた．戦後，静岡県の都市部が大きく発展していったことがわかる．

　次に全国と静岡県の産業構造を比較してみる．1950 年産業別の労働人口比の比較をしたのが，図 3-1 である．ここから特徴を 3 点指摘したい．第 1 に農林業が少ない．全国に比べて 8.8 ポイントも低い．1955 年になると全国の農林業比率は 39.4% にまで減少していることから，静岡県が全国より先行していた．第 2 に製造業比率が 2.5 ポイント高い．繊維・木工業・製糸業などの特産的分野の復興とともに重化学工業の誘致が目指されていた（本多ほか 1998）ことがあらわれている．第 3 にサービス業が 2.8 ポイント高い．これら 3 つの

3 章　戦災母子世帯の戦後——55

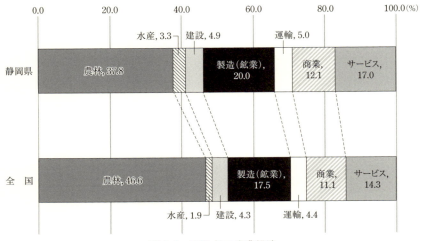

図3-1 1950年の産業構造

特徴から工業化，サービス産業化による戦後復興が全国的にみて早かったことがうかがえる．

戦争の影響はどうだったのか．静岡県出身の軍人・軍属の推定数は，陸軍18万6000人，海軍4万7000人，あわせて23万3000人であった（原口・海野1982）．この中に戦没者や帰還者は含まれていない．1940年の国勢調査の人口でみると，男子人口の約25％にあたる．軍人・軍属・準軍属戦没者数については，7万5791人（県調べ），5万9048人（遺族会調べ）であり，おおよそ6〜7万人だと考えられる．また静岡の空襲は87回にも上った．戦災死亡者6483人，重軽傷者9818人は，都道府県別では全国8番目に多い．これはB29が関東地方に向かう際の通り道にあったことも一因である．東京などの主要爆撃先が攻撃できない場合の爆撃先となっていたのである．

このように戦争の影響は大きかったものの，母子世帯比率はそれほど高くない．後述する全国母子世帯調査から推定された都道府県別の母子世帯数から比率を求めると，全国平均が4.2％であったのに対して，静岡県は4.1％と，ほぼ全国平均値であった（沖縄は除く）．ちなみに最も比率が高いのは高知県の7.9％，最も低いのは北海道の2.5％であった．

56——第Ⅰ部 戦後の貧困へのまなざし

## 2.2 静岡調査

本章で分析する静岡調査は，生活扶助，住宅扶助，教育扶助，医療扶助[2]のいずれかの生活保護を受けている静岡県在住の世帯を対象に，被保護世帯の生活・職業歴の分析を通じて，貧困化の原因と形成過程を探ることを目的としている[3]．調査は，財団法人労働科学研究所が1952年に静岡県在住の被保護世帯を対象に，「被保護世帯についての生活調査」として実施した．この調査データのうち，「貧困層の分布と発生過程に関する研究都市班」が都市部在住世帯に限定して1953年に整理している．この労働科学研究所によって実施された調査原票のうち，東京大学社会科学研究所図書室に現存していた1000票を復元作業によって整理したデータを，今回分析対象とする．都市部在住世帯とはいうものの，市部在住世帯は39.6%（郡部が60.4%），また世帯主の1割は農漁業に従事していることには注意が必要である．

# 3 生活保護世帯の特徴

## 3.1 1950年代の生活保護世帯

戦後の生活保護制度は，1946年に旧生活保護法が制定され，その後1950年に新生活保護法へと移行する．旧生活保護法は，それまでの制限扶助主義から一般扶助主義へと移行することで無差別平等の保護を定めていたが，欠格条項が設けられており勤労意欲のない者や素行不良の者等は排除していた．それに対して新生活保護法では日本国憲法第25条の生存権の理念に基づき，保護受給権を認めていた．また行政の責任が明確となった．

こうした生活保護制度の変化は，運用方針が明確に定まっていなかった旧法普及期（1946年10月〜1947年12月）から，生活保護行政の運用の厳格化が進む旧法整備期（1948年1月〜1949年8月）に分けられる．さらにドッジライン以降の大量の失業者への対応がうまくいかなかった旧法改正準備期（1949年9月〜1950年4月）を経て，新法期（1950年5月〜）へと続くことになる（小山 1951；村田 2018）．

こうした生活保護行政の変化が，全国の生活保護世帯率の変化にもあらわれている（**図3-2**）．1946年の被保護人員は270万3439人，保護率は35.1‰で

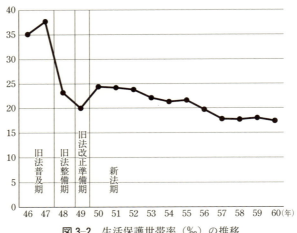

図 3-2　生活保護世帯率 (‰) の推移

あった．47年も保護率が37.7‰と高かった．その後ドッジラインによる大量失業が生じた1949年には20.0‰まで減少し，1952年には204万2550人，23.8‰となり，その後は微減していった．

　一方静岡県ではどうであったかというと，1951年の被保護世帯数は1万6330世帯，保護率は20.4‰であった（『静岡県史 資料編22』）．この数字は全国で5番目に低く，1951年の全国平均が24.4‰であることからしても低いことがわかる．静岡県は空襲が多く徴兵も多かったものの，戦後静岡県の生活保護行政にかかわっていた外山良造氏によると，静岡県は一時は全国で一番保護率が低く，生活環境はよかったという（厚生省社会局保護課編 1981）．

　生活保護世帯の中で母子世帯の比率はどのくらいだったのだろうか．1950年代におこなわれた母子世帯に関する全国調査として，2つの調査がある．1つは1950年に労働省婦人少年局がおこなった「女世帯生活実態調査」（以下，女世帯調査）[4]であり（湯沢ほか監修 1991），もう1つは1952年に厚生省児童局がおこなった「全国母子世帯一斉調査」（以下，母子世帯調査）[5]であった（厚生省児童局編 1953）．

　女世帯調査の全国推定値は171万人（名義上の女世帯を含めると194万人）であるのに対して，母子世帯調査の全国推定値は約69万世帯であった．ここに大きな差があるのは，おそらく母子世帯（女世帯）の定義の違いである．女

世帯調査では子どもの年齢に限定はない．それに対して母子世帯調査は18歳未満の子どもに限っている．ちなみに女世帯調査で18歳未満の子供のいる世帯は約39%であり，計算すると約67万人となり，両調査の推定値はかなり近い．

母子世帯全体の中で生活保護を受けている世帯は26.8%であった．1952年の全国の受給世帯数である70万2450世帯（厚生省五十年史編集委員会編 1988b）から推定すると，生活保護世帯全体の26〜27%が母子世帯であったことになる．さらに1958年以降は母子世帯比率を厚生省が求めている．1958年は14.3%であり，その後も11〜15%程度を推移していることから，1952年の母子世帯比率が非常に高いということがわかる．

### 3. 2　静岡調査の生活保護世帯の特徴

次に静岡調査から，静岡県の生活保護世帯全体の特徴を概観しておく．

世帯類型を1人世帯，母子世帯，父子世帯，夫婦2人世帯，夫婦と子ども世帯，その他世帯の6つの世帯に類型化した．母子世帯，父子世帯は，世帯主の配偶者がおらず，18歳未満の子供が1人以上いる世帯である．それ以外の者が同居している場合もこれらの世帯に含めている（例えば世帯主の母親と同居など）．

生活保護世帯のうち最も多いのは母子世帯の48.0%であり，生活保護世帯のほぼ半数である．続いて，夫婦と子供世帯の21.6%，その他世帯13.1%，1人世帯10.0%，夫婦2人世帯4.1%，父子世帯3.2%と続く．

本調査が取りあげる4つの扶助の受給率は，生活扶助89.1%，住宅扶助50.7%，教育扶助62.8%，医療扶助38.3%であり，生活扶助と教育扶助が多い．

戦争の影響はどうなのだろうか．ここで戦争の影響を，世帯主への影響，配偶者への影響，世帯員への影響，世帯への影響に整理する．世帯主，配偶者，世帯員への影響としては，戦争に起因する死亡，病気，負傷，転職，失業さらに徴兵，徴用などが含まれる．また世帯への影響として戦災，引揚，疎開がある．これらの1つでも当てはまる世帯は72.9%である．逆に27.1%の世帯は上記のどの経験もない．

3章　戦災母子世帯の戦後──59

こうした戦争の影響は必ずしも生活保護受給の直接要因となっていない．生活保護を受給するに至った原因を，健康，戦争，死亡，仕事の4つにまとめると，最も多い原因は健康62.3%である．続いて戦争40.9%，死亡29.5%，仕事10.9%と続く．戦争が保護の理由となっている40.9%の世帯というのは，なんらかの戦争の影響を受けた世帯のうちの56.1%（40.9÷72.9×100）に過ぎない．つまり戦時中に戦争の影響を受けた世帯のうち43.9%は戦争の影響を受けたものの，それは保護の原因にはなっていないのだ．

　生活保護世帯の生活実態はどうだったのか．扶助と収入の合算値から等価所得を求めると，平均値は2516円，中央値は2339円であった．

　この数字の価値を理解するために，例えば当時の静岡市の米1升の値段をみてみよう．当時精米1升の価格は143円であった（『静岡県統計書』）．中央値の2339円では，米は約16.3升と買うことができた．1升約1.5kgなので，24.5kgとなる．参考までに2020年の静岡市の5kgの米の価格は2201円であり，1升に直すと660円ほどになる．16.3升だと約1万800円となる．

　また1952年6月の静岡市の1世帯当たりの1カ月の平均支出金額は，1万7919円である．この値を等価所得と同様に，世帯人数（平均世帯人数は5.19人）の平方根で割ると，約7865円となる．生活保護世帯の等価所得の中央値と比較すると，生活保護世帯は平均世帯の3分の1にも満たない．

　ここまでの分析から，生活保護世帯の生活水準の著しい低さとともに，これらの世帯の世帯類型，扶助状況，保護に至った経緯などの多様性が見えてくる．ただこれだけでは，個々の変数の特徴がわかるものの，その変数群の総体としての具体的な生活保護世帯をイメージすることが難しい．そこで次に1952年の生活保護世帯を類型化することで，その特徴を明らかにしてみたい．類型化に際しては，潜在クラス分析をおこなう[6]．

　考慮する変数は，次の4点である．

（1）扶助の受給状況：生活扶助，住宅扶助，教育扶助，医療扶助の4つの扶助の受給状況．
（2）世帯主の特徴：世帯主の特徴として，年齢層と労働の有無．
（3）世帯員の特徴：世帯員の特徴として，高齢者（65歳以上）の有無，子ど

**表 3-1** 生活保護世帯の潜在クラス分析結果（4 クラス）

|  |  | クラス1 | クラス2 | クラス3 | クラス4 |
|---|---|---|---|---|---|
|  | 比　率 | 0.4124 | 0.3161 | 0.1724 | 0.0991 |
| 扶　　助 | 生活扶助 | 0.9822 | 0.9678 | 1.0000 | 0.0709 |
|  | 住宅扶助 | 0.5732 | 0.5780 | 0.5071 | 0.0000 |
|  | 教育扶助 | 0.8954 | 0.8159 | 0.0117 | 0.0000 |
|  | 医療扶助 | 0.2705 | 0.4255 | 0.2248 | 1.0000 |
| 世帯主労働 | 疾患なし・有職 | 0.7969 | 0.3090 | 0.2620 | 0.4245 |
|  | 疾患あり・有職 | 0.1240 | 0.2958 | 0.1981 | 0.1935 |
|  | 無職 | 0.0790 | 0.3952 | 0.5399 | 0.3820 |
| 世帯主年齢 | 34 歳以下 | 0.2338 | 0.2151 | 0.0121 | 0.2672 |
|  | 35–44 歳 | 0.6753 | 0.3340 | 0.0524 | 0.2622 |
|  | 45–64 歳 | 0.0909 | 0.3459 | 0.2886 | 0.4302 |
|  | 65 歳以上 | 0.0000 | 0.1050 | 0.6469 | 0.0404 |
| 高齢者の有無 | あり | 0.2424 | 0.2528 | 0.1750 | 0.3042 |
| 子どもの有無 | あり | 1.0000 | 1.0000 | 0.0000 | 0.7928 |
| 世帯類型 | 1 人 | 0.0000 | 0.0191 | 0.5419 | 0.0104 |
|  | 母子 | 0.9877 | 0.1282 | 0.0933 | 0.1659 |
|  | 父子 | 0.0044 | 0.0567 | 0.0402 | 0.0553 |
|  | 夫婦 | 0.0000 | 0.0000 | 0.2035 | 0.0516 |
|  | 夫婦と子ども | 0.0079 | 0.5171 | 0.0624 | 0.3902 |
|  | その他 | 0.0000 | 0.2790 | 0.0587 | 0.3265 |

　も（17 歳以下）の有無.

(4) 世帯類型：1 人世帯，母子世帯，父子世帯，夫婦世帯，夫婦と子ども世帯，
　　その他世帯（3 世代世帯含む）.

　上記の変数から潜在クラス分析をおこない，BIC の値から 4 クラスモデル
を採用し[7]，その結果を**表 3-1** に示した．ここでは，**表 3-1** の結果を詳細に検
討する前に，まずは 4 つのクラスの特徴を大雑把にまとめておきたい.

(1) クラス 1：生活扶助と教育扶助を受給している母子世帯.
(2) クラス 2：生活扶助と教育扶助を受給している父子世帯，夫婦世帯，夫婦
　　と子ども世帯.
(3) クラス 3：生活扶助と住宅扶助を受給している 1 人世帯，夫婦世帯.

3章　戦災母子世帯の戦後——61

(4) クラス4：医療扶助を受給している世帯.

　この分析から，母子世帯が1つのクラスを形成しており他の生活保護世帯とは異なる特徴を持っていることがわかる．もう少し細かくみよう．
　まずクラス1は，世帯主が44歳以下で精神疾患疾病がなく有職である可能性が，他のクラスに比べて圧倒的に高い（0.7969）．他のクラスが働けないから生活保護を受給している世帯が多いのに対して，母子世帯が中心となるクラス1は，働けるが生活が苦しい世帯である．子どもがいるので，教育扶助を受けている．
　クラス2とクラス3については，両者を比較しながらみてみたい．クラス2の世帯主は35〜64歳が多く，子どもがいる世代であり，生活扶助と教育扶助をほとんど受給しており，住宅扶助，医療扶助の受給確率も高い．疾患の有無，労働の有無に関する特徴は特にない．それに対してクラス3は，高齢，無職の1人世帯，もしくは夫婦世帯である確率が高い．
　クラス4は，クラス1からクラス3とはやや性質が異なる．医療扶助の確率が1.000であり，他の扶助の受給がほとんどない．つまり医療費のみの支援を求めている世帯になる．世帯類型については特に特徴はない．もしかしたら医療扶助を充実させるという厚生省の方針の影響もあるのかもしれない（厚生省社会局保護課編 1981）．
　以上を整理すると次のようになる．生活保護世帯はまず大きく2つに分けられる．医療扶助のみを受給する世帯と，生活扶助を受けさらに教育扶助，住宅扶助，医療扶助のいずれか1つ以上を受給している世帯である．前者は全体の約1割（0.0991）で，後者は約9割（0.9009）である．
　さらに後者は2つに分かれる．高齢者世帯とそれ以外である．高齢者世帯は無職の1人世帯か夫婦2人世帯である．後者の高齢者世帯以外の世帯は，さらに2つに分けられ，母子世帯とそれ以外となる．この2つのクラスに含まれる世帯が全体の約7割と多い．つまり典型的な生活保護世帯なのだといえる．両クラスの世帯の特徴は，子どもがいる比較的若い世帯主である，という点は類似しているが，クラス1の母子世帯の世帯主の大半が働いているのに対して，クラス2に含まれる世帯の世帯主は働いている確率が約0.3と低い．

ここから母子世帯の特異性が見いだせる．母子世帯は疾患がなく働いているという点で，他の保護世帯とは大きく異なる．具体的には母子世帯のうち85.8% は就労しているのに対して，母子世帯以外は57.6% しか就労していない．ここには30 ポイント近くの差がある．その背景には疾病の有無がある．母子世帯の世帯主の疾病率が20.6% であるのに対して，それ以外の世帯の世帯主は56.3% である．つまり母子世帯は働いているにもかかわらず貧しい．それに対して母子世帯以外は働けないので貧しい．

　母子世帯は他の世帯とは異なり，母子世帯であるということ自体が貧困につながる要因なのだ．そのことは戦争未亡人たちの手記や聞き書きからもみてとれる．こうした分析からみえてくるのは，女性が世帯主として家庭を支えることの難しさである[8]．この事実を踏まえた上で，次に母子世帯の中の戦災母子世帯の特徴を追っていきたい．

# 4　母子世帯の特徴

## 4.1　母子世帯の中の生活保護世帯

　先述したように，母子世帯調査によれば生活保護を受けている世帯は26.8% であった．さらに「生活が困窮している」と回答した19.7% を加えると46.5% の世帯は困窮していた．生活保護世帯の困窮は収入からも確認できる．図3-3 は，静岡調査と母子世帯調査の収入の分布をあらわしている．ここで収入とは，労働などによる収入に加え生活保護等により扶助された金額も含む．

　図3-3 をみると静岡調査のほうが母子世帯調査よりも下方に偏っている．つまり収入が全体的に低い．中央値のカテゴリーで比べてみても，母子世帯調査が3000〜3999 円であるのに対し，静岡調査は2000〜2999 円である．生活保護世帯である静岡調査の世帯の収入がいかに低いかがわかる．ただ母子世帯調査の収入下位4 分の1 に静岡調査の世帯の収入がすべて含まれるわけではない．

　ここで誤解してならないのは，生活保護を受けていない母子世帯の収入が当時の生活水準と比較して高かったわけではないということである．1952 年の勤労者世帯の1 世帯当たりの平均収入は，2 万822 円である（『長期経済統計』）．

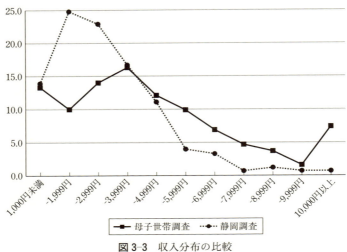

図 3-3 収入分布の比較

母子世帯調査の1世帯あたりの平均収入を厳密に求めることはできないが，おおよそ5000円程度である．2万822円の約4分の1にすぎない．世帯人数を考慮してもこの数字は低い．つまり1952年の全世帯の中で，母子世帯の経済状況はかなり低く，その中でも生活保護を受給している母子世帯はさらに低い状況にあった．

次に子どもの数をみてみよう．子どもの数が多いとそれだけ母親の負担が大きくなる．収入が同じであれば，子どもの数が多い方が生活は苦しいはずである．2人以下の子ども数の比率は，母子世帯調査では43.2%であるのに対し静岡調査では18.5%に過ぎない．3人以上の子どもについては母子世帯調査が26.8%に対して静岡調査が66.5%であった．また母子以外の者が同居している世帯についても，母子世帯調査が30.0%，静岡調査は15.0%である．子どもの数が多いこと，世帯主である母親以外に同居している家族がいるかどうかが，生活水準を規定する大きな要因であることがみえてくる．

学歴をみてみたい．母子世帯調査では尋常小学校卒が40.5%，高等小学校卒が39.9%であるのに対して，静岡調査ではそれぞれ55.5%，36.1%である．つまり静岡調査の学歴分布が下方に偏っている．

さらに戦争の影響はどうなのだろうか．配偶者との別離の理由を，戦災死，

その他の死，離別・遺棄などの3つに分けて集計してみた．結果は2つの調査でほとんど差がなかった．母子世帯調査が38.2%，46.9%，14.9% であり，静岡調査が38.8%，49.0%，12.3% であった．母子世帯になった理由の違いが，生活の困窮の違いを生み出すわけではないようだ．

ここまでの分析から3つの事実を指摘したい．第1に母子世帯は全体的に生活が苦しいということである．平均収入に顕著にみられるように，一般世帯に比べて，母子世帯の生活水準はかなり低い．生活保護を受給していないとしても，生活は困窮している世帯が多かった．第2に母子世帯の生活水準は子ども数に大きく影響を受けていた．扶養しなければならない子どもが多いと生活水準は下がる．第3に母子世帯の中でも生活保護を受給していた世帯は，相対的に階層が低かった．階層の低さが貧困につながっている可能性があるということだ．

## 4.2 生活保護受給の母子世帯の分析

これまでの分析では，母子世帯を1つのカテゴリーとして考えてきた．しかし，本章冒頭で紹介したように，戦後の母子世帯において最も衆目を集めていたのは，戦災母子世帯であった．はたして，戦災母子世帯は他の母子世帯と異なるのか，同じなのか．異なるなら何が違うのか．本章の焦点はそこにある．そこで，生活保護受給に至る経路と1952年時点の状況から，母子世帯を類型化してみる．そのために母子世帯のみを対象にした潜在クラス分析を再度おこなう．分析のための変数として，保護前状況，次に保護に至る理由，受給時期，そして受給後の状況を取り上げ，加えて現在の階層的地位も含める．

(1) 保護前状況：保護前の状況として2つの階層的地位を取り上げる．1つは保護前職業である．サンプル数を考慮してホワイト，ブルー，農業，無職の4分類とした．もう1つは昭和12 (1937) 年の主観階層である．調査では，対象者に1952年から過去を振り返って，上，中，下で評価してもらっている．

(2) 保護理由：保護理由は戦争，健康，仕事，死の4つに分けた．

(3) 受給時期：受給が始まった時期は，先述した旧法普及期，旧法整備期，旧

法改正準備期，新法期の4時期とした.

(4) 現在の状況：世帯主の現在の状況については4つの要素（居住地，学歴，職業，疾病の有無）を取り上げる．居住地は市部と郡部，学歴は尋常小学校以下，高等小学校，中学校以上の3分類，職業はホワイト，ブルー，農業，無職の4分類，さらに疾病の有無である.

(5) 世帯類型：先ほどの分析と同様，潜在クラスと世帯類型の関連を検討する．そのための世帯類型は，世帯主との別離理由により3つに類型化する．第1が戦災死である．いわゆる戦争未亡人を世帯主とする世帯であり，徴兵，徴用，空襲などによる死によって配偶者を失った世帯が含まれる．第2がその他の死である．病死，事故死が含まれるが，戦争が直接の原因となっていない死によって配偶者を失った世帯である．第3が遺棄，離婚による別離である.

　分析の結果，BIC の値から，3クラスモデルを採択した[9]．分析結果をあらわしたのが，**表3-2** である.

　まず母子世帯類型の確率をみると，クラス1とクラス2は戦災死の確率が高く，クラス3はその他死と遺棄・離婚等の確率が高い．つまり，クラス1とクラス2は戦災母子世帯を中心としたクラスであり，クラス3はそれ以外の母子世帯である.

　次にクラス1とクラス2を比較すると，クラス1は市部在住の確率が高い戦災母子世帯である．保護前は生活水準が低いというわけでもなく，配偶者が働き自らは無職という世帯であった．また学歴もやや高い．つまり階層的に最下層というわけではなかった．それが配偶者の死によって生活が急に困窮していった．クラス2は郡部在住の戦災母子世帯である．保護前から下層の世帯であり，無職であった者が多い．地方ということもあり，学歴は相対的に低く，保護前も保護後も農業に従事する者が多い[10]．またクラス1とクラス2の比率は7：3であり，クラス1が圧倒的に多い.

　クラス3は，戦災母子世帯とは異なる．大きな相違点は3つある．第1に配偶者との別離が，その他の死つまり病死や事故死による別離と，離婚などである．第2に保護理由が健康である確率が高い．さらに戦争は0.1773であるの

66——第Ⅰ部　戦後の貧困へのまなざし

**表 3-2　母子世帯の潜在クラス分析結果**

|  |  | クラス 1 | クラス 2 | クラス 3 |
|---|---|---|---|---|
|  | 比　率 | 0.3102 | 0.1423 | 0.5475 |
| 保護前職業 | ホワイト | 0.1026 | 0.0196 | 0.0919 |
|  | ブルー | 0.4107 | 0.0744 | 0.2649 |
|  | 農業 | 0.0430 | 0.4030 | 0.1251 |
|  | 無職 | 0.4437 | 0.5029 | 0.5182 |
| 1937 年生活水準 | 上 | 0.0571 | 0.0233 | 0.0392 |
|  | 中 | 0.7076 | 0.5682 | 0.6016 |
|  | 下 | 0.2354 | 0.4085 | 0.3592 |
| 保護理由 | 戦争 | 1.0000 | 1.0000 | 0.1773 |
|  | 健康 | 0.2214 | 0.3863 | 0.5883 |
|  | 仕事 | 0.0339 | 0.0000 | 0.0540 |
|  | 死 | 0.9722 | 0.9818 | 0.0599 |
| 居住地 | 市部 | 0.3541 | 0.0680 | 0.4451 |
| 学　歴 | 尋常小 | 0.4551 | 0.6751 | 0.5704 |
|  | 高等小 | 0.4326 | 0.3045 | 0.3348 |
|  | 中学以上 | 0.1123 | 0.0205 | 0.0948 |
| 現　職 | ホワイト | 0.1680 | 0.000 | 0.1418 |
|  | ブルー | 0.7395 | 0.1216 | 0.4971 |
|  | 農業 | 0.0000 | 0.6959 | 0.1723 |
|  | 無職 | 0.0925 | 0.1825 | 0.1888 |
| 疾病の有無 | 疾患 | 0.1560 | 0.2300 | 0.2352 |
| 受給時期 | 旧法普及期 | 0.6713 | 0.7584 | 0.3013 |
|  | 旧法整備期 | 0.1541 | 0.1015 | 0.1922 |
|  | 旧法改正準備期 | 0.0661 | 0.0557 | 0.1376 |
|  | 新法期 | 0.1085 | 0.0844 | 0.3689 |
| 母子世帯類型 | 戦災死 | 0.8541 | 0.7635 | 0.0371 |
|  | その他死 | 0.1379 | 0.1907 | 0.7553 |
|  | 遺棄・離婚等 | 0.0080 | 0.0457 | 0.2076 |

に対して死は 0.0599 であることから，戦争と死がつながっていない．つまり
クラス 3 の戦争という理由は戦災や失業であり，戦死の可能性は低い．第 3 に
上記 2 つの特徴から受給時期がばらついている．やや新法施行後の受給世帯が
多い．

　ここから戦災母子世帯とそれ以外の母子世帯の違いとして，保護前の生活水
準に注目したい．戦災母子世帯の多くを占めるクラス 1 とクラス 3 を比較する

3 章　戦災母子世帯の戦後──67

と，保護前の生活水準が異なっている．戦災母子世帯の多くは，1937年時点では，生活保護世帯の中では相対的に生活水準が高かった確率が高い．それが夫を戦争で失うことで生活水準が急激に下がる．それに対してクラス3は1937年時点で相対的に生活水準が低く，健康を害することでさらに水準が下がる．つまり戦災母子世帯のほうが，その他の母子世帯よりも母子世帯になったことによる生活水準の低下の幅が大きい．

戦災母子世帯が他の世帯よりも注目され同情されていたのは，ここに一因があるのかもしれない．戦争で配偶者を失わなければ，ここまで生活水準が落ち込むことがなかったはずなのにという思いである．ただし，こうした事情が該当するのは，主として都市部の戦災母子世帯である点は留意しておかなければならない．

# 5　結　論

本章では，静岡調査のデータを利用して，生活保護を受給している母子世帯，特に戦災母子世帯の特徴について明らかにしてきた．本章の結論は，2つである．

第1に戦後の生活保護世帯は世帯類型，保護理由，就業の有無，世帯主の年齢など，多様であったということである．特に戦争の影響によって生活保護世帯に陥る世帯は4割に過ぎなかった．この数字をみると，戦争が1952年の生活保護世帯つまり貧困世帯に与えていた影響は大きくはないのかもしれない．ただ戦争とは別に，当時の社会における母子世帯の不利さは顕著であった．母子世帯の世帯主である女性たちは大半が働いていた．それは他の生活保護世帯の世帯主の就業状況と大きく異なる．1950年代の戦争未亡人の手記や聞き書きで再三語られるのは，家族の生活を支えられるだけの収入が得られないことであった．当時の女性たちの子どもを抱えて働くことの難しさがあった．女性たちが生きることの不利さは，生活保護世帯の分析からもみえてきた．

第2に母子世帯における戦災母子世帯の特異性であった．その特異性は，アジア・太平洋戦争がもたらしていた．母子世帯に至る理由にはさまざまなものがあり，母子世帯に変化することによる生活の変化は大きい．しかしその中で

68——第Ⅰ部　戦後の貧困へのまなざし

もアジア・太平洋戦争によって配偶者を失うことによる生活の変化は，大きかったといえるだろう．1937年時点での生活水準は相対的に他の母子世帯に比して高い傾向がみられた．それゆえ配偶者を戦争で失うことで，生活水準の落ち込みが激しかった．

それはもしかしたら次のようなことが原因なのかもしれない．戦災母子世帯とそれ以外の母子世帯の違いは，受給時期であった．それは母子世帯になった時期とも重なっている．配偶者の戦死または戦死公報は戦争末期から終戦後数年以内であることがほとんどである．それに対して戦災以外の母子世帯の配偶者との別離の時期はばらついている．終戦後の混乱期というのは母子世帯に限らず大半の日本人にとって生活が困難であり，貧困にあえいでいた．そうした中で女性が働き生活を支えることは，より困難を極めたに違いない．そうだとすると，母子世帯に陥った時期が，貧困につながる1つの要因だった可能性がある．時期が異なれば，もしかしたら貧困に陥ることを免れた世帯があったのかもしれない．

このように推論すると，配偶者との別離が戦争であったがゆえに戦災母子世帯は貧困に陥りやすかったということになる．アジア・太平洋戦争は，多くの日本人からさまざまなものを奪っていった．奪われたものが何だったのかというのと同時に，それがいつだったのか，そして奪われたのが誰だったのかということが，戦後社会の中で，誰の生活に影を落とし続けたのかを決めていたのではないかと考えられるのである．


1）　例えば，一部を挙げれば中央公論社編（1950），植村ほか編（1952），菊池・大牟羅（1964），小原編（1964）などがある．
2）　保護の種類はその他に，助産扶助，生業扶助，葬祭扶助がある．
3）　本調査は，貧困層の分布（富山）調査と関連しておこなわれた調査であり，氏原・江口（1956）では富山調査のデータから職業階層と貧困の関連を分析し，氏原他（1959）では静岡調査のデータから職業階層別に世帯の経歴を事例的に追跡している．
4）　全国33地点，5791世帯を対象とした．回収数は5113世帯（回収率88.3%）である．
5）　国勢調査の1/20抽出をおこない，3万4733世帯に対して調査をおこなった．
6）　分析は，RのpoLCAを使用した．

7) BIC の値は，12532.52（クラス 3），12370.91（クラス 4），12431.19（クラス 5）
であった．
8) 世帯主の職業を男女別で比較すると，男性に多いのは，農業，木工職人，単純労
働，行商，土工であるのに対して，女性は農業，単純労働，行商，紡織・仕立・縫
製工，木職人，家政婦などである．
9) BIC の値は，7783.417（2 モデル），7767.059（3 モデル），7822.568（4 モデル），
7930.270（5 モデル）であった．
10) 詳細は検討できないが，クラス 1 とクラス 2 の違いは，冒頭で取り上げた『い
とし子と耐えてゆかむ』に載った手記の母子世帯と『あの人は帰ってこなかった』
で聞き書きした農婦たちの対比なのかもしれない．

[参考文献]
中央公論社編，1950，『この果てに君ある如く──全国未亡人の短歌・手記』中央公
論社．
原口清・海野福寿，1982，『静岡県の百年』山川出版社．
本多隆成・荒木敏夫・杉橋隆夫・山本義彦，1998，『静岡県の歴史』山川出版社．
一番ヶ瀬康子編，1988，『日本婦人問題資料集成　第六巻　保健・福祉』ドメス出版．
川口恵美子，2003，『戦争未亡人──被害と加害のはざまで』ドメス出版．
菊池秀明，2003，「生活保護における『母子世帯』施策の変遷」『社会福祉学』43
（2）：23-32．
菊池敬一・大牟羅良，1964，『あの人は帰ってこなかった』岩波新書．
菊池正治・清水教惠・田中和男・永岡正己・室田保夫編著，2003，『日本社会福祉の
歴史──制度・実践・思想』ミネルヴァ書房．
小山進次郎，1951，『生活保護法の解釈と運用』中央社会福祉協議会．
厚生省五十年史編集委員会編，1988a，『厚生省五十周年史（記述編）』中央法規．
────，1988b，『厚生省五十周年史（資料編）』中央法規．
厚生省児童局編，1953，『全国母子世帯調査結果報告書』．
厚生省社会局保護課編，1981，『生活保護三十年史』社会福祉調査会．
村田隆史，2018，『生活保護法成立過程の研究』自治体研究社．
小原徳志編，1964，『石ころに語る母たち──農村婦人の戦争体験』未来社．
氏原正治郎・江口英一，1956，「都市における貧困の分布と形成に関する一資料（1）」
『社会科学研究』8（1）：62-150．
氏原正治郎・江口英一・高梨昌・関谷耕一，1959，「都市における貧困層の分布と形
成に関する一資料（2）」『社会科学研究』11（2）：93-132．
湯沢雍彦・高橋久子・原田冴子監修，1991，『戦後婦人労働・生活調査資料集　第 22
巻　生活編（4）女世帯』クレス出版．
植村環・平林たい子・田辺繁子編，1952，『いとし子と耐えてゆかむ──戦争未亡人
の叫び』主婦之友社．
横山和彦・田多英範編著，1991，『日本社会保障の歴史』学文社．

4章—————
# 「ボーダー・ライン層」調査の復元二次分析
## データから見る 1960 年代前半の低所得層

相澤　真一

## 1　はじめに

　本章では，1961 年に神奈川県で行われた「ボーダー・ライン層」調査（公式名称：神奈川県における民生基礎調査）を再分析することにより，高度経済成長前期に低収入層として当時の専門家たちに注目された「ボーダー・ライン層」とはいかなる貧困層だったのかを明らかにする．

　最初に，1960 年代前半の「ボーダー・ライン層」という低所得世帯に着目することにより，後に整備されていく社会福祉制度の構想時点で共有された低収入層の状況を確認する．戦後直後から 1960 年頃までの日本では，戦争と戦後の混乱による国民生活の窮乏化によって，貧困調査への関心が高まっていた．例えば，当時，日本社会福祉学会が編集した『日本の貧困——ボーダー・ライン階層の研究』では，「戦後 12 年間の，いわゆる低所得階層に関する文献は，ぼう大な数にのぼる．殊に，最低賃金制や社会保険さらに社会福祉事業などの対策の面までの諸文献をふくめれば，おそらく 1000 を下らないであろう．」（一番ケ瀬 1958：94）と述べられており，「ボーダー・ライン層」という概念と研究が 1952 年から 53 年頃に現れたことが指摘されている（一番ケ瀬 1958：95）．これは，1951 年に発足した，現在の生活保護制度の整備と，その境界線としての最低生活線である「ボーダー・ライン」をめぐる最低生活費の研究が進んだことによって生じてきた研究関心と言えよう．ここでいう「ボーダー・ライン層」とは，「現にわれわれ国民の中には 200 万に及ぶ被保護者がいるわけだし，保護をうけていなくてもボーダー・ライン上にうごめく，食えない人々は

71

この何倍にも及ぶであろう」（厚生省「国民生活の概況」，一番ケ瀬 1958：104 より再引用）という厚生省による表現にも見られるように，生活保護基準より上にはいるものの「食えない人々」というふうに概念上，捉えられる．

神奈川県民生部が 1961 年に行った「神奈川県民生基礎調査」（通称：「ボーダー・ライン層」調査）は，このような「食えない人々」がどのような分布で，どのように生活しているかが，民生の基礎に当たると考えられて行われたものであった．当時の報告書の 1 頁目には，次のように，問題意識が述べられている．

> 民生行政の直接の対象となる低所得階層，低消費水準階層，ボーダー・ライン層，要保護階層等々については，その名称について統一がなされていない．（中略）かりに，これらの階層を「低所得階層」と名づけるならば，この階層に所属する世帯には，社会福祉諸施策にたいする要求が顕在的また潜在的に存在しているであろうと考えられる．（中略）
>
> この調査の目的の第一は，これらの階層に所属する世帯がどのような労働によって収入を得，どのような消費生活を行っているか，その実態を具体的に明らかにし，これらの世帯が必要としている社会福祉の基本を明らかにすることである．

ここに見られるように，「低所得階層」が民生行政の直接の対象であり，またそこにこそ「社会福祉諸施策にたいする要求が顕在的また潜在的に存在」しており，これが神奈川県の民生行政を考える上での基礎となるとして，61 年に民生基礎調査が行われている．本章は，このような人々がどのような状態にいたのか，を復元二次分析データから注目する．すなわち，1960 年代初頭のボーダー・ライン層はどのような階層か，を復元された 1960 年代初頭に調査されたデータから計量的に検討する [1]．

## 2 「ボーダー・ライン」層と調査の歴史的位置づけ

当時の貧困の性質について目を向けたとき，『現代の「低所得層」』など数多

72——第Ⅰ部　戦後の貧困へのまなざし

くの貧困に関する著作のある江口英一が「戦後労働調査資料」の資料集を作成する際に，本調査資料の関係者に語った聞き取り資料において，次のような興味深い発言を残している．

　ちょうど，われわれが調査にたずさわっていた頃は，昭和 29 年，30 年，31 年ということで，これは，社会保障なり，それをめぐる運動なり，その変り目に当っていた．
　（中略）
　それというのは，それ以前，例えば，昭和 24，5 年，あるいは，27，8 年頃までを考えますと，一方では「働らかせろ，喰わせろ」といいますか，そういうことで，運動が，貧困層を中心に──貧困層というのは，職安中心に集まった人々，失業者たちですが，──そういう層の生活を守るということで，組織労働者はそういう層を助けるという立場でした．（労働調査論研究会編 1968：194）

　江口は，1950 年前後の貧困について，戦災で被害を受けた人々によって運動を通じて形成されていった貧困であると述べる．ところが，江口は，その後，貧困層が変化していくことについて，次のように述べている．

　一方，戦後まもなく，失対あるいは生活保護法，失業保険法というのができました．ことに生活保護法に関連していいますと，生活保護の基準をたてるために，家計調査が行なわれて，要するに，最低生活費を出そうということでした．籠山先生（籠山京のこと：筆者補）の『貧困と人間』（1953 年 河出書房）という本がありますが，（中略）そこでえがかれている貧困層というのは，まじめだけれども喰えない．しかもぬすみもできないし，さればとて，組織的に活動しているわけでもない．個々ばらばらの，おとなしい，闘いということをしていない層が，えがかれている．それを頭において，最低生活費が，考えられていたんじゃないかと思うのです．要するに，戦争で，今まで中間層だったものや，労働者，特に中間層が転落して，今いったような孤立無援の状態に陥ってひっそりと暮らしている

という人が考えられて，そしてそのための生活保護という考え方で追求されていたと思います．（労働調査論研究会 1968：195）

　すなわち，戦争で被害を受けて生活のために組織的に社会集団を形成していた貧困層に対して，貧困研究によって徐々に可視化されていくのは，「組織的に活動しているわけでもない．個々ばらばらの，おとなしい，闘いということをしていない層」（労働調査論研究会 1968：195）であると述べる．その後，江口は，東京大学科学研究所で行われてきた貧困調査の実施や再集計などに携わり，後に『現代の「低所得層」』で実証的・理論的に結実させていく．このなかで，江口は，貧困層の分布とともに，貧困への転落過程に注目してきた．

　戦後直後の「戦後労働調査資料」でも，例えば，「壕舎生活者調査」（資料No. 1）は，戦争という混乱に巻き込まれて貧困に陥った失業者や家を失った人たちが必要に際しては団結して現状を打破しようとする緊張感が回答から伝わってくる．それから 10 数年を経て「孤立無援の状態に陥ってひっそりと暮らしているという人」がどのような暮らしをしているのかが，「ボーダー・ライン層」調査では主たる関心であったと見ることができる．また，この調査自体が，このような見えなくなりつつある貧困をどう可視化し，福祉として対策を取るのか，という関心のもとに実施されてきたとも言える．

　以上の通り，本章が対象とする 1960 年代初頭とは，生活への保護が必要な層への支給を行う生活保護制度がある程度整備されてきた時期である．一方で，高度経済成長前期ともいえる状況において，まだ経済成長の恩恵を必ずしも受けられていないと認識される層が分厚く存在し，このような層が「ボーダー・ライン層」と捉えられてきた．しかしながら，行政による保護の対象となっている生活保護の被保護世帯に比して，「ボーダー・ライン層」の生活状況は見えづらい．ここに，神奈川県民生部が東大社研の協力を得て，大規模な調査を実施する強い動機が存在した．この点について，神奈川県民生部長の桑名精二は報告書の中で述べている．

　　この種の調査は全国的にも未だ殆んど着手されておらず，仮りにあったとしましても，その調査数が全体を推計し得る程の規模でなく，せいぜい

74──第Ⅰ部　戦後の貧困へのまなざし

実験学的域を出ない程度のものであります．（神奈川県民生部編 1962：刊行によせて，頁数記載無）

　この当時の民生部長の認識が，日本社会福祉学会が持っていたような学術的な認識とどの程度合致していたかはさておくにしても，次節の概要にも示す通り，第二次貧困層と見なせる世帯について1万世帯以上に調査を実施したことの意義は統計手法の発達した現代から見てもきわめて大きいと言える．そしてこの意義を，当時の神奈川県民生部福祉課長・敦賀三嗣は，貧困調査の祖チャールズ・ブースと比較しながら，次のように評価している．

　　貧困者の調査と云えばすぐにチャールズ・ブースの行ったあの有名なロンドン・サーヴェーを思い出しますが，今回実施いたしました神奈川県民生基礎調査もその意気込みにおいては正しくロンドン調査に匹敵するものでありました．（神奈川県民生部編 1962：あとがき頁数記載無）

　では，このように当時の調査者たちが大いなる自負を持って論じる1961年の「神奈川県民生基礎調査」（「ボーダー・ライン層」調査）はどのような調査なのか，次の節では，その概要を検討しよう．

## 3　神奈川県民生基礎調査（「ボーダー・ライン層」調査）の概要

　神奈川県民生基礎調査（「ボーダー・ライン層」調査）は，1961年6月に神奈川県全県にて実施された．ボーダー・ライン層を「現在辛じて生活しうるも一朝事故に遭遇する時は忽ち自活困難に陥る虞ある者」とした上で，「生活保護基準×1.1の世帯収入の世帯を下限」とし，「市町村民税の均等割だけを負担する世帯の収入水準の最高水準を上限」とする操作的定義を行って，低所得世帯を推定している．上限をこのように定めた理由は，「この市町村民税の均等割のみを支払う人は，逆の面から見ると所得税が免除になる限界水準にあたる世帯でもあるから，社会が認めている最低所得水準と考えてよいからである」と理由づけされている．具体的には，調査時点で，1人世帯の場合には月

4章　「ボーダー・ライン層」調査の復元二次分析——75

9999 円までが，5 人世帯の場合では 1 万 3470 円までが所得税が免除され，同時に市町村民税については均等割額のみ支払えばよいことになっている（神奈川県民生部編 1962：2）．以上の計算により，当時の神奈川県内では，総世帯 81 万 4995 世帯のうち，9 万 9117 世帯がこの層に相当すると推計されていた．本調査では，ここから地域別に 1 万 4692 世帯を抽出し，調査員である民生委員に割り当てて調査を実施している．そして，1 万 2551 世帯分から回答を回収し，1 万 1395 世帯が分析対象となった．現存する調査票の数は後者の数にほぼ一致する．以上の数値から，集計可能な回収率を割り出すと 81.1% となる．

　付録に経緯を詳細に記したように，本調査票原票について，東京大学社会科学研究所図書室の特別利用許可を得て，現存する個票すべての撮影を行いデジタル・データにした上で，2011 年度末までに神奈川県のほぼ東半分にあたる横浜市，川崎市，横須賀市，逗子市，大和市，三浦市の 6 市 6152 票を入力した．主要な調査項目を挙げると，世帯構成，学歴，健康状態，低所得化素因，受けたことのある保護の種類，職業と収入，住居の問題，メディア接触，教育意識等の項目などで，他の「戦後労働調査資料」と同様に A3 サイズで 1 枚に手際よくまとめられた調査票として，世帯単位で調査が行われている．一方で，本調査の弱点を挙げるならば，第 1 に，職業内容の自由記述がなく，職業経歴の記述も簡略であるため，職業経歴における転落過程の把握がしづらい点がある．すなわち，社会階層・社会移動研究に連なるような職歴の分析には不向きである．第 2 に，生活状況の調査ではあるものの，具体的な生活費の調査項目がないため，ボーダー・ライン層を家計面から把握することが難しいことも弱点である．そのため，当初の県当局の意欲として，ブースのロンドンの調査が意識されており，イギリスの貧困調査の影響が随所に見られる一方で，19 世紀末から 20 世紀前半にイギリスで行われた貧困調査のような詳細な生活費の分析は難しいという特徴がある．しかしながら，収入や家賃などの項目はあるため，イギリス・ヨークでラウントリーが明らかにしたような第一次貧困と第二次貧困を見分ける分析は可能である．

　以上を踏まえて，高度経済成長前期の産業化が著しい神奈川県において，「第二次貧困」と見なすことのできるボーダー・ライン層がどのような階層であったかを検討する．

# 4 分析結果

## 4.1 分析結果(1)──「ボーダー・ライン層」についての記述統計

　まず，本調査で得られたサンプルの収入分布を確認しよう．**図4-1**のように同年の分析対象となった市を合計した全国消費実態調査と比較してみると，明確に低収入層に偏ったサンプルとなっていることがわかる．

　また，世帯類型別に低所得化素因を見たのが次の**図4-2**である．母子世帯では「生活中心者の死亡」が該当する世帯が多く，多子世帯では「生活能力が低い」が該当する世帯が多い．また，その他の世帯はこの両者に該当する世帯が多いことに加えて，失業，病気・障害などについて該当する世帯も見られる．

　ここで集計に用いた「低所得化素因」は，本調査票で回答から集計されているものをそのまま使用した．この調査票の回答と報告書の数字や定義の間では齟齬が生じており（神奈川県民生部編 1962：4-5），例えば，調査票内で世帯類型の選択肢となっている「完全5人世帯」の定義は報告書に示されていない．調査票の回答に基づいた分類では，「その他の世帯」に分類された世帯が多く，この点で，これらの世帯がどのような世帯を含んでいるのかは，後の分析でも提示する．

　**図4-1**と**図4-2**の結果を，他の数字と合わせていくと次のように示すことができる．本サンプルにおいて，賃金を得ている人々の平均収入は男性で月額1万6142円，女性で1万1609円であった．調査当時，1人世帯の場合には，9999円までの収入については所得税が免除，住民税について5人世帯では1万3470円までは，均等割額を支払う世帯（報告書2頁）として，本調査のサンプルに含まれていた．また，物価の変化を歴史的に検討した岩崎爾郎によると，中卒初任給7500円，牛乳1本16円，映画の観覧料が1回140円であった（岩崎 1982：205）．

　表の掲載は割愛するが，男女と雇用形態で分けて分析すると，先の男性世帯主で月額1万6142円という収入のうち，特に男性で常時雇用の場合には平均1万8072円の収入があった．この額がボーダー・ライン層とカウントされるためには，相当子どもの数が多かったり，世帯員に傷病や障害者を抱えたりす

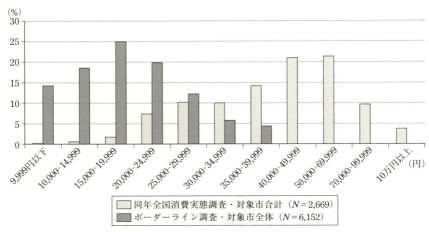

**図 4-1** 神奈川県民生基礎調査（再集計サンプル）の世帯収入分布（X軸：円，Y軸：当該人数の ％）

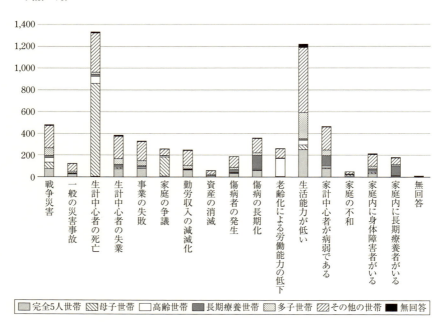

**図 4-2** 世帯類型別の低所得化素因（多重回答による度数）

表 4-1 民生基礎調査世帯主の職業分布 (%)

|  | 男 性 | 女 性 |
|---|---|---|
| 雇用以外の仕事 | 18.4 | 20.7 |
| 職 員 | 11.6 | 9.1 |
| 店 員 | 5.2 | 7.0 |
| 工 員 | 23.4 | 15.4 |
| 日 雇 | 25.1 | 25.8 |
| 不明・無回答・働いていない | 16.2 | 22.0 |
|  | 100.0 | 100.0 |
| N | 4,278 | 1,873 |

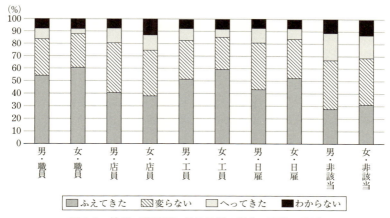

図 4-3 性別・職種別に見る最近の収入の変化の実感

るような世帯であったはずであると見ることができる．一方で，女性世帯主の場合は常時雇用でも月額平均 1 万 78 円であった．基本的にどのような雇用形態であっても，女性世帯主の世帯では，世帯主の賃金所得だけでは，ボーダー・ライン層にならざるを得ない状況だったのだろう．このような性別による収入の違いは，生活保護受給経験にもはっきり違いが見られ，本サンプルにおける男性の生活保護経験は 30 歳代で 19%，40 歳代で 22.8% である一方，女性では 30 歳代で 29.3%，40 歳代では 32.4% であった．

## 4.2 分析結果(2)――ボーダー・ライン層における雇用社会の到来

本調査サンプルの世帯主の職業を分類したのが**表 4-1** である．**表 4-1** の職業

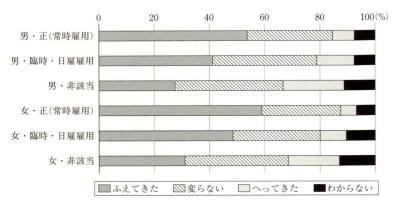

**図 4-4** 性別・雇用形態別に見る最近の収入の変化の実感

**表 4-2** 収入の変化の実感についての多項ロジスティック回帰
（5％水準未満で有意な係数のみ掲載）

|  | B | 標準誤差 | exp (B) |
|---|---|---|---|
| 1 ふえてきた（N=2,755） | | | |
| 　非該当の仕事ダミー | −0.348 | 0.105 | 0.706** |
| 　職員ダミー | 0.801 | 0.291 | 2.229** |
| 　工員ダミー | 0.7 | 0.286 | 2.014* |
| 　日雇ダミー | 0.569 | 0.282 | 1.767* |
| 　臨時雇用ダミー | −0.741 | 0.275 | 0.477** |
| 　母子世帯 | 0.245 | 0.112 | 1.277* |
| 　高齢世帯 | −1.212 | 0.166 | 0.298*** |
| 　多子世帯 | 0.239 | 0.104 | 1.269* |
| 3 へってきた（N=762） | | | |
| 　性別ダミー（男性：1） | 0.372 | 0.144 | 1.451* |
| 　高齢世帯 | 0.237 | 0.181 | 1.267* |
| 　長期療養世帯 | 0.412 | 0.154 | 1.51** |
| 4 わからない（N=533） | | | |
| 　満年齢 | −0.012 | 0.006 | 0.988* |
| 　高齢世帯 | 0.634 | 0.21 | 1.885** |
| 　多子世帯 | 0.417 | 0.17 | 1.517* |

注：参照カテゴリ（2 変わらない）．*：$p<0.05$，**：$p<0.01$，***：$p<0.001$．

分布を踏まえて，職業別あるいは雇用形態別に最近収入が増えてきたかどうかについて尋ねたのが**図4-3**，**図4-4**である．雇用形態と現金収入と合わせた設問となっているため，非該当は，自営業，無職，農業などが含まれる．

　まず，**図4-3**によれば，「ふえてきた」と答える人が多いのは，男女問わず，職員，工員である．また，**図4-4**より，雇用形態別に見ると，男女ともに，「常時雇用」「日雇用」「非該当」の順番で，収入が増える実感のある人が多かったことがわかる[2]．この分析は，雇用社会のなかにより深く入っていくほど，収入が増えるという主観的認識が成立してきた時代であった一端が見てとれる．

　この点は，多変量解析を用いて確認することができる．**表4-2**のように，収入の変化の実感について多項ロジスティック回帰を行うと，「1　ふえてきた」では，職員，工員に加え日雇などでも雇われている人たちは，収入がふえてきた実感を抱きやすかった[3]．一方で，臨時雇用あるいは高齢世帯では，「ふえてきた」と実感しづらく，特に高齢世帯や長期療養世帯では，「へってきた」という実感が有意な効果として出てきている．また，母子世帯は，4.1で述べた女性の平均年収の少なさからわかるように，全体として少ない収入ながらも「ふえてきた」という実感が有意に現れている．

## 4.3　分析結果(3)——「ボーダー・ライン層」における貧困の布置

　4.1で見たように，生計中心者の死亡または病気，あるいは，「生活能力の低さ」によって，収入面で人々がボーダー・ライン層に位置していた．一方で，4.2で見たように，雇用社会の訪れにより，ボーダー・ライン層内で収入の変化の違いが見られるようになってきた．ボーダー・ライン層のなかでの差異をどのように全体として配置することができるだろうか．本章では，この配置の試みとして，対応分析と潜在クラス分析の結果を示す．名義尺度で7カテゴリーに分かれている世帯の種類と「困っていること」のクロス表を作成し，その結果について対応分析を行い，第一軸と第二軸をプロットすると次の**図4-5**のようになる[4]．

　図を詳しく見てみよう．まず，中心部に「住宅資金に困る」，「職業（就職）に困る」が位置づいており，どの世帯類型においても住宅資金と職業に困って

4章　「ボーダー・ライン層」調査の復元二次分析——81

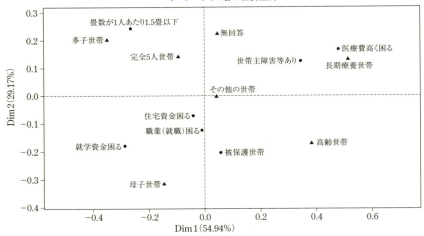

**図 4-5** 世帯類型と困りごとのクロス表から作成した対応分析の結果

いる．さらに，分散説明率 54.94% の第一軸において，正から負の方向で貧困層からの脱出可能性があると解釈することができる．第一軸に沿って，正の方向に「高齢世帯」，「長期療養世帯」，負の方向に「多子世帯」，「完全 5 人世帯」，「母子世帯」が並び，正の方向にある 2 つの世帯類型では，将来の収入増が見込めないのに対して，負の方向には，将来的に労働力が育つことにより，世帯の稼働力が上がる可能性が高い世帯が位置している．

また，分散説明率 29.17% の第二軸は，現時点での世帯人員数あるいは相対的な豊かさに基づいて負から正の方向に配置されていると解釈できる．正の方向に「多子世帯」，「完全 5 人世帯」，「長期療養世帯」が並び，負の方向に「母子世帯」と「高齢世帯」が並んでいる．「母子世帯」と「高齢世帯」に加えて「被保護世帯」や「職業（就職）に困っている」という回答が近くにプロットされている．このように世帯の人数が多く，結果的に現在の収入が比較的高い世帯が第二軸の正の側に，低い世帯が負の側にプロットされていると解釈できる．

この結果の解釈を進めると，各世帯の状況は，次のように読み解くことができる．まず，第一軸において負，第二軸において正の方向に位置づく「多子世

帯」，「完全5人世帯」は，他の世帯類型と比べれば，当時の収入も比較的高く，また，将来的な収入増も見込める世帯であった．開田奈穂美（2016）によれば，当時のボーダー・ライン層では必ずしも多くなかった「高校進学」にも比較的積極的であった層である．ただし，子どもを多く抱えていることもあり，住宅の広さが問題になった世帯でもあった．日本社会が発展途上であったがゆえに貧困に陥っていた世帯類型と見ることができる．

これに対して，第一軸において，「長期療養世帯」は今後の収入増が見込めない層と見ることができる．「世帯主障害等あり」や「医療費が高くて困る」が近くにプロットされており，医療費負担が低収入の要因となっていることがうかがえる．さらに第二軸において「負」の方向にあり，「多子世帯」，「完全5人世帯」とは対極にある「高齢世帯」では，第一軸に現れるように，今後の収入増が見込めないことに加えて，現在の収入が比較的低い状況もうかがえる．他方，「母子世帯」については，子どもがいる点での今後の収入増の可能性は見られるものの，現時点での収入が比較的低い「ボーダー・ライン層」であったと見ることができる．

以上より，当時の「ボーダー・ライン層」には稼働し，その条件改善を主張できるような貧困と，稼働できないあるいは女性世帯主として稼働しても収入の低いため発生する貧困が区分できる可能性がある．実際にそのような分類の妥当性を確認するため，潜在クラス分析を行った．投入した変数の条件付確率を掲載したのが**表4-3**である[5]．Bootstrapでのモデルの改善についての検定とBICを総合的に判断して，5つのクラスでの分類を採用している．

**表4-3**の結果のとおり，世帯主が40歳代を中心に分布するクラスが，男性世帯主がほとんどのクラスで2つ，女性世帯主がほとんどのクラスで2つずつ算出され，それとは別にサンプルの「老齢世帯」とほぼ同様の比率で「高齢者世帯層」が算出された．男性世帯主の2つのクラスを大きく分けているのは，多子か否かであった．多子世帯層の方では，子どもが3人以上の人たちが80%以上を占め，1人1.5畳以下の住宅の問題も抱えていた．

女性世帯主の場合には，「多数派」と「中年」という名称をつけたように，本調査サンプルにおける過半数の女性世帯主世帯は40歳代あるいは30歳代以下で，子どもは2名以下という世帯であった．一方で，「中年女性世帯主層」

4章 「ボーダー・ライン層」調査の復元二次分析——83

**表 4-3　潜在クラス分析に基づく条件確率一覧表**

（それぞれの条件確率において，最も大きいセルを太字で表示）

| 世帯の名称（筆者による名称付け） | 多数派<br>男性世帯<br>主層 | 多子<br>世帯層 | 高齢者世<br>帯層 | 多数派<br>女性世帯<br>主層 | 中年女性<br>世帯主層 |
|---|---|---|---|---|---|
| 分類されたケース数 | 1,845 | 1,467 | 1,202 | 902 | 595 |
| 分類されたケース数の割合 | 30.7% | 24.4% | 20.0% | 15.0% | 9.9% |
| 性　別 | | | | | |
| 　男　性 | **0.991** | **0.984** | **0.723** | 0.000 | 0.045 |
| 　女　性 | 0.009 | 0.016 | 0.277 | **1.000** | **0.955** |
| 年　齢 | | | | | |
| 　30 歳代以下 | 0.276 | 0.349 | 0.049 | 0.408 | 0.012 |
| 　40 歳代 | **0.348** | **0.479** | 0.057 | **0.588** | **0.547** |
| 　50 歳代 | 0.301 | 0.152 | 0.264 | 0.004 | 0.441 |
| 　60 歳代以上 | 0.075 | 0.020 | **0.631** | 0.000 | 0.000 |
| 学校段階 | | | | | |
| 　義務教育まで | **0.761** | **0.846** | **0.875** | **0.781** | **0.825** |
| 　義務教育より上 | 0.239 | 0.154 | 0.125 | 0.219 | 0.175 |
| 生活能力が低い | | | | | |
| 　な　し | **0.693** | **0.592** | **0.788** | **0.823** | **0.792** |
| 　あ　り | 0.307 | 0.408 | 0.212 | 0.177 | 0.208 |
| 被保護世帯経験 | | | | | |
| 　な　し | **0.764** | **0.780** | **0.785** | **0.718** | **0.601** |
| 　あ　り | 0.236 | 0.220 | 0.215 | 0.282 | 0.399 |
| 最近の収入状況 | | | | | |
| 　増えてきた | **0.510** | **0.440** | 0.270 | **0.456** | **0.673** |
| 　変わらない | 0.312 | 0.351 | **0.416** | 0.309 | 0.273 |
| 　減ってきた | 0.112 | 0.121 | 0.203 | 0.138 | 0.000 |
| 　わからない | 0.067 | 0.089 | 0.111 | 0.097 | 0.054 |
| 住居の問題　1.5 畳以下 | | | | | |
| 　あてはまらない | **0.716** | 0.447 | **0.946** | **0.780** | **0.851** |
| 　あてはまる | 0.284 | **0.553** | 0.054 | 0.220 | 0.149 |
| 子ども数 0 | 0.098 | 0.000 | **0.824** | 0.085 | **0.562** |
| 子ども数 1-2 | **0.902** | 0.135 | 0.158 | **0.745** | 0.438 |
| 子ども数 3 以上 | 0.000 | **0.865** | 0.018 | 0.169 | 0.000 |

84——第 I 部　戦後の貧困へのまなざし

では，40歳代と50歳代が多く，同居する子どもはいないという世帯も半数以上いた．本調査のみでは，詳しい経緯はわからないものの，前章（第3章）にもあるように，戦時，戦後の混乱で女性世帯主として生きざるを得なかった人たちが相当数含まれているものと推察できる[6]．条件付確率において39.9%が被保護世帯を経験している点でも，戦後の混乱を福祉の保護を経て生き抜いてきた人たちであると解釈できる．これに対して，多数派女性世帯主層では，さらに若い世代において，子どもを抱えた貧困状況にある女性世帯主がボーダー・ライン層の一端を形成しつつある時代が来ていたと見ることもできよう．

## 5　結果のまとめと考察・結論

　本章で見てきた「『ボーダー・ライン』層調査」の対象サンプルとは，基本的に低収入の世帯である．しかしながら，その低収入による生活の困難さは若干世帯類型によって異なることが明らかになった．まず，多子世帯は本サンプルのなかで比較すれば収入は高く，また，教育費よりも住居の状況の方が問題であったと見ることができる．母子世帯は，現時点での稼得能力が多子世帯，完全5人世帯よりも低い点に大きな違いがあり，比較すると被保護経験が高く，また修学資金に困っている割合も高かった．非活動的な高齢世帯の貧困は，4.2のように，雇用されない世帯が収入面で経済成長に追いつくことができなくなってきたことから問題が浮き彫りになりつつあった．既に常時雇用，特に（男性の）下層ホワイトカラー・グレーカラーと製造業の雇用者を中心に年功制賃金の順調な上昇の波が訪れつつあり，この層がボーダー・ライン層から脱出することによって，貧困が不可視化される状況が近づきつつあった．

　また，本書第III部でも見るように，日本の高度経済成長における福祉制度の整備は，医療福祉や高齢者医療の点で大きく改善されていった．すなわち，対応分析の結果の**図4-5**の右側の象限に位置する貧困や，潜在クラス分析で出てきた「高齢者世帯層」は，日本における福祉国家の充実によって救済される部分が多くなっていった．また，多子世帯で比較的収入のあった世帯は，雇用社会化と子どもの成長によって，貧困状況が改善されていった部分も大きい．

　江口英一は，雇用社会の到来によって，俸給生活者が「一般階層」になり，

不安定雇用の人々と名目的自営業者が「現代の低所得層」になっていくことを
1980年までの貧困に関するデータを駆使して描き出している（江口 1980）.
1961年の神奈川県の「『ボーダー・ライン層』調査」の分析結果は，このよう
な社会の到来を予感させるものであった．その一方で，女性世帯主世帯の貧困
が見落とされがちであった可能性がある．男性稼得者世帯において，働けば貧
困から脱することができるというボーダー・ライン層の「最低所得保障」が整
った後に貧困は不可視化されていく．その後，2000年代に「子どもの貧困」
が全く新しい問題として「再発見」されたことは，高度経済成長以降，貧困が
見えなくなっていくなかで，日本社会が母子世帯の貧困をずっと置き去りにし
てきたことの表れと言えるだろう（阿部 2008；相澤ほか 2016）．1950年代，60
年代の福祉にかかわる社会調査資料の復元再分析は，このように当時重視され
ていた社会問題とそうでなかった社会問題の存在を新たに浮き彫りにしてくれ
る．

1) 分析結果にサンプリングによる限界がある点は，本書第1章，第2章も参照され
たい．
2) 高度経済成長期に年功序列賃金などの種々の雇用慣行が成立したり，変化してき
たりしたことが後の研究で明らかになっている（例えば，小熊 2019）．
3) なお，職種の参照カテゴリーは，「不明・無回答・働いていない」である．これ
らは，基本的には働いていないと判断した．
4) 本分析は，多重対応分析ではなく，困りごとのあてはまるものを世帯類型ごとの
度数で集計したクロス表による単純な対応分析である．分析にはRを用いた．分
析の際にクロス表に含めた「困っていること」は，6152件の全体に対して，500件
以上の該当のあるものに限定した．
5) 潜在クラス分析には，Mplusを用いた．本分析を実施するにあたり，「性別」は
投入したものの「世帯の種類」の投入は見送った．「世帯の種類」があまりにも強
く影響してしまい，他の変数の影響が見えづらくなるからである．一方で，「性別」
を投入しないと，エントロピーが低くなり，誤分類の可能性の高い結果が計算され
るため，性別は投入した．なお，潜在クラス分析は潜在的なパターンを発見する目
的で使用される分析のため，本分析で投入したような明らかな属性変数を用いるべ
きではないという考え方があることは承知している．本章はボーダー・ライン層の
分類・配置に関心があり，階級分類のために収入などの変数を投入したSavage
（2015＝2019）と分析の関心は近いものと言える．
6) このような女性たちについての記録として塩沢・島田（1975）が挙げられる．

[付記]

　本章は，『2019 年度課題公募型二次分析研究会　戦後福祉国家成立期の福祉・教育・生活をめぐる調査データの二次分析研究成果報告書』所収の相澤真一「1960 年代前半の日本の貧困の布置構造」（相澤 2020）に潜在クラス分析の分析結果を追加し，改訂したものである．また，相澤（2020）は，『2012 年度　課題公募型二次分析研究会研究成果報告書　社会科学研究所所蔵「労働調査資料」の二次分析』所収の相澤真一「高度経済成長初期のボーダー・ライン層のライフスタイル」を一部用いている．

　本章への改訂に際し，小林成美氏（上智大学大学院）と山口哲司氏（東京大学大学院）の協力を得た．

[参考文献]

阿部彩，2008，『子どもの貧困──日本の不公平を考える』岩波書店．

相澤真一，2020，「1960 年代前半の日本の貧困の布置構造」『戦後福祉国家成立期の福祉・教育・生活をめぐる調査データの二次分析』SSJ データアーカイブ Research Paper Series（75）: 11–22.

相澤真一・土屋敦・小山裕・開田奈穂美・元森絵里子，2016，『子どもと貧困の戦後史』青弓社．

江口英一，1980，『現代の「低所得層」──「貧困」研究の方法』未来社．

一番ケ瀬康子，1958，「『低所得階層』に関する研究の系譜」日本社会福祉学会編『日本の貧困──ボーダー・ライン階層の研究』有斐閣，pp. 94–118.

岩崎爾郎，1982，『物価の世相 100 年』読売新聞社．

開田奈穂美，2016，「貧困からの脱却と子どもの高校進学」相澤真一ほか『子どもと貧困の戦後史』青弓社，pp. 105–131.

神奈川県民生部編，1962，『神奈川県における民生基礎調査報告書　昭和 36 年度』神奈川県民生部．

小熊英二，2019，『日本社会のしくみ──雇用・教育・福祉の歴史社会学』講談社．

労働調査論研究会編，1968，『労働調査論研究会中間報告（其の二）──調査参加者と面接結果および手稿』労働調査論研究会．

労働調査論研究会編，1970，『戦後日本の労働調査』東京大学出版会．

Savage, M., 2015, *Social Class in the 21st Century*, Penguin UK.（＝2019，舩山むつみ訳『7 つの階級──英国階級調査報告』東洋経済新報社）．

塩沢美代子・島田とみ子，1975，『ひとり暮しの戦後史──戦中世代の婦人たち』岩波書店．

# 第 II 部

## 人びとはいかに厳しい状況からの脱却を図ったか
### 生業・教育・医療・住宅

第Ⅱ部では，貸付という政策の効果を，主に福祉資金行政実態調査の二次分析から明らかにする．とりわけ，生活保護をはじめとした周辺の諸制度があるなかで，貸付がそれらとどのように棲み分けられ，またその独自性はどこにあったのかという問いが通底する関心となっている．

　第5章「高度経済成長期の福祉貸付——昭和30年代の世帯更生貸付（生業資金）の位置と効果」（角崎洋平）は，20世紀後半における世帯更生資金の利用の趨勢を追った上で，とくに小規模自営業を支援した生業資金に着目し，その興隆と縮小から高度経済成長期という時代を照らし出す．

　第6章「高度経済成長初期段階の進学支援とその意味」（白川優治）では，修学資金の意義として，奨学金の対象とならない学力下位層を支援する目的があったことが確認されるとともに，貸付の効果が発揮されえた裏には特殊な時代背景があったことが指摘される．

　第7章「福祉貸付と医療保障——療養資金の機能と「ボーダー・ライン層」の健康」（坂井晃介）では，国民皆保険を目前とした時期における療養資金の利用者像とその効果が，利用者の年齢や経済状況，生活保護の利用パターン，疾患分類などから多角的に検討されている．

　第8章「既存持家の改善からみる住宅資金の歴史的意義——住宅事業および政策の棲み分け」（佐藤和宏）は，住宅不足に新築で対応する当時の政策を背景に，既存住宅の改修を目的とした住宅資金が，誰の・どのようなニーズを満たし，また満たさなかったのかを問う．

　第9章「福祉資金の利用にともなう恥の規定要因——民生委員による伴走支援に注目して」（石島健太郎）はやや毛色が異なり，利用者の意識を焦点としている．現代の生活保護でもしばしば論点となる利用者の恥の意識について，とくに民生委員による支援の効果に注目した分析がなされる．

　歴史への沈潜と計量分析という手法が組み合わされた各章の議論からは，貸付それ自体の意義はもとより，それが貧困への支援として効果をもった1960年代の時代性が浮き彫りになる．この点で，第Ⅱ部が貸付政策に直接の関心がある読者のみならず，多くの人々にとって知的に刺激のあるものになっていれば幸いである．

# 5章
## 高度経済成長期の福祉貸付
### 昭和 30 年代の世帯更生資金貸付（生業資金）の位置と効果

角崎　洋平

## 1　はじめに

　2006 年にムハマド・ユヌスと彼が創設したグラミン銀行がノーベル平和賞を受賞した．グラミン銀行は，貧困層，とくに貧困層の女性に少額資金を貸付する「マイクロクレジット」と呼ばれる事業を実施するバングラディシュの金融機関である．マイクロクレジットの借入世帯は，少額の事業資金を借入することで少額の事業を開始し，生活を改善させることが期待されている．ユヌスはノーベル平和賞受賞の記念講演のなかで，その貸付の返済率は 99% を超え，借手の 58% が貧困線を乗り越えた，とその成果を誇っている（Yunus 2007＝2008）．マイクロクレジットの意義や成果については評価が分かれるものの（Sorell & Cabrera eds. 2015），ユヌスとグラミン銀行のノーベル賞受賞を契機に，グラミン銀行類似の貧困層に少額資金を貸付する事業は世界的な広がりをみせ，日本でも「グラミン日本」といった団体の活動がはじまっている [1]．

　とはいえ，少額で開始できる事業によって貧困状態から脱却させる，という構想自体は，グラミン銀行独自のアイデアというわけではない．たとえば日本では，世帯更生資金貸付（以下，世更貸付），という福祉貸付制度があった．この貸付制度は，主に生活困窮者が生計を維持するために小規模事業を営むに必要な資金を貸付する制度として 1955 年に創設されたものである．世更貸付の実施主体は，都道府県の社会福祉協議会であり，その貸付事業は社会福祉事業法（現・社会福祉法）に定める第一種社会福祉事業に位置付けられる．しかしその後，世更貸付は，生活福祉資金貸付と名を変え存続する──2020 年以

91

降の新型コロナウイルス禍で大規模に実施されたいわゆる「特例貸付」制度は
この生活福祉資金の「特例」である——ものの，今日ではほとんど事業資金を
使途とした貸付を行っていない．

　福祉政策（社会政策）が人々の生活を保障するものであり，生活保障が雇用
の保障と生活保障とによって構成されるのならば（宮本 2009），「働く場」＝
「収入を稼ぐ場」を保障する政策は福祉政策にとって重要な柱の1つとなるも
のである．そして「働く場」はもちろん大企業であることもあるし中小企業で
あることもあるし，もっと小規模な零細企業であるかもしれない．またそうし
た事業を自ら営むこともありえよう．そういう意味では小規模事業を営むに必
要な資金を貸付する制度は，福祉政策として十分な意義を有するといえる．

　本章では，世更貸付が最も利用されていた時期において，世更貸付によって
小規模事業を営むことが，収入が低い世帯にとってどのような意義と効果を実
際に持つものであったのかを，社会福祉協議会や都道府県の調査資料に基づい
て明らかにしたい．それにより福祉国家にとって生業支援が持つ意義とその限
界についても確認したい．

　筆者はこれまで，世更貸付や生活福祉資金貸付など，生活困窮者向けの貸付
事業の歴史（角崎 2013a；2016a；2023）やその理論的な意義（角崎 2016b；
2020；2021）を明らかにしてきた．しかしこうした資金貸付事業が，日本にお
いて過去に実際にどのように機能していたかについては明確にできていなかっ
た．本章では，第2節でまず，世更貸付の沿革を確認しながら，1960年代以
降において世更貸付のみならず小規模の事業資金貸付事業全体が縮小していっ
たことを確認する．第3節は，こうした貸付が，どういった事業（自営業）を
対象にしたものであったかを明らかにし，第4節では，過去に実施された世更
貸付についての調査記録やそれに関する復元データから，世更貸付における事
業資金貸付の効果について明らかにする．

　なお本章では，世更貸付で貸付する事業資金が，「生業資金」とよばれてい
たことから，主に低所得者世帯・生活困窮者世帯が行う小規模事業を（各貸付
事業の名称にかかわらず）「生業」とよぶことにする[2]．

　92——第Ⅱ部　人びとはいかに厳しい状況からの脱却を図ったか

## 2　世帯更生資金貸付制度の沿革と生業資金貸付の位置 [3]

### 2. 1　世帯更生資金貸付の沿革

　世更貸付は，民生委員による世帯更生運動の盛り上がりのなかで，1955 年に実現された制度である．世帯更生運動とは，民生委員の自主的活動として，貧困対策関連の諸機関と連携して世帯の「更生」をはかる運動であり，一部の県（岡山・千葉・愛知・神奈川・石川・静岡）で先行的に実施されていた取り組みである．1952 年に決議された「世帯更生運動」実践申合決議によればこの運動は，当時「全国で 183 万世帯 970 万人といわれるボーダーライン階層」の転落を防止して「被保護世帯をも含めた低所得者層の防貧」をはかり，「もって民生委員活動の本義の確立をねらいとした」ものであった（全国社会福祉協議会 1964b：606–608）．

　こうして創設された世更貸付であるが，世更貸付創設時の厚生事務次官通牒（昭和 30 年 8 月 1 日発社第 104 号都道府県知事宛厚生事務次官通牒）では，その制度創設目的を，生活困窮者とりわけ要保護世帯の「経済的自立」「生活意欲の助長」に置いている．事務次官通牒に添付された「世帯更生資金貸付運営要綱」（以下，運営要綱）では，より明確に「防貧」や「被保護層への転落防止」が制度目的として記されている（運営要綱第 1「趣旨」）[4]．当初の貸付金の種類は，①生業資金（生業を開始するための資金，事業を継続するための資金も含む），②支度資金（就職の準備のための資金），③技能習得資金（開業や就職に必要な技能を習得するための資金）である（運営要綱第 4「貸付金の種類」）．また社会局長通牒では，貸付の対象者を「生計困難者」としつつも，母子福祉資金貸付（後述）の対象となる母子世帯，および生活保護法による被保護世帯に対しては「原則として貸し付けない」とも定めている（社会局長通牒第 1（2））．ただし，社会局長通牒では，「被保護者が生活保護法の生業扶助の限度額の範囲内で目的を達することが困難な場合にはこの資金によるよう指導されたい」（同第 2（二）の 1）ともしている．

　世更貸付は，スタートした時点では生業資金の貸付のみであったが，1957 年には生活資金という貸付種別が新設され，生活費，家屋修繕費，助産費，葬

5 章　高度経済成長期の福祉貸付——93

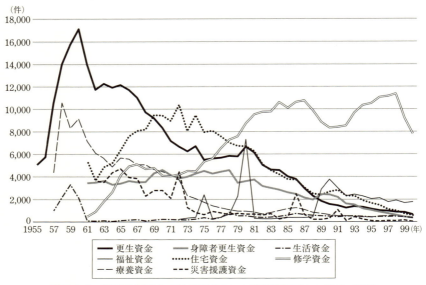

**図 5-1-1** 世帯更生資金（生活福祉資金）の貸付種別ごとの推移（件数）

祭費の貸付を可能にした．また，同年には世更貸付とは別に医療費貸付制度が創設された．さらに 1961 年には，世更貸付に医療費貸付制度が療養資金として統合されるとともに貸付種別が多様化し，これまでの更生資金（生業費・支度費・技能習得費）と生活資金に加え，身体障害者更生資金，住宅資金，修学資金，療養資金の 6 種類の資金使途に対応する制度となった．さらに翌年に災害援護資金，1972 年には生活資金が一部再編成されて福祉資金も創設された．このように世更貸付は制度創設直後から，生活困窮者（低所得層）に対する生業資金貸付の制度から大きくその対象を広げていった（生活福祉資金貸付制度研究会編 2021：4）．

　図 5-1-1 は世更貸付（1990 年度からは生活福祉資金貸付）の貸付件数を貸付種別ごとに示したものである．貸付種別の多様化により，生業資金を資金使途とした更生資金の貸付は世更貸付全体に占める割合を落としている．1969 年には，住宅資金が生業資金を抜いて首位の貸付種別となり，1977 年には生業資金は修学資金にも貸付件数で抜かれることになる．その後 1979 年以降，修学資金が世更貸付で最も利用される貸付種別となった．ただし上述のとおり，

94——第Ⅱ部　人びとはいかに厳しい状況からの脱却を図ったか

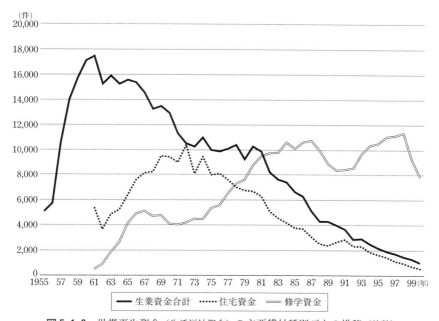

**図 5-1-2** 世帯更生資金（生活福祉資金）の主要貸付種別ごとの推移（件数）
出典：厚生省世帯更生資金貸付制度基本問題検討委員会（1989：141-142）および平成14年厚生労働省社会・援護局主管課長会議資料より作成．ただし更生資金および身体障害者更生資金には，件数は多くないが，支度資金・技能習得資金も含まれる．

1961年の身体障害者更生資金の創設により，生業資金貸付は更生資金と身体障害者更生資金の2つに分かれている．**図 5-1-2** は，住宅資金，修学資金と，更生資金貸付と身体障害者更生資金の合計（生業資金合計）に絞って推移を示したものである．これでみても世更貸付の生業資金合計は1960年代後半から貸付件数を落とし，やはり1982年には修学資金の貸付件数が，生業資金計件数を上回っている．

## 2.2 生業資金貸付事業のなかの世帯更生資金貸付

世更貸付において，生業資金貸付が減少したのはなぜだろうか．ここで注意しなければならないのは，当時，世更貸付と同様に民生委員も関与する生業資金貸付事業が複数あったことである．その1つは，母子福祉資金貸付であり，

もう1つは国民金融公庫（現・日本政策金融公庫）の生業資金貸付事業である．

母子福祉資金貸付は，1952年12月29日施行の「母子福祉資金の貸付等に関する法律」によって実施された母子世帯向け福祉貸付制度である．貸付の実施主体は都道府県（第3条）であり，財源は都道府県と国の折半である（第12条，第13条）．申請窓口は福祉事務所で（施行令第2条），決定に際して各都道府県の児童福祉審議会の意見を聞くこととされた（第7条）．貸付金の使途には，生活資金，子どものための教育資金（修学資金）だけではなく，生業資金貸付（事業開始資金と事業継続資金）が含まれている（第3条第1号～第7号）．こうしたなかで民生委員は，民生委員法改正にともなう厚生次官通知によって明確にその協力者としての位置を与えられていた（全国社会福祉協議会1964b：543）．

国民金融公庫は戦前から活動していた庶民金庫を引き継ぐ政府系金融機関である．戦争直後の1946年8月に，庶民金庫は海外引揚者・戦災者・その他生活困窮者に対する生業資金貸付事業を開始し，1948年3月からは貸付に際する調査に民生委員も関与させていた．庶民金庫が1949年6月以降に国民金融公庫に改組された後には，生業資金貸付は更生資金貸付と名を変え1967年まで実施されている（角崎 2016a：32-34）．角崎（2016a）では，この更生資金貸付の対象者を引揚者や戦災者を中心としたものから，より生活困窮者一般に広げることを目的として，厚生省が更生資金法を制定しようとしていたことや，この更生資金法構想がのちの世更貸付と類似している点も指摘している．

図5-2-1は，世更貸付の生業資金と，母子福祉資金における生業資金貸付，国民金融公庫による更生資金の推移であり，図5-2-2はこの3貸付の合計件数の推移である．図5-2-1からわかるように，上述の3つの貸付制度とも1960年代に入って，貸付件数を減少させていっていることを確認できる．とくに1962年以降更生資金貸付は急減し，ほとんど貸付が実施されていない．そもそも，同じ生活困窮者を対象としつつも，世更貸付の生業資金は金利3%（運営要綱5の3）であるのに対し，国民金融公庫の更生資金貸付の金利が9%であった（国民金融公庫 1959）ことから，世更貸付の浸透によって，徐々に国民金融公庫の更生資金貸付が世更貸付にとってかわられたと想定される．国民金融公庫の社史である『国民金融公庫五十年史』において「〔昭和〕30年代に入

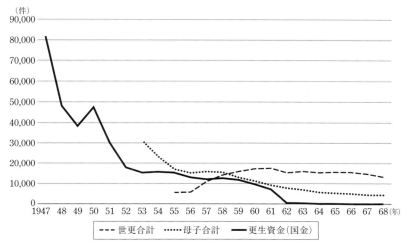

**図 5-2-1** 生活困窮者向け各生業資金貸付の推移（1947-1968）

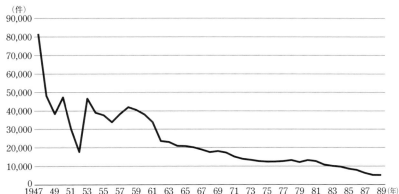

**図 5-2-2** 生活困窮者向け生業資金貸付の合計件数（1947-1989）

出典：厚生省世帯更生資金貸付制度基本問題検討委員会（1989：141-142），国民金融公庫（1959：35；1970：659）．なお1947年度（国民金融公庫のみ）は20カ月（1946年8月11日-1948年3月31日）のため推計値．

ると各都道府県ごとに「世帯更生資金」など低所得者を対象とした制度融資が整備されたことを背景に，制度として存続させる意義が失われてきた」ことが指摘されている．こうしたなか国民金融公庫は1962年10月に厚生大臣に更生資金貸付制度廃止の申入を行っている（国民金融公庫 1999：142）．これも1962

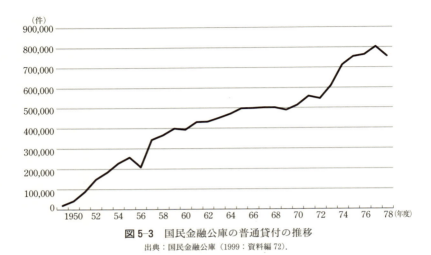

**図 5-3 国民金融公庫の普通貸付の推移**
出典：国民金融公庫（1999：資料編 72）.

年以降の更生資金貸付急減の原因であろう．

　図 5-2-2 から確認できるように，生業資金の貸付の総件数が非常に多かったのは，戦争直後の 1940 年代後半であり，1950 年代は変動があるものの年間で 4 万件近く貸付を実施している．そうした数値が 1960 年代に入り大きく減少している．しかしこのことは事業資金を借入して自営業をすることが難しくなった，ということを意味しない．図 5-3 で明らかなように，国民金融公庫は更生資金貸付以外の中小企業向け通常貸付である普通貸付において，金利が更生資金や世更貸付よりも高いにもかかわらず，1960 年代以降も着実に貸付件数を伸ばしている．また，廃業率が開業率を上回るのも 1980 年代以降のことであり（中小企業庁 2015：580），この時期に自営業を営むこと自体が困難化したとは言い難い．

　以上からは，中小企業の事業一般ではなく，生業資金の貸付で営まれる事業が困難化した，ということが推察されよう．では生業資金の貸付で営まれた事業とはどのような事業であったのか，次節で確認をする．

**表 5-1** 生業資金の申込状況及び決定状況 （1957 年度）

| | 申込状況 | | 決定状況 | | 申込に対する決定率 | |
|---|---|---|---|---|---|---|
| | 実人数 | 平均申込額 | 実人数 | 平均貸付額 | 人員% | 金額% |
| 一般生計困難者 | 11,622 | 44,877 | 8,077 | 41,072 | 69.5 | 63.6 |
| 身体障害者 | 2,491 | 45,621 | 1,616 | 41,478 | 64.9 | 59.0 |
| 戦没者遺族 | 137 | 45,379 | 89 | 41,516 | 65.0 | 59.5 |
| 留守家族 | 7 | 41,428 | 5 | 42,000 | 71.4 | 72.4 |
| 母子世帯 | 782 | 43,626 | 365 | 40,682 | 46.7 | 43.5 |
| 計 | 15,039 | 44,938 | 10,152 | 41,127 | 67.5 | 61.8 |
| （うち被保護世帯） | 565 | 43,585 | 325 | 39,944 | 57.5 | 47.3 |

出典：厚生省社会局 （1958：1）.


# 3 世帯更生資金貸付生業資金の対象世帯と対象事業

## 3.1 生業資金でだれが何を営んだのか

　生業資金の借入世帯は世更貸付によってどのような生業を行っていたのか.
まずは 1957 年度，すなわち世更貸付における 3 年度目の調査記録である『世
帯更生資金／医療費貸付資金 貸付及び償還実績表』（以下，1957 年度調査）
（厚生省社会局 1958）を確認し，申込世帯の状況とともに確認してみよう.

　この調査は厚生省社会局による当時の世更貸付及び医療費貸付の全数調査で
ある. 1957 年度調査では生業資金貸付の件数は 1 万 152 件とされており，こ
れに支度資金 360 件，技能習得資金 80 件を足した件数は 1 万 592 件であり，
**図 5-1** の更生資金合計件数の 1 万 592 件と一致する. 1957 年度調査によれば
生業資金の申込平均額は，上限額 5 万円に対して 4 万 3585 円であり，実際の
貸付平均金額は 4 万 1127 円である. 国民金融公庫の普通貸付については，当
時個人貸付で最大で 50 万円を貸付することが可能であり，1957 年度の平均貸
付金額は約 20 万円になっている（国民金融公庫 1999）. それと比べると世更貸
付はかなり少額の事業を対象とするものであったことが確認される. なお，
1959 年当時の物価と現在（2022 年）の物価を比較すると，消費者物価指数ベ
ースで計算すると 1957 年時点の 4 万 1127 円は，約 6 倍の 24 万 6762 円におお
よそ相当することになる[5]. こうした点からも，世更貸付が小規模事業向けの

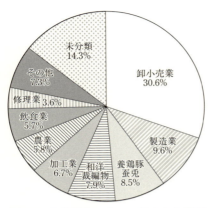

**図 5-4** 生業資金によって営まれた事業
（1957年度）
出典：厚生省社会局（1958：35）．

貸付であったことが確認される．

また**表 5-1** からは世更貸付が主に一般の生計困難者を対象にしていたことも確認できる．わずかではあるが，生活保護制度の被保護世帯や母子世帯も含まれていることも確認できる．申込世帯の種類によって貸付金額自体に大きな差がみられないことも興味深い．母子世帯に対する貸付決定率が低い理由については，上述の社会局長通牒に基づく運用によって，世更貸付ではなく母子福祉資金貸付に誘導されたからであると考えられる．

生業資金で貸付された事業の業種とその割合は**図 5-4** の通りである．3分の1程度は卸小売業であり，製造業も少なくない．その他に分類した業種には，建築業（1.5%），あんま業（1.54%），古物商（0.86%），漁業（1.02%），写真業（0.55%），クリーニング業（0.27%），印刷業（0.35%）が含まれる．

ただし，卸小売業，製造業，加工業といっても幅広く，具体的に何を営んでいるかみえにくい．標本調査ではあるが，1957年調査と同様に，世更貸付創設初期に実施された調査報告書からはもう少し具体的な事業内容が確認できる．第4節で詳しく確認する大阪市社会福祉協議会による『世帯更生資金借受世帯調査報告書』（以下，大阪市調査）（標本世帯222世帯）によれば，実際に営まれた業種のなかで最も多いものは，ミシン加工・洋裁業（33.5%）であり，次いで，商品販売（26.8%），サービス業（9.7%），飲食店（7.1%）となっている（大阪市社会福祉協議会 1958：6）．

世更貸付が最も利用されていた時期においてはどうだったのだろうか．1960年代に全国を対象に実施された世更貸付の調査として，1964年公表の『世帯更生資金制度効果測定』（以下，全社協調査）がある．この調査も第4節で詳しくみるが，これは全国社会福祉協議会によって全国から67世帯を抽出して実施された調査である．これによれば，調査対象となっている世帯が行ってい

**表 5-2** 『福祉資金行政実態調査』の「職業分類表」（自営業のみ）

| 大分類 | 小分類 | 事　例 |
|---|---|---|
| 農林漁業業主 | 農林業業主 | 農業，林業，製炭業，炭焼き |
| | 畜産業業主 | 養豚業，養鶏業，かなりや，蜜ばちの飼育業 |
| | 漁業業主 | 漁業 |
| 商業・サービス業業主 | 駄菓子店 | 菓子店，駄菓子店，菓子雑貨商，菓子製造業 |
| | 食料品店 | パン屋，八百屋，青果商，酒屋，タバコ屋，タバコ雑貨商，トウフ製造業，製麺業，漬物屋，佃煮製造，総菜屋，焼芋屋 |
| | 飲食店 | ラーメン屋，のみ屋，酒場，喫茶店，おでん屋，今川やき屋，菓子食堂，軽飲食業 |
| | 各種商店 | 洋服店，写真店，荒物商，時計店，書店，古着業，雑貨，下駄屋，製靴業，靴修理業，塗装販売業 |
| | 美容業・理髪業 | 美容業，理髪業，美容師（業主），理髪師（業主） |
| | あんま・はり・灸師 | あんま業，指圧師，整骨師，マッサージ師，あんまはり業 |
| | 行商・露天商 | 魚行商，八百屋行商，茶行商，パン行商，貴金属行商，廃品回収業，化粧品外交（業主），宝くじうり，紙芝居業，屋台おでん屋 |
| | 貸間業 | 貸間（間貸），貸家，貸店舗，下宿，旅館業，貸ガレージ |
| | その他サービス業 | クリーニング業，写真技師，貸本業，貸舟業，集金業，清掃業，生花教師，ピアノ教師，塾経営，運送業，保険代理店，代書人，助産婦，デザイナー，土地仲介，不動産業，自転車預かり業，犬訓練士 |
| 職人・家内労働者 | 建築関係職人 | 大工，左官，植木職，畳職，建具職，塗装業，鳶職，ブリキ業，配管工（業主），木工（業主），製図下請，配線，電気工事（業主），木舞職 |
| | 和洋裁仕立業など | 和裁，洋裁，洋服仕立業，ミシン加工業，刺繍業，メリヤス業，編物，被服縫製業，ハンカチーフ・マフラーかがり，綿打直し，染色業，洗張屋 |
| | 機械職人など | 電気部品製造業，テレビ修理，自転車修理，木型業，鉄鋼業 |
| | その他職人家内労働者 | 紙袋はり業，木箱製造業，印刷業，タイプ印刷業，プラスチック成型業，箒製造業，ネームプレート製造業，彫刻，レッテル張，時計修理業，ロクロ業，薬加工，玩具製造業，印章業 |

出典：神奈川県（1963：10）．なお事例などの業種の表記は原文の通りである．

る生業として以下のものが取り上げられている．多い順に並べていえば，野菜果物行商，鍼灸師，衣類縫製下請，洋裁・ミシン内職，養鶏業，軽食食堂業，綿打ち直し・綿入れ，時計修理業，竹細工製造販売，古本貸本業，食料小売・行商，建具業，雑貨業，養豚業などである（全国社会福祉協議会 1964a：6-7）．

　本書で多く参照されている神奈川県の『福祉資金行政実態調査』（以下，神

奈川県調査）（神奈川県 1963）も確認しておきたい．この調査の対象世帯は世更貸付や母子福祉資金を利用した 5432 世帯であり，うち回答を得た 4285 世帯分の情報を集計したものである [6]．**表5-2** は，調査に回答した借入世帯を職業別に 10 分類したもののうち，自営業にあたる，農林漁業，商業・サービス，職人・家内労働者の 3 分類について，小分類とそれに該当する事例について記載したものである．これらの事例は「調査票に記載された職名のほとんど全部を含んでいる」（神奈川県 1964：10-12）のであるから，調査に回答した自営業の事業の一覧を示しているといえよう．

## 3．2　「名目的自営業」を営ませることの意味

　江口英一は，都市の小商店，飲食・サービス業者，行商・露店，家内工業者，職人，家庭内職者や，農山村の零細農家などを，「下層の『自営業』階層」として「名目的自営業者」と名付け，従業者を雇って自営する「自営業」と区別している（江口 1980：5）．前項で取り上げた事業の多くはこのような「名目的自営業」に該当するものといえるだろう．

　では，名目的自営業に資金を貸付することの意義はどこにあるのだろうか．高度経済成長期の終盤，1970 年に江口が委員長としてまとめた東京都社会福祉協議会の報告書（以下，東社協 70 年報告書）を確認してみよう（東京都社会福祉協議会 1970）．東社協 70 年報告書では，この大都市における低所得者を，以下の 3 種類に分類している．（A）就業が規則的恒常的であるが賃金が平均よりも低い階層，（B）日雇い労働者などの就業が不規則・不定期である階層，（C）生業的で小規模な家族経営による工業・商業・サービス業などの自営業者である．C は例示として小商店，露天，行商，小修理屋，および家内工業者，その他一人親方があげられており，まさに上述の「名目的自営業」に該当する．

　そして東社協 70 年報告書は，B 層と C 層を，民生委員と世更貸付が積極的に対応すべき対象であるとする（東京都社会福祉協議会 1970：10-11）．B 層は新たに自営業を開業する際は生業資金貸付の対象となるが，そうでなければ世更貸付の療養資金や住宅資金の対象と考えられる．したがって低所得者のなかで C 層＝名目的自営業層こそが生業資金の主要対象層ということになる．

　東社協 70 年報告書は，こうした階層へ貸付することの目的の 1 つとして所

得の上昇があることを指摘している．このことは，名目的自営業であれば，より規模が大きい（従業員を雇用する）本格的な自営業に発展することを意味している（東京都社会福祉協議会 1970：82）．しかしこの報告書は名目的自営業の「所得上昇」「自営業化」のみを生業資金貸付の意義とはしていない．この報告書では，最新の技術を身につけた熟練労働者にはすでになり得ない者，それゆえに大企業などへの就職が見込めない者にとっての，いわば受け皿となるような事業形態として，名目的自営業の意義が見出されている．そういう意味では貸付によって所得階層の上昇や事業としての発展がなかったとしても「一定の収入を得ることができ，一代だけ維持することができればよい」（東京都社会福祉協議会 1970：82-83）．

　名目的自営業は，将来の経済発展のための推進力になるものとして評価されているわけではない．仮に将来的に発展する可能性があまり見込めなくても，借入世帯の生活の維持や向上に資するのであれば十分に意義がある．名目的自営業に対する貸付支援は，このような生活の維持と向上に貢献するものとして，福祉政策の文脈のなかで位置付けられていることが改めて確認できる．

　また「就職が見込めない者の受け皿」として名目的自営業が存在するとすれば，1960 年代以降における生業資金貸付の低迷は，高度経済成長期において完全失業率が大きく低下し労働市場の需給が逼迫していったこと，すなわち企業への就職が容易であった経済環境も原因の 1 つであると考えられる．一方で高度経済成長期前の生業資金貸付の隆盛は，戦後直後の経済状況において過剰労働力を吸収するものであったと推察される．

## 4　生業資金貸付の効果はあったのか

### 4.1　社会福祉協議会・都道府県による生業資金の効果分析

　では実際に，生業資金の貸付が，このような名目的自営業層の所得の上昇もしくは所得の維持に貢献することができていたのか．こうした点は，実施主体である社会福祉協議会やそこに貸付の原資として補助金を支出している都道府県にとって当然の関心事であったろう．以下では，世更貸付創設当初に，生業資金貸付の効果という点からの分析がなされている複数の調査を確認する．と

5章　高度経済成長期の福祉貸付——103

くに，借入世帯の現状（判明している場合は借入当初の状況との比較）と償還
状況に注目する．

①大阪市調査（世帯更生資金借受世帯調査報告書）1958 年 10 月発表

> ‣ 調査期間：1958 年 3 月
> ‣ 調査対象：1955 年 12 月から 1957 年 5 月までに貸付された世帯のうち，
>   申込時の所得調査主体が定めた限界生活費基準を下回る 274 世帯．う
>   ち 222 世帯（生業資金は 209 世帯）から回答．
> ‣ 調査方法：対象世帯への訪問面接による他計式調査．
>
> （大阪市社会福祉協議会 1958：3-4）

　世更貸付創設初期の調査である．調査時点で借入世帯は，生業資金を借入し
てから最短で 10 カ月，最長で 2 年 3 カ月経過している．生業の進捗について
は 51.2% が「予想通り」「予想より良い」と回答している．また，53.7% が生
業資金貸付によって「家計が安定した」と答えている．据置期間中を除く世帯
の償還状況では，71.1% が「償還している」と答えている．
　一方ですでに事業を廃止・一時中止したケースは 23.9%，見通しが困難・
やや困難としたケースは 22.1% になっている（大阪市社会福祉協議会 1958：7）.
事業が計画通りに進んでいないとしたケースに絞ってその原因を確認すると，
他の使途への流用（16%），地理的条件の不利（8%），競合相手の圧迫（10%），
見通しの齟齬（10%），その他に不況，資金不足，商売の不手際などがみられ
る（大阪市社会福祉協議会 1958：8）.

②神奈川県調査（福祉資金行政実態調査）1963 年 8 月公表

> ‣ 調査期間：1962 年 7 月 1 日～15 日（1962 年 7 月 1 日時点の状況を調
>   査）
> ‣ 調査対象：1956 年度から 1960 年度にかけて，世更貸付（生業・療養・
>   住宅）を借受した全世帯（2468 世帯），および母子福祉資金（事業開

始・事業継続・修学・住宅）を借受した全世帯（2964 世帯）．うち世更
貸付借入世帯 1968 世帯（79.9％），母子福祉資金借入世帯 2317 世帯
（78.0％）分の回答，合計 4285 世帯分を集計．なお調査で集計されてい
る世帯のうち生業資金を借受している世帯は 2373 世帯（世更貸付 1177
世帯，母子福祉資金 1196 世帯）．（神奈川県 1963：8）

▶ 調査方法：貸付時の状況は神奈川県民生部福祉課が貸付申込時の書類
に基づき記入．調査時点の現状は，原則として民生委員の訪問面接に
よる他計式調査．他県在住分（24 世帯）については郵送による自計式
で調査．（神奈川県 1963：8）

　生業資金を借入した世帯で，生業資金により収入が増えたとする世帯は，世
更貸付借入世帯で 55％，母子福祉資金借入世帯で 57％ である．変わらないと
した世帯はそれぞれ 14％，13％ となっている（神奈川県 1963：18）．償還につ
いては，世更貸付借入世帯の 48％，母子福祉資金の借入世帯の 72％ が「申請
通りに返している」と答えている（神奈川県 1963：21）．また生業資金の貸付以
降，暮らし向きが「楽になった」とする世帯は世更貸付で 70％，母子福祉資
金で 81％ にのぼる．貸付金が「大いに役に立った」とする世帯は，世更貸付
で 66％（「少し役に立った」は 22％），母子福祉資金で 73％（「少し役にたっ
た」は 20％）であり，ほとんどの世帯が「役に立った」と答えている（神奈川
県 1963：22）．

　一方で暮らし向きが苦しくなったとする世帯は，世更貸付で 23％，母子福
祉資金で 12％ であった．そうした世帯の「苦しくなった理由」については，
世更貸付で 40.5％，母子福祉資金で 35.7％ が「事業の失敗・不振」をあげて
いるが，生計中心者やその他世帯員の「長期疾患」や，学費の増加といった生
業経営外の状況の影響もみられる（神奈川県 1963：21-22）．

③全社協調査（世帯更生資金制度効果測定）1964 年 3 月公表

> ▶ 調査期間：1963 年 8 月〜1964 年 2 月
> ▶ 調査対象：東北・関東甲信越地方および静岡の「借受世帯の指導に特に熱意がある」民生委員が扱った世帯（調査世帯：40 世帯）と，それ以外の民生委員の担当ケースから無作為に抽出された世帯（対比世帯：27 世帯）．それぞれ「借受の目的が，達成，挫折，失敗，事業の転換，その他の自由で目的に即した一連の借受世帯の努力に一応の結末がついたと認められる」ケースに限定されている．
> ▶ 調査方法：対象世帯への調査員（大学教員）による訪問面接による他計式調査．
>
> （全国社会福祉協議会 1964a：2-4）

　民生委員が熱心に関与した調査世帯 40 世帯のうち本人が事業が「まあまあ成功」しているとした世帯は 30 世帯（75.0%），対して対比世帯 27 世帯のうち事業が「まあまあ成功」しているとした世帯は 20 世帯（74.1%）となっており，両者の差はほとんどない（全国社会福祉協議会 1964a：8）．一方で償還が遅延している世帯は，調査世帯で 12 世帯（30.0%），対比世帯で 2 世帯（7.4%）で，逆に調査世帯の方に償還の遅れがみられる（全国社会福祉協議会 1964a：8）．この理由は 2 つ考えられる．1 つは，償還が順調でないがゆえに民生委員の関与が深くなっているという可能性である．もう 1 つは，面接調査依頼時に当初から民生委員の関与が深かったケースにおいては償還に遅延があっても面接調査を受け入れるが，そうでないケースにおいては警戒心から面接調査を拒絶されることが多かったという可能性である．

　表 5-3 はこの全社協調査で確認された世帯の生活向上の程度である．カッコ内の左側が調査世帯，右側が対比世帯である．これをみると，世更貸付によって生活が悪化した世帯は確認されない（グレー部分）．一方で少なくとも生活が改善した世帯（太字部分）は調査世帯で 60%，対比世帯で 55% となっている．ただし「生活に余裕がある」とした世帯は，借入直前時から「余裕がある」と答えていた世帯（対比世帯）を除き存在していない．

106——第Ⅱ部　人びとはいかに厳しい状況からの脱却を図ったか

表 5-3　世帯の生活向上の程度（全社協調査）

| | | 現　在 | | | |
|---|---|---|---|---|---|
| | | 生活に余裕がある | 生活に稍余裕がある | 苦しいが借金はない | 生活保護を受けるか同等程度 |
| 借入直前 | 生活に余裕がある | 1（0，1） | 0（0，0） | 0（0，0） | 0（0，0） |
| | 生活に稍余裕がある | 0（0，0） | 7（2，5） | 0（0，0） | 0（0，0） |
| | 苦しいが借金はない | 0（0，0） | 13（6，7） | 8（6，2） | 0（0，0） |
| | 生活保護を受けるか同等程度 | 0（0，0） | 3（1，2） | 23（17，6） | 12（8，4） |

出典：全国社会福祉協議会（1964：9）．

表 5-4-1　生業資金借入世帯の世帯総収入の変化

| | | 借入時 | | 現　在 | | 倍　率 | |
|---|---|---|---|---|---|---|---|
| | | 中央値 | 平均値 | 中央値 | 平均値 | 中央値 | 平均値 |
| 世更貸付 | 開始 | 14,015 | 14,724 | 27,535.7 | 30,423.3 | 1.96 | 2.07 |
| | 継続 | 15,600 | 17,125 | 29,850.6 | 32,299.1 | 1.91 | 1.89 |
| 母子福祉 | 開始 | 13,015 | 14,412 | 29,633.3 | 32,543.1 | 2.28 | 2.26 |
| | 継続 | 16,893 | 18,224 | 31,950.0 | 35,255.7 | 1.89 | 1.93 |

出典：渡邉（2021：9）．

表 5-4-2　生業資金借入世帯の等価収入の変化

| | | 借入時 | | 現　在 | | 倍　率 | |
|---|---|---|---|---|---|---|---|
| | | 中央値 | 平均値 | 中央値 | 平均値 | 中央値 | 平均値 |
| 世更貸付 | 開始 | 6,708.2 | 7,218.4 | 13,179.7 | 14,683.4 | 1.96 | 2.03 |
| | 継続 | 7,504.9 | 8,373.0 | 14,071.4 | 15,753.8 | 1.87 | 1.88 |
| 母子福祉 | 開始 | 6,930.5 | 7,495.4 | 15,602.8 | 17,339.0 | 2.25 | 2.31 |
| | 継続 | 8,958.2 | 9,495.9 | 17,141.7 | 18,593.2 | 1.91 | 1.96 |

出典：渡邉（2021：10）．

## 4.2　神奈川県調査の復元データによる分析[7]

　以上の調査は，いずれも調査方法や対象が異なるものの，いずれも生業資金貸付に一定程度の効果があったことを確認している．ただし借入世帯の主観的評価によるものであったりすることや，高度経済成長期であるためそもそも生業資金を借入せずとも生活が安定した可能性があることを考慮する必要もあるだろう．とくに民生委員が調査員である場合は，借入世帯の生業資金貸付に対する評価が，借入世帯が日々感じているものよりも高評価になる可能性もある．

5章　高度経済成長期の福祉貸付──107

**表 5-5** 借受時と調査時点での収入階級

| | | 現在 | | | | | |
| | | 第1分位 | 第2分位 | 第3分位 | 第4分位 | 第5分位 | 合計 |
|---|---|---|---|---|---|---|---|
| 借受時 | 第1分位 | 727<br>41.2% | 677<br>38.4% | 204<br>11.6% | 106<br>6.0% | 50<br>2.8% | 1764<br>100.0% |
| | 第2分位 | 224<br>14.3% | 692<br>44.1% | 320<br>20.4% | 193<br>12.3% | 141<br>9.0% | 1570<br>100.0% |
| | 第3分位 | 16<br>5.2% | 66<br>21.6% | 76<br>24.9% | 75<br>24.6% | 72<br>23.6% | 305<br>100.0% |
| | 第4分位 | 6<br>5.9% | 23<br>22.5% | 11<br>10.8% | 28<br>27.5% | 34<br>33.3% | 102<br>100.0% |
| | 第5分位 | 1<br>3.0% | 7<br>21.2% | 8<br>24.2% | 4<br>12.1% | 13<br>39.4% | 33<br>100.0% |
| 合計 | | 974<br>25.8% | 1465<br>38.8% | 619<br>16.4% | 406<br>10.8% | 310<br>8.2% | 3774<br>100.0% |

出典：渡邊（2021：13）.

本項では，上記の調査報告のなかでも対象者が最大である神奈川県調査の復元データを使用し，借入前と調査時点での収入を比較することで生業資金貸付の効果を検討する．

**表 5-4** は，世更貸付・母子福祉資金別，さらにそこから事業開始資金を借入した世帯と事業継続資金を借入した世帯とに分けた，借入後の世帯収入の変化を示したものである．**表 5-4-1** は世帯総収入，**表 5-4-2** は等価収入を計算したものである．これによれば，貸付制度別および事業開始か事業継続かの区別によらず，収入が2倍程度に上昇していることがわかる1956年から1962年にかけての消費者物価の上昇は1.21倍と推計されるため[8]，借入世帯の絶対的な生活水準の上昇も明らかである．

しかし上述のように調査時は高度経済成長期であり，あらゆる世帯の所得が大幅に上昇した可能性がある．そうしたなかで結果的に借入世帯の相対的な地位が変わらなければ，こうした世帯の相対的な貧困の程度には変化がみられないかもしれない．

そこで，各年の家計調査における現金実収入5分位階級に基づき，調査対象世帯の収入階級の移動，とくに最下層である第1分位からの移動の状況を確認

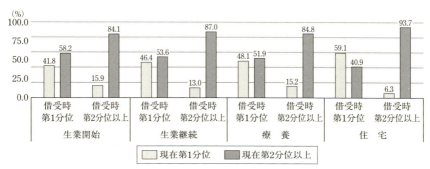

**図 5-5-1** 世更貸付の資金使途別の低所得階級の収入階層移動
出典：渡邊（2021：15）．

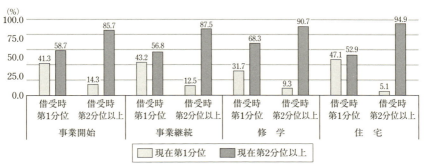

**図 5-5-2** 母子福祉資金の資金使途別の低所得階級の収入階層移動
出典：渡邊（2021：14）．

する．**表 5-5** によれば，調査世帯（世更貸付の生業・療養・住宅，母子福祉資金の事業開始・事業継続・修学・住宅）の借入時及び現在の双方において収入が確認できる 3774 世帯のうち，1764 世帯（46.7％）が借入時に第 1 分位，41.6％ が第 2 分位であったことが確認できる．すなわち，調査世帯の多くが収入の低い世帯であることが確認できる．そしてその多くが，借入後に収入階級を上昇させている（第 1 分位では 58.8％，第 2 分位では 41.6％）．

**図 5-5** は，貸付制度別及び資金使途別に借入世帯の収入階級の移動を示している．特に母子福祉資金の修学資金の効果が明確であり，1970 年代以降の世更貸付における修学資金が急増していったことの萌芽も垣間見えるが，生業資金においても借入世帯の収入階級の上昇が確認できる．事業開始や継続にかか

5 章　高度経済成長期の福祉貸付——109

わらず，借受時第1分位だった世帯の半数以上が第2分位以上に上昇しており，第2分位だった世帯の8割以上が第2分位の階級を維持するかそれ以上に上昇している．

## 5　むすびにかえて

本章では，1950年代後半から1960年代前半（すなわち昭和30年代）における生業資金貸付の効果を，世更貸付を中心に確認してきた．この時期は世更貸付の生業資金貸付が最も利用された時期であり，この時期以降は，生業資金貸付は全体として大きく縮小していく．

本章では生業資金の対象は，従業者を雇用する自営業と区別されるところの「名目的自営業」とよばれるものであったことを確認した．それは，小規模の飲食・サービス業者，行商・露店，家内工業者，職人，家庭内職者などの小資本でも開業可能な業種であった．戦争直後から1950年代前半において名目的自営業は，戦地からの引揚者を含む過剰労働力を吸収するものであり，失業率を抑制したと考えられる．また1960年代前半以降は労働市場の逼迫により名目的自営業を営む「ニーズ」は縮小するものの，被用者として雇用されにくい者の「受け皿」としても期待されるものであった．本章では，こうした名目的自営業に対する貸付支援の効果を，社会福祉協議会や都道府県の調査，またその調査の復元データにより確認した．こうした貸付支援については，少なくとも本章が対象にした時期においては，絶対的な水準においても相対的な水準においても効果がみられた．

しかし，こうした意義と効果は，その後の時代においては薄れていった．そもそも生業のために資金を借入する「ニーズ」自体が大きく縮小していったといえよう．**図5-1**でもみたように，生業資金の貸付は修学資金の貸付に首位を奪われてからさらに縮小した．高度経済成長が安定成長期に移行し，完全失業率がやや上昇した時代においても，バブル崩壊以降1990年代に完全失業率が大幅に上昇していった時期においても，雇用の「受け皿」として名目的自営業が機能することは無かった．生業資金貸付は，世更貸付が1999年に生活福祉資金に名称を変更した後もしばらくは「更生資金」「身体障害者更生資金」と

110——第Ⅱ部　人びとはいかに厳しい状況からの脱却を図ったか

して存続したが，2009年の生活福祉資金貸付制度の大幅改革の際に，福祉資金の福祉費に吸収され，以降は公的な資料においてその件数や貸付金額を確認することすら困難になった．それくらい生業資金貸付は福祉貸付のなかで注目されなくなった．

やはり小規模事業というのは経営基盤が弱い，というのが弱点である．小規模資金で開業できるということは当然開業のハードルが低いということであり，競合他社に苦しめられる可能性が高い．総需要の大幅増加が見込めなければ，当然，限られた「パイ」を食い合う状態になる．高度経済成長期以降はまさにそうした状態になっていったといえよう．競争が激しければ，一定の技術や知識が無ければ経営を維持することすら難しくなる．そして社会福祉協議会や民生委員が，経営に必要な技能や知識を単独で提供できたとは思えないし，他の経済支援団体と連携して生業を営む名目的自営業者の経営基盤強化の支援を強化する取り組みを実施した事例を，筆者は寡聞にして知らない．戦争直後から高度経済成長期にかけての時代は名目的自営業の開業や維持が，生活基盤の維持や強化につながることを期待できた稀有な時代だったかもしれない．

ただしこのことは貸付支援のニーズが消失したことを意味しないし，貸付支援自体が無効化したことを意味しない．繰り返すように生業資金貸付以降は，修学資金の貸付が拡大していっている．いわば，生業のための少額の「資本」ではなく，「人的資本」の取得のための支援に福祉貸付は重点を移していったといえる．そういう意味では貸付は，生活基盤を安定させるための有形無形の「資本」（もしくはそれを人々に取得させるためのまとまった資金）を，その時代の経済社会環境にあった形で提供する手段として機能するものなのだ，といってよいかもしれない．

1)　グラミン日本のウェブサイト（https://grameen.jp/）. 2023年2月7日最終閲覧.
2)　「生業」という言葉は，生活保護法における「生業扶助」でも使用される．小山進次郎は『生活保護法の解釈と運用』のなかで生業を，「専ら生計の維持のみを目的として営まれることを建前とする小規模な事業であって，専ら利潤の獲得のみを目的として行われることを建前とする企業はこれに含まれない」（小山 1950：276）事業として定義している.
3)　本節の記述は筆者のこれまでの研究に基づくものであり，内容は角崎（2013a；

2013b；2016a；2016b；2023）と重複するものである．とくに世更貸付の前史につ
いては角崎（2016a），世更貸付創設後から現代までの変遷については角崎（2023）
で詳しく記述している．
4)　設立時の厚生事務次官通牒や運営要綱および社会局長通牒「世帯更生資金の取扱
いについて」については，全国社会福祉協議会（1957）に掲載されているものを参
照している．
5)　2020 年を 100 とする消費者物価指数（帰属家賃を除く）は，2022 年で 102.7,
1957 年で 16.6 である．消費者物価指数については https://www.boj.or.jp/about/
education/oshiete/history/j12.htm （2023 年 2 月 19 日最終閲覧）を参照．
6)　生業資金だけでなく，住宅，療養資金の利用世帯も含んでいる．
7)　本項は，「戦後福祉国家成立期の福祉・教育・生活をめぐる調査データの二次分
析」における渡邉大輔氏の研究成果（渡邉 2021）に基づくものである．
8)　2020 年を 100 とする消費者物価指数（帰属家賃を除く）は，1956 年で 16.6,
1962 年で 20.1 である．消費者物価指数については https://www.boj.or.jp/about/
education/oshiete/history/j12.htm （2023 年 2 月 14 日最終閲覧）を参照．

[付記]
　　本章の一部は JSPS 科研費（19K13995, 15K17238）の成果である．

[参考文献]
中小企業庁，2015,『中小企業白書 2015 年版』.
江口英一，1980,『現代の「低所得者層」——「貧困」研究の方法（下）』未来社.
角崎洋平，2013a,「構想される『生業』への経路——貸付による離陸」天田城介・
　　角崎洋平・櫻井悟史編著『体制の歴史——時代の線を引きなおす』洛北出版，pp.
　　55-101.
──────, 2013b,『福祉的貸付の歴史と理論』立命館大学大学院博士請求論文.
──────, 2016a,「日本におけるマイクロクレジットの形成と社会福祉政策——無
　　尽から世帯更生資金貸付へ」佐藤順子編『マイクロクレジットは金融格差を是正で
　　きるか』ミネルヴァ書房，pp. 11-54.
──────, 2016b,「借りて生きる福祉の構想」後藤玲子編『福祉＋α　正義』ミネル
　　ヴァ書房，119-131.
──────, 2020,「福祉的貸付の規範理論——金融ウェルビーイングと社会正義の観
　　点から」『社会保障研究』5(2): 166-78.
──────, 2021,「金融ウェルビーイングのための貸付——生活困窮者支援制度とし
　　ての位置と意義」『個人金融』2021 秋号: 101-111.
──────, 2023,「生活の安定と貸付——生活困窮者への貸付はどう位置づけられて
　　きたか／位置づけることができるか」『福祉社会学研究』20: 53-71.
神奈川県，1963,『福祉資金行政実態調査』.
国民金融公庫，1959,『国民金融公庫十年史』.

―――, 1970, 『国民金融公庫二十年史』.

―――, 1999, 『国民金融公庫五十年史』.

厚生省世帯更生資金貸付制度基本問題検討委員会, 1989, 『世帯更生資金貸付制度基本問題検討委員会報告』.

厚生省社会局, 1958, 『世帯更生資金／医療費貸付資金 貸付及び償還実績表』.

小山進次郎, 1950, 『改訂増補 生活保護法の解釈と運用』中央社会福祉協議会.

宮本太郎, 2009, 『生活保障――排除しない社会へ』岩波書店.

大阪市社会福祉協議会, 1958, 『世帯更生資金借受世帯調査報告書』.

生活福祉資金貸付制度研究会編, 2008, 『平成 20 年度版 生活福祉資金の手引き』筒井書房.

―――, 2021, 『令和 3 年度版 生活福祉資金の手引』全国社会福祉協議会.

Sorell, T. & L. Cabrera eds., 2015, *Microfinance, Rights and Globale Justice*, Cambridge University Press.

東京都社会福祉協議会, 1970, 『低所得階層と世帯更生資金貸付制度』

渡邉大輔, 2021, 「貸付は誰を救ったのか？――高度成長期における生業支援」社会調査・データアーカイブ共同利用・共同拠点事業二次分析研究会 戦後福祉国家成立期の福祉・教育・生活をめぐる調査データの二次分析.

Yunus, M., 2007, *Creating a World without Poverty: Social Business and the Future of Capitalism*, Public Affairs. (＝2008, 熊谷弘子訳『貧困のない世界を創る――ソーシャル・ビジネスと新しい資本主義』早川書房).

全国社会福祉協議会, 1957, 『世帯更生運動を進めるために――参考資料集』.

―――, 1964a, 『世帯更生資金制度効果測定』.

―――, 1964b, 『民生委員制度四十年史』.

**6章**────
# 高度経済成長初期段階の進学支援とその意味


白川　優治


## 1　はじめに

　本章は，高度経済成長期（1954〜1973年）の初期段階において，進学支援がどのように行われており，どのような意味をもったのかについて，神奈川県による「福祉資金行政実態調査」（1962年）の個票データを再分析することを通じて検討するものである．同調査は，『昭和37年度　福祉資金行政実態調査報告』（神奈川県 1963）として結果が報告されており，本章が検討対象とする修学資金についても「修学資金の効果」として整理されている．そこでは，調査結果の分析を通じた修学状況や大学進学の状況，世帯の職業の変動の検証などから「修学資金の効果は借受者とその世帯に限り，きわめて高い」（p.92）と総括されている（ただし，「借受者とその世帯が，この修学資金の本来目的とした世帯群にあまねく及んでいるか否かは，なお残された問題である」（p.92）として課題も指摘している）．本章は，この報告書を前提にしつつ，その後の社会変動の視野に入れた二次分析によって，同報告では1961年度までの状況にとどまっていた同時代性の限界を超える検討を試みる．そして，この時代の進学支援の制度がもっていた歴史的意味を明らかにする．

　日本の教育は，高度経済成長期に義務教育後の高校・大学への進学が急速に拡大したことは周知の事実であり，その動向は「高卒当然社会の成立」（香川ほか 2014）として示されている．具体的に高度経済成長期前後の変化を確認すれば，高校進学率は1953年48.3%から1974年90.8%，大学・短大等進学率（現役）は1953年21.5%から1974年32.2%に上昇し（文部省「学校基本調査」

115

各年度版），特に高校進学において著しい進学者数・進学率の拡大がみられた．
このような進学拡大については，第1次ベビーブーム世代を中心とした進学人口の増加，高校教育機会の提供構造の変化，義務教育後の教育段階への非進学世代であった保護者のもつ子どもへの学歴・進学アスピレーションの特性，高校全入運動などの社会動向など，さまざまな背景がこれまで指摘されてきた．義務教育後の進学を経費負担の観点からみると，高校や大学の進学には授業料をはじめとする学費支払いが生じるとともに，進学せずに働いた場合に得ることができる賃金・収入を喪失する機会費用を負担することになる．そのため，家計に経済的に困難がある場合には，進学ではなく就職を選ぶことが合理的であるようにみえる．実際に，1950年代後半から60年代初頭の貧困層には，貧困から脱却するために，子どもに高校進学を求める意識と中卒後の就業を求める意識の双方があったことが示されている（相澤ほか 2016）．しかし，高度経済成長期の急速な進学率の拡大は，家庭の経済環境によらない高校進学が実現されたことを示唆している．現実の問題として進学経費の負担に対してどのような支援制度があり，またそのことがどのような意味をもっていたのかについての検討は十分なされているわけではない．

　そこで，本章では，進学を支援する制度がどのように存在し，どのような意味をもったのかを，神奈川県による「福祉資金行政実態調査」の二次分析を通じて考えてみたい．そして，必要経費の貸与を受けて進学したとしても，その返済の見通しに肯定的であったという高度経済成長期に確立された進学支援制度の構造が，教育費支援の社会制度として20世紀の成功モデルとなる経過を確認するとともに，その歴史的意味を考えてみたい．

## 2　1950年代における進学資金を支援する2つの制度

　高度経済成長期初期の状況を検討するにあたり，1950年代の義務教育以降の進学を経済的に支援する制度にはどのようなものが存在したのかを確認しよう．そこには2つの制度が存在していた．

　1つは，日本育英会の貸与奨学金制度である．進学を経済的に支援する制度は，個人を対象とする制度であり，金融取引となる．1960年代前半まで，銀

行による個人向け融資は金融政策の観点から抑制が求められた状況にあり（小島 2021），公的金融機関，民間銀行等ともに，進学資金を目的とする個人を対象とした貸付事業，いわゆる「教育ローン」は存在しなかった（教育ローンは，1978 年に国民金融公庫による「進学ローン」（1991 年に「教育ローン」に名称変更）として公的金融機関での取り扱いが開始されるとともに，その創設過程において財源とされた郵貯資金への警戒と競争の観点から都市銀行・地方銀行等の民間金融機関でも同時期に個人向け与信業務として教育ローンの取り扱いが開始された（白川 2008））．

　そのため，進学のために資金を必要とする場合に利用できる制度は，日本育英会をはじめとする奨学金事業であった．奨学金事業は，明治以降の近代日本において，旧藩や地方名望家などが創設した各種団体・府県等によって，地域や人的つながりのなかで対象を限定して実施されてきた（菊池 2003）．特定の要件に限定せず，幅広い学生を対象とする奨学金制度が国の事業として実施されるのは，1943 年に財団法人大日本育英会が創設されてからである．戦後，インフレ等の経済状況のなかで事業継続が困難となっていく奨学金実施団体がでるなかで，日本育英会は国の奨学金事業としてその役割が大きくなっていく．そして日本育英会の事業は，文部省の管轄として，教育政策と連動した奨学金事業として進められていくことになる．

　もう 1 つは，本章において主な分析対象とする「母子福祉資金貸付法」による修学資金である．敗戦後の社会変動のなかで，母子家庭に対する支援として，1952 年に創設された母子福祉資金貸付制度のなかに，子どもの高校，大学等の進学経費を支援する「進学資金」が含められた．この制度は，厚生省の管轄として福祉政策の一部として位置づけられる．この制度は，「母子家庭において高等学校以上の学校に就学する者に対して学資の貸与が行われることになったが，これは経済的条件の悪いものに対する救済制度であって，育英制度とは異なる観点にたつもの」（財政調査会編 1953：203）とされており，日本育英会の奨学金制度とは目的が異なるものと位置づけられていた．

　なお，厚生省の管轄する福祉制度において重要な位置を占める生活保護制度をみると，生活保護の 8 つの扶助項目のうち，子どもの教育に必要な経費を対象とする教育扶助は義務教育のみを対象とするものであり，高校以降の進学は

対象とされていなかった．高校進学に関しては，一定の条件のもとで生活保護を受けながら高校に進学すること（世帯内就学）が認められるのが1970年，生業扶助の一部として高校就学費が認められたのは2005年度からである（岩永ほか 2018）．したがって，本章が検討対象とする高度経済成長初期において，高校進学は生活保護の範囲には含まれるものではなかった．

このように，高度経済成長初期において，教育制度と福祉制度にそれぞれに進学を支援する制度があり，併存する状況であった．そこで，それぞれどのような特徴をもっていたのかをみていくことにしたい．まずは，これらの2つの制度の経過と1950年代における状況を確認する．

## 2.1 日本育英会における貸与奨学金事業

日本育英会は，1943年に財団法人大日本育英会として創設された，国の事業として奨学金制度を運営，実施する組織である（1944年に特殊法人大日本育英会となり，1953年の法改正で特殊法人日本育英会となる．以下，本章では対象時期にかかわらず日本育英会と称する．なお，日本育英会は2004年に独立行政法人日本学生支援機構に再編され，現在に至る）．日本育英会の奨学金制度は，「優秀ナル学徒ニシテ経済的理由ニ由リ就学困難ナル者ニ対シ学資ノ貸与」（「大日本育英会法」1条）を行うとして，「優秀」さという能力基準（メリットベース）と「経済的理由」という経済基準（ニードベース）を併用して対象者を選定し，奨学金として学資を貸与するものである．

日本育英会の奨学金事業は，創設時の制度構想においては，旧制の学校制度のなかで，大学・旧制高校・旧制専門学校などの高等教育機関への進学希望を前提とした中等教育機関の在学者（旧制中学・高等女学校の在学者）に対する予約採用を基本とした貸与奨学金事業が想定されていた．予約採用とは，進学前に採用者を決めることで，進学後から卒業までの間，学年進行で対象者とする仕組みである．そのため，創設当初は，高等教育機関の在籍者よりも，中等教育機関の在籍者が主な対象として位置づけられていた．具体的にみれば，1943年の採用数は大学生326人，高等学校・大学予科278人，専門学校・女子専門学校443人，中等学校・女子中等学校726人として，中等教育機関の在籍者が全採用者の4割として最も多くなっていた（日本育英会 1964）．しかし，

1945年の敗戦後の経済的混乱やインフレ，それらを背景とする学生の経済的困窮などの社会変動を背景に，戦後の奨学金事業は予約採用から既に高等教育機関に在籍している学生を対象とする在学採用が事業の中心となっていく．そして，戦後教育改革を背景に，新制学校制度において義務教育後となる高校段階以上の在学者が対象者に位置づけられるようになり，なかでも大学在学者の採用が増加していくようになった．1950年の新規採用者数をみると，新規採用総数6万6799人のうち高校生は1万7592人として，高校生は全体の4分の1となっている（日本育英会 1964）．そして，1953年の状況として，高校奨学生は6万8343人として，高校生数249万5228人に対して2.7%，大学・専門学校（旧制）においては，奨学生が9万729人であり，学生数47万3266人に対して19.2%となっている[1]（日本育英会 1955）．

　さらに，日本育英会の奨学金事業は，戦後の社会状況と教育改革に合わせた制度調整がなされることになる．具体的には，戦後大学改革において戦前期に授業料無償であった師範学校制度が大学に統合されることと戦後学校制度において中学校までが義務教育となったことで生じた教員需要に対応する必要を背景に教員養成学部の在学者を別枠で採用対象とした教育奨学生制度，海外引揚者・戦災者子弟等への採用時の配慮，旧軍人遺家族に対する「戦傷病者遺家族等援護法」に基づく特別採用などである（日本育英会 1964）．これらは奨学金制度そのものの制度変更を伴うものではなく，運用上の対応や別枠採用として対応された．

　奨学金制度の最初の大きな制度変更は，1958年の法改正により導入された特別貸与制度の創設である．岸信介内閣（1957〜60年）の政策として英才教育・進学保障制度の創設が提示されたことを背景に，1958年に導入された特別貸与制度は，「特に優秀な資質・能力をもちながら，経済的理由により著しく進学困難な中学卒業予定者」を対象に，それまでの奨学金制度とは別立てに，予約採用を前提にして，全国一律の厳格な学力および経済的な基準に基づいて貸与者を選抜し，一般貸与よりも高額の金額が貸与され，返還については一般貸与相当額を返還すれば残りの額の返還が免除される制度として新設された．特別貸与制度の創設によって，日本育英会の奨学金制度は，一般貸与と特別貸与の2つの系統をもつこととなった．そして，1960年代には，高校生を対象

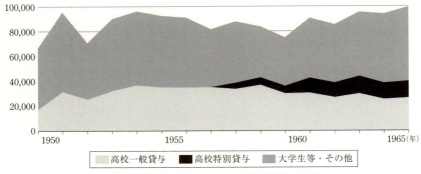

図 6-1　日本育英会の奨学金事業における新規採用数の推移（1950-1965 年）

とする奨学金は特別貸与の採用人数が増加し，一般貸与の人数が減少するようになっていく（**図 6-1**）．この結果，高校生を対象とする日本育英会の奨学金制度は，対象者の選定にあたり，能力重視の傾向を強めたということができる[2]．本章が分析対象とする，高度経済成長初期段階にあたる 1950 年代から 1960 年代にかけて，高校生を対象とする奨学金制度が能力重視になっていくことは，進学経費の負担に対する支援としてみた時には，その対象が限定される動向であったといえる[3]．

## 2.2　母子福祉資金貸付法における「修学資金」

　1945 年の敗戦後の戦後復興のなかで，戦争を通じて生じた母子家庭の生活支援は社会的課題の 1 つであった．1949 年に厚生省により「母子世帯実態調査」が行われ，軍人遺族を含めた一般母子世帯を対象とした「母子福祉対策要綱」が作成されたことが，戦後の母子福祉施策のスタートとされる（金川 2012；2023）．そして，一般家庭と一律の制度では不十分であり，母子家庭を対象とした特別立法が求められ 1952 年に「母子福祉資金貸付法」が制定され，児童を扶養する母子家庭に対する生活支援が制度化された（「母子福祉資金貸付法」は，1964 年に「母子福祉法」，1981 年に「母子寡婦福祉法」，2014 年に「母子及び父子並びに寡婦福祉法」と改定され現在に至る）．同法は「配偶者のない女子であつて現に児童を扶養している者に対し，資金の貸付を行うこと等により，その経済的自立の助成と生活意欲の助長を図り，あわせてその扶養し

ている児童の福祉を増進することを目的」とするものである（「母子福祉資金貸付法」1条）．次に示すように当時の新聞報道をみると，戦後10年が経たないなかで，子どもをもつ母子世帯，戦争未亡人の生活支援の必要性を背景にこの制度が創設された様子をみることができる．

　　18歳未満の子供を1人以上かかえた母子世帯は厚生省調査によると69万8660世帯でこのうち65% が13歳未満の子供をかかえ40% 約27万はいわゆる戦争未亡人世帯である．生計ぶりを見ると会社などに常勤している者は20% で大半の夫人は日雇，内職でかろうじて生計をささえ約30%が生活扶助をうけ，20% が生活扶助一歩前といった実情である．こんどの貸付法もこういった未亡人らに経済的援助を行うもので，国庫13億円，都道府県13億円，総額26億円の予算が組まれているが，事業資金を貸出した者にはさらに煙草屋などの専売品の販売店許可やその他公共施設内の売店などに優先的に許可するという．

　　　　　　　　　　　（『読売新聞』1952年12月20日（数字は算用数字に変換した））

　「母子福祉資金貸付法」の具体的内容は，配偶者のない女子で現に児童を扶養している者を対象に，事業を開始するのに必要な資金（生業資金），就職に際し必要な資金（支度資金），事業を開始し又は就職するために必要な知識・技能を習得するのに必要な資金（技能習得資金），技能習得資金の貸付を受けて知識・技能を習得している期間中の生活を維持するのに必要な資金（生活資金），事業を継続するのに必要な資金（事業継続資金），その扶養している児童に高等学校若しくは大学に就学させ又は医師法による実地修練を受けさせるのに必要な資金（修学資金），その扶養している児童が事業を開始し，又は就職するために必要な知識・技能を当該児童に習得させるのに必要な資金（修業資金）を都道府県が貸与するものである（1954年の改正において父母のない児童も「修学資金」の対象に含まれ，1956年の改正では「住宅資金」が対象に含まれた）．これらの貸与目的から，この制度が，母子家庭の母親の就業支援を通じた経済的自立と生活の安定を図ることを意図していたことがわかる．

　本章が検討の対象とする「修学資金」は，高校生については月額1000円，

**表 6-1　母子福祉資金貸付制度の費目別の利用状況**（各費目が全体に占める割合）(%)

| | 生業資金 | 支度資金 | 技能習得資金 | 生活資金 | 事業継続資金 | 住宅資金 | 修学資金 | 修業資金 |
|---|---|---|---|---|---|---|---|---|
| 1953 年 | 56.6 | 0.6 | 0.4 | 0.4 | 32.3 | — | 9.2 | 0.6 |
| 1954 年 | 51.1 | 1.6 | 0.8 | 0.4 | 25.4 | — | 19.5 | 1.2 |
| 1955 年 | 39.5 | 2.5 | 0.7 | 0.3 | 24.5 | — | 30.8 | 1.6 |
| 1956 年 | 31.0 | 3.0 | 0.3 | 0.3 | 24.8 | 2.2 | 36.6 | 1.8 |
| 1957 年 | 26.4 | 3.8 | 0.2 | 0.1 | 23.9 | 4.3 | 39.5 | 1.8 |
| 1958 年 | 27.8 | 3.5 | 0.1 | 0.1 | 20.4 | 3.3 | 43.1 | 1.7 |
| 1959 年 | 26.2 | 3.7 | 0.1 | 0.1 | 19.3 | 5.9 | 42.9 | 1.8 |
| 1960 年 | 24.1 | 3.4 | 0.1 | 0.1 | 16.1 | 4.9 | 49.7 | 1.6 |
| 1961 年 | 16.9 | 2.4 | 0.1 | 0.0 | 17.8 | 19.4 | 42.3 | 1.1 |
| 1962 年 | 16.1 | 2.6 | 0.0 | 0.0 | 18.1 | 22.6 | 39.5 | 0.9 |

出典：厚生省（1964）.

大学生については月額 3000 円を貸付限度額とし，卒業後 6 カ月の据置期間ののち，20 年での返還とする貸与資金である（1958 年までは月額 700 円）．この貸与額の意味を確認するために，総務省による「小売物価統計調査（動向編）調査結果」から，1962 年の高校授業料（東京都・全日制・普通科）をみると，公立高校は月額 600 円，私立高校は月額 2680 円であり，大学授業料（東京都・昼間部・文法経系）では，国立大学は月額 750 円，公立大学は月額 1000 円，私立大学は月額 3180 円となっている．修学資金の限度額は，当時の高校，大学の授業料水準と比較すると国公立の場合には賄うことができる金額であるが，私立の場合には不足する水準で設定されていたといえる．

　それでは，この「母子福祉資金貸付法」による貸与資金はどのように利用されたのであろうか．**表 6-1** は，この制度創設後の利用状況の推移を示したものである．制度創設時には，「生業資金」の利用が全体の半数を超え，「事業継続資金」とともに母子世帯の生業支援が中心であった．しかし，1956 年に「修学資金」が全体に占める割合のなかで最も大きくなり，その利用状況は，生業資金から修学資金が中心となる．この背景として，戦後 10 年を過ぎるなかで，戦中期に生まれた子どもをもつ母子世帯において，子どもが高校進学適齢を迎えたことが考えられる．高度経済成長初期段階にあたる 1950 年代前半から 1960 年代はじめにかけて，母子世帯における進学資金を調達する方法として，この「修学資金」が重要な意味をもったことがわかる．

122——第Ⅱ部　人びとはいかに厳しい状況からの脱却を図ったか

## 3 「福祉資金行政実態調査」からみた母子福祉資金における「修学資金」の利用の状況

　それでは，高度経済成長初期に，母子福祉資金における「修学資金」がどのように利用され，どのような意味をもったのかについて，「福祉資金行政実態調査」の二次分析を通じて，具体的にみていくことにしたい．神奈川県が，1962年に行った「福祉資金行政実態調査」においては，母子福祉資金と世帯構成資金の2つの福祉資金を対象に，利用者の世帯の状況，各資金の借受状況，貸付時と現在の暮らし向きの比較等ついて詳細な内容が報告されている．「修学資金」については，1）月謝金額・月謝以外の学費，借受時と現在の収入と雇用状況（アルバイトか定職か），2）借受時の学年（高校1年から大学4年），3）資金の使途（月謝・月謝以外の学費・それ以外の本人の出費・その他），4）学費はこの資金で足りたか（足りた・不足），5）修学状況（順調に卒業進級した・卒業進級が遅れた，遅れた場合には遅れた理由（学力不足・働かなければならないから・病気等思わぬ事故・その他）），6）現在の状況（在学中・退学・卒業），7）高校生に対する希望進路（大学進学・就職・わからない），8）就職状況（就職・無職・その他），9）就職希望の理由（職業課程で技能を修得したから・高校卒の方が就職しやすいから・経済的に困難・学力不足・勉強より実務が好きだから・その他），10）返済の実際（申請通りに返した（ている）・申請よりおくれた（ている）），11）返済の見通し（申請通りできると思う・おくれるができると思う・返済がむつかしい・わからない，「おくれるができると思う」以下の場合，その理由（就職していない・不時の出費・その他））の11項目が設問として設定され，その利用実態が詳細に尋ねられている．二次分析研究会により復刻された個票データ[4]を用いて再分析することで，修学資金を利用した進学者の状況を確認し，そこからこの制度のもっていた意味を考えてみたい．

### 3.1 修学資金の利用者の状況

　まず，修学資金を利用していた世帯の状況を確認する．再分析可能な総数

表 6-2　「修学資金」借受時の学校段階と調査時点の状況（N＝968）(%)

| | | 調査時点の状況 | | | | 合　計 |
| | | 在学中 | 退　学 | 卒　業 | 無回答 | |
|---|---|---|---|---|---|---|
| | 高　校 | 18.5 | 2.6 | 50.6 | 1.7 | 73.3 |
| 借受時の | 大　学 | 10.4 | 0.3 | 7.5 | 0.7 | 19.0 |
| 学校段階 | 高校と大学双方 | 1.7 | 0.1 | 0.9 | 0.0 | 2.7 |
| | 無回答 | 0.8 | 0.0 | 3.8 | 0.3 | 5.0 |
| | 合　計 | 31.4 | 3.0 | 62.9 | 2.7 | 100.0 |

4281 件のうち，母子福祉資金の「修学資金」の利用件数は 968 件であり，全体の 22.6％ として，この調査の対象となっている 8 つの資金費目のなかで利用者の割合が最も多くなっていた（次いで多いのものは，世帯更生資金の生業開始資金 18.3％，母子福祉資金の生業資金 18.1％）．このことは先に**表 6-1** でみた，当時の母子福祉資金の利用状況全体の状況と整合的であるといえる．

　修学資金の利用状況の特徴を，再分析可能な個票 968 件をもとにみていきたい（以下において特に断りのない限り，比率の母数は 968 である）．まず，借受時の世帯主の状況をみると，98.3％ が女性であり，年齢層は 40 代 65.7％，50 代 20.8％，30 代 11.7％ となっている．修学資金の対象となる高校生以上の子どもをもつ母子家庭であることから，年齢層が比較的高くなっているといえる．世帯人数は 3 人 31.5％，4 人 25.9％，5 人 16.1％，2 人 13.7％ であり，6 人以上も 12.5％ みられた．世帯主である母親が，複数人の家族を扶養していたことがわかる．そして，世帯主の雇用状況をみると，被雇用者 41.3％，自営業主 16.3％，家庭内職 14.2％ であり，その収入の状況は月額 5001～10000 円が 33.2％，10001～15000 円が 26.1％，5000 円以下が 15.9％ となっている．当時の高校卒業程度の初級国家公務員の初任給が 11000 円（1962 年）であったことを参照すると，この制度の利用世帯の世帯主の収入状況が低水準であったことが確認できる．なお，生活保護の給付の有無については，「受けていない」が 78.6％ であり，母子家庭で経済的な困難を抱えつつも，生活保護は受給していない世帯が中心であった．

　修学資金の利用状況を具体的にみるために，借受時の学校段階と調査時点（1962 年）の状況を示したものが**表 6-2** である．ここから，借受時の学校段階

表 6-3 「修学資金」の利用使途の状況

|  | 月 謝 | 月謝以外の学費 | それ以外の本人の出費 | その他 | 合 計 |
|---|---|---|---|---|---|
| 高 校 | 83.7% | 26.8% | 2.1% | 1.0% | 710 |
| 大 学 | 79.9% | 26.1% | 0.5% | 0.5% | 184 |
| 高校と大学双方 | 69.2% | 19.2% | 7.7% | 3.8% | 26 |
| 無回答 | 41.7% | 16.7% | 4.2% | 4.2% | 48 |

をみると，4分の3の76.0%が高校段階で修学資金を利用しており，大学段階での利用は合計で21.7%に過ぎない（ただし，「学校基本調査」によれば，1962年の全国の大学・短期大学への進学率は19.3%であり，利用状況が低いわけではない）．この修学資金が，主に高校進学のための経費として利用されていたことがわかる．そして，調査時点における状況は，在学中は31.4%，卒業が62.9%として，すでに卒業しているケースが多くを占めている．全体の半数は，高校段階で利用し，卒業しているケースとなっている．

## 3. 2 修学資金の利用使途と過不足

それでは，この修学資金はどのように利用されたのであろうか．修学資金の利用使途について，高校段階と大学段階を分けながらみたものが表6-3である．利用使途について，「月謝」「月謝以外の学費」「それ以外の本人の出費」「その他」について，あてはまるかどうかが尋ねられており，それぞれにあてはまるとする割合をみたところ，高校段階，大学段階の利用者ともに，学校への納付金としての「月謝」に利用していたことがわかる．「月謝以外の学費」を含め，ほぼ，学費のために利用されていたといえる．「それ以外の本人の出費」「その他」で利用されている割合は極めて低い．このことは，この修学資金が学費負担を支援するものとして十分であったかどうかを尋ねた設問では，高校段階，大学段階ともに「不足」が9割に近い結果であったこととも整合的である（表6-4）．

調査では，この修学資金では，「不足」とする場合には，その理由も尋ねている．不足とする者のうちの6割が「学費が高い」ことを理由にしており（高校58.1%，大学65.7%），「生活費が高い」については3割（高校35.9%，大学30.1%）が肯定回答を示していた．また，不足分をどのように補ったかを

表 6-4 「修学資金」の利用使途の状況

|  | 足りた | 不　足 | 無回答 | 合　計 |
|---|---|---|---|---|
| 高　校 | 12.4% | 86.8% | 0.8% | 710 |
| 大　学 | 12.0% | 88.0% | 0.0% | 184 |
| 高校と大学双方 | 11.5% | 88.5% | 0.0% | 26 |
| 無回答 | 14.6% | 79.2% | 6.3% | 48 |
| 全　体 | 12.4% | 86.7% | 0.9% | 968 |

尋ねた設問の結果からは，「家計から」とする回答が高校，大学ともに半数を占めており（高校 57.7%，大学 47.2%），「アルバイト」とする回答は高校では 20.0%，大学では 50.0% として状況が分かれていた.

　先にみた通り，当時の高校，大学の授業料水準とこの修学資金の限度額の関係から，修学資金の限度額は，国公立の学校であれば学費を賄うことができる金額であったが，私立であれば不足する額になっていた.「修学資金」の利用者の国公私立などの進学先情報は不明であり，これ以上の分析はできないが，多くの場合，この修学資金のみでは不足していたことから，学費全額をカバーする機能ではなく，家庭の負担を軽減する役割であったとみることができる.

## 3.3　修学状況と進路状況

　次に，修学資金の利用者の修学状況と進路状況をみていきたい．この資金の利用者の修学状況について，「順調に卒業／進級した」か，「卒業／進級がおくれた」を尋ねた結果をみると，高校段階では 89.9%，大学段階では 92.9% が「順調に卒業／進級した」としている．「卒業／進級がおくれた」とするものは高校段階，大学段階ともに 5% 程度であり，大多数が修学状況に問題を生じることなく卒業／進級していることが確認できる.

　そして，調査時点で各学校段階を卒業している利用者（609 件：借受時高校 490 件，大学 73 件，高校と大学双方：9 件，無回答 37 件）を対象に，卒業後の状況を確認すると，高校・大学ともに「就職」が 7 割（高校 71.4%，大学 69.9%）であり，多くが就職していることがわかる．逆に，「無職」とする回答はほとんどない（高校 2.0%，大学 2.7%）．無回答が一定の割合（高校 20.0%，大学 27.4%）あることも含めて解釈することが必要であるが，多数が

表 6-5　返済の状況（学校卒業者，$N=609$）

|  | 申請通り返した<br>（ている） | 申請より遅れた<br>（ている） | 無回答 | 合　計 |
|---|---|---|---|---|
| 高　校 | 60.2% | 10.0% | 29.8% | 490 |
| 大　学 | 67.1% | 2.7% | 30.1% | 73 |
| 高校と大学双方 | 66.7% | 11.1% | 22.2% | 9 |
| 無回答 | 56.8% | 2.7% | 40.5% | 37 |
| 全　体 | 60.9% | 8.7% | 30.4% | 609 |

表 6-6　返済の見通し（$N=968$）

|  | 申請通りできる<br>と思う | 遅れるが<br>できると思う | 返済が<br>むずかしい | わからない | 無回答 | 合　計 |
|---|---|---|---|---|---|---|
| 高　校 | 70.8% | 8.6% | 0.1% | 0.1% | 20.3% | 710 |
| 大　学 | 79.9% | 1.1% | 0.0% | 0.5% | 18.5% | 184 |
| 高校と大学双方 | 65.4% | 0.0% | 0.0% | 0.0% | 34.6% | 26 |
| 無回答 | 62.5% | 4.2% | 0.0% | 0.0% | 33.3% | 48 |
| 全　体 | 72.0% | 6.7% | 0.1% | 0.2% | 21.0% | 968 |

「順調に卒業／進級した」こととあわせて，7 割が「就職」していることから，多くの利用者は就職に問題は生じなかったものと推察できる．

## 3. 4　返済の状況と見通し

　最後に，この修学資金が，貸与金として返済について，どのような状況になっていたのかを確認する．**表 6-5** から，各学校段階の卒業者を対象に，返済状況について尋ねた結果を見ると，「申請通り返した（ている）」とする回答が 6 割として多数を示している（高校 60.2%，大学 67.1%）．「申請より遅れた（ている）」とする回答は 1 割程度である（高校 10.0%，大学 2.7%）．多くの場合，返済に問題は生じていないといえる．さらに，**表 6-6** から，利用者全体について，返済の見通しについて尋ねた結果をみると，全体で 7 割は「申請通りにできる」としており（高校 70.8%，大学 79.9%），「遅れるができると思う」を含めると 8 割に近く，返済できると想定していることがわかる．「返済がむずかしい」とする回答はほとんどない．ここでも，無回答が一定数あることには留意は必要であるが，全体として返済の見通しには肯定的であるといえ

**表 6-7** 神奈川県における高校進学状況と日本育英会奨学金の新規採用状況

| 年 | 中学校卒業者数 | 進学者 | 高校等進学率 | 日本育英会奨学金 高校新規採用者数・合計受給率 | | | |
|---|---|---|---|---|---|---|---|
| | | | | 合計 | 一般貸与 | 特別貸与 | 合計受給率 |
| 1952 | 44,370 | 23,191 | 52.3% | 801 | — | — | 3.45% |
| 1953 | 46,640 | 23,944 | 51.3% | 1,000 | — | — | 4.20% |
| 1954 | 42,101 | 23,179 | 55.1% | 1,125 | — | — | 4.90% |
| 1955 | 48,755 | 26,926 | 55.2% | 1,109 | — | — | 4.10% |
| 1956 | 55,228 | 30,465 | 55.2% | 1,117 | — | — | 3.70% |
| 1957 | 60,774 | 33,929 | 55.8% | 1,131 | — | — | 3.30% |
| 1958 | 58,567 | 34,321 | 58.6% | 1,253 | 1,102 | 151 | 3.70% |
| 1959 | 64,431 | 38,359 | 59.5% | 1,382 | 1,184 | 198 | 3.60% |
| 1960 | 55,026 | 33,826 | 61.5% | 1,143 | 962 | 181 | 3.40% |
| 1961 | 46,366 | 30,326 | 65.4% | 1,441 | 1,037 | 404 | 4.80% |
| 1962 | 61,610 | 42,661 | 69.2% | 1,218 | 844 | 374 | 2.90% |
| 1963 | 85,707 | 61,812 | 72.1% | 1,350 | 942 | 408 | 2.18% |
| 1964 | 78,442 | 59,539 | 75.9% | 1,035 | 696 | 339 | 1.74% |
| 1965 | 80,413 | 62,614 | 77.9% | 1,032 | 674 | 358 | 1.65% |

出典：神奈川県（1971），『日本育英会年報』（各年度版）より作成.

るだろう.

## 4　まとめ——高度経済成長初期段階の進学支援制度とその意味

　高度経済成長初期において，義務教育後の進学のための学費負担を支援する国の制度として，日本育英会による奨学金制度と母子福祉資金による修学資金が存在した．これらの制度は，当時の社会制度の全体状況において，子どもの進学経費のために利用できる制度が他にないなかで，低所得世帯及び母子世帯の進学希望者にとって重要な社会的意味をもっていた．最後に，神奈川県を事例にしながら，この2つの制度のもっていた歴史的意味を考えてみたい.

　神奈川県において，高度経済成長期初期の高校進学の状況と日本育英会奨学金の高校段階ので新規採用者数の推移をみたものが**表6-7**である．神奈川県では，1950年代後半から1960年代前半に高校進学率が急速に拡大する一方で，日本育英会奨学金の新規採用者数はそれに見合うだけの増加はみられず，受給率も低下傾向にあったことがわかる．つまり，日本育英会の奨学金事業は，急速な進学者の量的拡大に間に合っていない状況にあった．特に，1958年に特

表 6-8　日本育英会奨学金と「修学資金」の対象者の関係

| | | 狭義の学費の一部を家計が負担できる世帯 | 狭義の学費を全く家計が負担できる世帯 | 広義の学費をも家計が負担できない世帯 |
|---|---|---|---|---|
| 学力 | 上 | 育英会，一般 | 育英会，特別 | |
| | 中 | 育英会，一般 | | |
| | 下 | 母子福祉 | | |

出典：神奈川県（1963：92）第 107 表.

別貸与制度が創設されてからは，一般貸与制度での新規採用人数は減少傾向にあった．つまり，能力基準による奨学金貸与者の選考が重視されるようになっており，そのことは，経済的に厳しい環境にある家庭の進学希望者が不利になっていたことを意味している（特別貸与制度は，経済的理由も考慮される制度であったが，社会階層論の観点から，経済的に不利な環境にある子供は学力形成にも不利な状況に置かれること，つまり，教育格差による学力格差を視野に入れて考えれば，学力要件が重視されることそのものが問題をもつこととなる）．

　このことについて，『昭和 37 年度 福祉資金行政実態調査報告』では，**表 6-8** とともに，高校進学可能な学力を前提とした学力の状況と家計の経済的状況の関係について，「育英会一般奨学生制度のカバーする範囲は，学力上および中で狭義の学費の一部を家計が負担できる世帯にほぼ限られ，特別奨学生制度は，学力上で狭義の学費を全く負担できない世帯カバーする．のこる領域のうち，学力下で，狭義の学費の一部を家計で負担できる世帯を，母子福祉資金がカバーしている」（p. 92）として日本育英会の 2 つの制度と母子福祉資金の「修学資金」の利用対象者の特性が整理されている．学力が高ければ，日本育英の奨学金が利用できるが，日本育英会の求める学力要件を満たせない場合には，経済的要件のみで利用できる「修学資金」を利用することになるという整理である．

　このことから，高度経済成長初期に存在した進学経費の支援を目的とする 2 つの制度は，対象者の学力を主な要件として，すみ分けがなされていたといえる．日本育英会の奨学金が能力基準に傾斜するなかで，学力を要件としない「修学資金」が母子世帯を対象に進学希望者の経費負担を底支えする意味をも

表6-9　学歴別初任給の推移　(単位：円)

| 年 | 男　子 | | | 女　子 | | |
|---|---|---|---|---|---|---|
| | 大学卒 | 高校卒 | 中学卒 | 大学卒 | 高校卒 | 中学卒 |
| 1955 | 10,657 | 6,600 | 4,092 | 9,500 | 6,000 | 3,894 |
| 1956 | 10,780 | 6,710 | 4,210 | 9,760 | 6,250 | 4,020 |
| 1957 | 10,880 | 7,080 | 4,670 | 8,960 | 6,330 | 4,550 |
| 1958 | 11,790 | 7,210 | 4,840 | 10,550 | 6,410 | 4,560 |
| 1959 | 12,190 | 7,440 | 5,140 | 11,080 | 6,700 | 4,750 |
| 1960 | 13,080 | 8,160 | 5,910 | 12,520 | 7,300 | 5,590 |
| 1961 | 15,690 | 9,840 | 7,300 | 15,120 | 8,690 | 6,790 |
| 1962 | 17,815 | 12,520 | 9,000 | 16,102 | 11,100 | 8,990 |
| 1963 | 19,380 | 13,170 | 9,890 | 18,160 | 12,340 | 9,790 |
| 1964 | 21,190 | 15,110 | 11,470 | 19,382 | 13,940 | 10,980 |
| 1965 | 22,980 | 16,430 | 13,190 | 21,740 | 15,670 | 13,330 |

出典：東洋経済新報社 (1991：57).

っていたとみることができるだろう．このことは，現在からみた当時の「修学資金」の歴史的意味として重要である．

　そして，さらに本章において注目したいことは，高校及び大学に進学が可能であれば，「貸与を受けて進学する」ことは，当時の母子家庭にとっての積極的な選択としてあったとみることができることである．なぜなら，「福祉資金行政実態調査」において，資金を借りることについて「借りることへの恥ずかしさ」「借りていることへの気まずさ」を尋ねたそれぞれの設問に対する「修学資金」利用者の回答結果をみると，前者について約9割は「恥ずかしさはない」（87.9％）とし，後者についても8割は「（気まずさは）全然ない」（82.8％）としていた．また，既にみた通り，貸与を受けて進学した者の返済の見通しは肯定的であった．

　一般に，低所得者においては，貸与制度の利用に対して返済負担を危惧して利用を控える，つまり借金を忌避する，いわゆる「ローン回避」が生じることが指摘されており，進学においても，「借金をしてまで進学するかどうか」が論点となる（小林 2008）．本章での二次分析を通じた検討結果は，貸与制度の「修学資金」の利用者，つまり借金をして進学した人たちのデータであることの限界はあるが，「ローン回避」ではなく貸与制度に対して，積極的で前向きな利用者の姿がみられる結果であった．

130——第Ⅱ部　人びとはいかに厳しい状況からの脱却を図ったか

それでは，このような状況はなぜ生じたのであろうか．そこには，初期とは
いえ，その後の高度経済成長につながる経済状況のなかで，貸与を受けてでも
進学することの具体的な利益が可視化され，共有されていたのではないだろう
か．

　**表6-9**は，1955年から1965年にかけての学歴別初任給の推移をみたもので
ある．当時の日本社会には学歴による賃金差が大きく存在し，上級学校へ進学
することが経済的利益につながることがみえやすく，進学したほうが有利であ
ることが実感しやすい状況にあったことがわかる．さらに，**表6-9**が示すよう
に毎年の賃金の上昇がみられたなかで，進学のための経費を借り受けたとして
も返済負担は大きなものではないと感じやすい状況にあったのではないかと推
察される．さらに，賃金の上昇は，経済成長を背景とする社会全体の物価上昇，
インフレを伴うものであることから貸与金額の目減りも想定することができた
ものと思われる．つまり，高度経済成長初期という社会状況のなかで，経済的
な困難をもつ母子家庭にとって「修学資金」の利用は，利用者にとってより良
い将来に具体的につながる積極的で肯定的な借金としての意味をもっていたと
言える（このことは，貸与制度の日本育英会奨学金の利用も同じように考える
ことができる）．

　このことを制度構造としてみれば，高校や大学において授業料等の納付金を
一定水準の金額に設定した上で，経済的困難をもつ家庭は必要であれば貸与制
度（「修学資金」は母子家庭のみであるが）を利用して進学することで教育の
機会が確保される状況にあったとみることができる．そして，貸与制度は，肯
定的な意味をもっていた．別の言い方をすれば，高度経済成長初期に成立した
2つの貸与制度による進学資金の支援は，教育費支援のための社会制度として，
20世紀の成功モデルとして機能したとも言えるだろう．

　しかし，このことは，母子家庭を中心に経済的背景による進学格差の構造的
問題を隠蔽することにもつながった可能性も考えられる[5]．1990年代以降，
経済成長と賃金上昇が止まり，貸与型奨学金が進学のための借金として返済負
担が強く意識される状況が生じるなかで，21世紀には学費負担の在り方その
ものが問われることになる[6]．その背景にある，教育費負担に対する公的支援
制度の貧弱さは，高度経済成長初期に受け入れられ，20世紀の成功モデルと

して機能した制度構造が遠因になっていたと言えるかもしれない.

1) ここでの「大学・専門学校（旧制）」は，別枠である教育奨学生は含めていない.
2) ただし，特別貸与の家計基準の認定においては母子家庭の場合には，配慮されるものとされていた（日本育英会 1964：83）.
3) 日本育英会の「日本育英会年報」1952 年度版から 1969 年度版には，新規採用者のうち「父のいない者」の人数もしくは割合が示されている．その変化を示したものが表 6-10 である．高校生の一般採用では 1950 年代から 1960 年代を通じて 2 割以上が「父のない者」であり，高校の特別貸与，大学の一般貸与・特別貸与が時系列で「父のない者」の割合が低下していることと比較して高水準となっている．なお，日本育英会では「海外引揚者と父のない者については，選考の際，本会では特別の考慮を加えている」（日本育英会 1953：31）としていた.
4) 本章の分析は，二次分析研究会よりデータの利用許諾を得るとともに，同研究会での議論の成果である．記して感謝を示したい.
5) 2000 年代の「修学資金」を利用状況と分析する鳥山（2009）は，「日本ではこれまで，教育制度（奨学金，授業料制度）の中においても，貧困・低所得に対応してきた社会福祉制度（修学資金）の中においても，教育費問題を貧困問題との関連で議論してこなかった」（鳥山 2009：114）と指摘する．なお，2000 年代の「修学資金」の利用状況は，鳥山（2005；2008；2010）でも分析されている.
6) 授業料そのものの在り方が制度的に変更されたのは，高校においては 2010 年に制定された「公立高等学校に係る授業料の不徴収及び高等学校等就学支援金の支給に関する法律」（2014 年に「高等学校等就学支援金の支給に関する法律」に改正）による高校授業料の無償化制度の導入による．大学・専門学校については，2020 年に導入された「高等教育の修学支援新制度」において低所得出身学生に対する授業料・入学金等の減免が制度化されたことを挙げることができる.

［参考文献］

相澤真一・土屋敦・小山裕・開田奈穂美・元森絵里子，2016，『子どもと貧困の戦後史』青弓社.

岩永理恵・卯月由佳・木下武徳，2018，『生活保護と貧困対策——その可能性と未来を拓く』有斐閣.

香川めい・児玉英靖・相澤真一，2014，『〈高卒当然社会〉の戦後史』新曜社.

神奈川県，1963，『昭和 37 年度　福祉資金行政実態調査報告』.

————，1971，『統計神奈川県史　下巻』.

金川めぐみ，2012，「母子及び寡婦福祉法成立までの歴史的経緯」和歌山大学経済学会『経済理論』370: 1-26.

————，2023，『ひとり親はなぜ困窮するのか——戦後福祉法制から権利保障実現を考える』法律文化社.

菊池城司，2003，『近代日本の教育機会と社会階層』東京大学出版会.

**表 6-10** 日本育英会奨学金 各年度の新規採用者のうち「父の
ない者」の割合

(%)

| 年　度 | | 1952 | 1953 | 1954 | 1955 | 1956 | 1957 | 1958 | 1959 | 1960 |
|---|---|---|---|---|---|---|---|---|---|---|
| 高校 | 一般貸与 | 50.4 | 38.8 | 36.0 | 36.8 | 36.7 | 36.8 | 34.6 | 32.9 | 35.0 |
| | 特別貸与 | — | — | — | — | — | — | 47.9 | 43.8 | 34.0 |
| 大学 | 一般貸与 | 27.0 | 20.8 | 25.7 | 21.9 | 21.5 | 24.9 | 25.4 | 27.2 | 25.8 |
| | 特別貸与 | | | | | | | | | |

| 年　度 | | 1961 | 1962 | 1963 | 1964 | 1965 | 1966 | 1967 | 1968 | 1969 |
|---|---|---|---|---|---|---|---|---|---|---|
| 高校 | 一般貸与 | 28.4 | 24.1 | 24.2 | 26.8 | 26.5 | 25.9 | 23.8 | 22.4 | 24.0 |
| | 特別貸与 | 28.1 | 28.7 | 25.2 | 25.0 | 21.4 | 19.1 | 17.3 | 16.6 | 14.5 |
| 大学 | 一般貸与 | 25.3 | 22.7 | 20.8 | 17.0 | 15.9 | 16.9 | 13.2 | 13.1 | 11.9 |
| | 特別貸与 | 21.1 | 21.5 | 26.7 | 23.7 | 20.4 | 15.0 | 15.9 | 14.0 | 12.3 |

出典：日本育英会『日本育英会年報』各年度版.

小林雅之，2008，『進学格差——深刻化する教育費負担』筑摩書房.

小島庸平，2021，『サラ金の歴史——消費者金融と日本社会』中央公論新社.

厚生省，1964，『厚生白書』（昭和38年度版）.

日本育英会，1953，『日本育英会十年誌』.

————，1955，『日本育英会年報 昭和28年度』.

————，1960，『日本育英会十五年史』.

————，1964，『日本育英会二十年記念誌』.

————，1974，『日本育英会三十年史』.

————，『日本育英会年報』（昭和28年度から昭和42年度）各年度版.

白川優治，2008，「財政投融資と奨学金制度・政策の関係についての研究——有利子
　貸与奨学金事業と国民金融公庫「進学ローン」の創設における財政投融資の役割の
　検討」『ゆうちょ資産研究——研究助成論文集』16: 43-64.

鳥山まどか，2005，「貧困・低所得世帯への教育費支援——生活福祉資金貸付制度を
　中心に」『社会福祉学』46(1): 40-50.

————，2008，「母子家庭における教育費負担——母子福祉資金貸付制度からの考
　察」『子ども家庭福祉学』8: 1-10.

————，2009，「日本の教育費制度と貧困問題——修学資金制度の利用実態を通じて」『貧困研究』2: 105-115.

————，2010，「貧困・低所得世帯のための教育資金貸付——福祉的貸付制度からみた日本の教育費」『季刊 個人金融』5(1): 42-48.

東洋経済新報社，1991，『完本　昭和国勢総覧　第三巻』.

財政調査会編，1953，『國の予算——その構造と背景　昭和 28 年度予算 昭和 27 年度予算補正』.

# 7章

## 福祉貸付と医療保障

療養資金の機能と「ボーダー・ライン層」の健康

坂井　晃介

## 1　医療保障における貸付の役割

　社会の成員の基礎的な福祉に対して責任を負う福祉国家は，貧困層のための福祉を担うとともに，社会保険や社会権，ソーシャル・サービスを制度的中核に据えつつ，経済のマネジメントやガバナンスをも担う国家形態である（Gerland 2016＝2021：18-19）．産業化に紐づけられた経済成長に下支えされながら（Wilensky 1974＝1984；Esping-Andersen 1996＝2003），福祉国家は20世紀前半における大恐慌や戦争がもたらした大量失業や貧困問題に対応するために登場し，第二次大戦以後から1970年代にかけての高度経済成長期においては，より普遍的な人びとの権利を擁護するものとして急速に発展した．日本が西欧諸国と同様に福祉国家の形成を経験したのかについては議論があるが，戦後の大量失業や貧困問題への対応，1960年代以後の高度経済成長期における急速な社会保障制度の発展は，西欧諸国と共通した経験としてみなすことができる（金 2014）．

　福祉国家の複数の部門のなかでも，医療（health care）は福祉国家における最も重要な部門の1つであり，独自の保障体系を形成しているとさえいえる（Moran 2000；Rothgang 2021）．戦後日本においても，社会保障の中核として社会保険，公的扶助，公衆衛生，社会福祉が見出されたが（社会保障制度審議会 1950），特に社会保険制度の不備を要因とする医療機会の不平等が問題視され，「医療保障」の必要が主張された（社会保障制度審議会 1957）．

　医療保障とは，医療を受けた場合にその費用の支払いに困らないように社会

保険等の制度を設け，誰もが早期に受診・回復し，通常に生活を維持できるようにするための制度枠組みである（一圓 1993：210）．日本では国民に一定の医療水準を提供し人々の健康水準を維持するための概念として 1956 年ごろから用いられるようになったという（小山 1985：57）．制度自体の存続を図ることで精いっぱいであった 1940 年代から 1950 年の朝鮮戦争以後の特需を経て，社会保険制度の改善が可能となった際（田多 2009：117-118；金 2014：246-248），国民に包括的な医療をいきわたらせる「医療保障」が，所得保障とならぶ社会保障の理念として提示されたのである（一圓 1993：153-154）．この医療保障の中心には医療保険および医療扶助があり，これらによっては補いきれない部分にさまざまな社会サービス（福祉サービス）があるとされる（小山 1985：57；孝橋 1971：32）．

　特に国民皆保険体制が実現する 1961 年以前においては，医療保険に加入できない者や加入できても保険料を払えない者が多く存在し（田多 2009：133-134），これを補足する「社会サービス」の役割は大きかったと思われる．その中の 1 つに，社会福祉行政の一環として実施されてきた医療費貸付がある．これは医療費の支払いが難しい「ボーダー・ライン層」を対象とした貸付制度であり，福祉貸付の一種として知られる．医療費貸付制度は医療保障の必要が主張された国民皆保険直前の 1957 年に創設され，その後世帯更生資金貸付制度に「療養資金」として統合された．本章の目的は，この医療費貸付制度が，日本の福祉国家形成の一角を担う医療保障の枠組みが整備される途上においていかなる意義を有していたのかを，復元された社会調査データの分析を通じて明らかにすることである．

　世帯更生資金の福祉貸付としての位置づけや歴史的経緯，規範的含意などについては，これまで角崎（2012；2016）や佐藤（2016）によって網羅的な検討がなされてきた．その一方，福祉貸付の一種別である医療費貸付をめぐっては，制度的経緯や利用実態が考察されてきたものの（佐藤 2001；田中 2016 ほか），その歴史的意義についてはさらなる検討の余地がある．

　そこで本章では，1956 年 4 月から 1961 年 3 月までの 5 年間に神奈川県において世帯更生資金を借り受けた全世帯を対象に実施された「福祉資金行政実態調査」の復元データのうち，特に療養資金の利用実態を分析することで，医療

費の福祉的貸付が，戦後日本の医療保障，ひいては福祉国家形成にとっていかなる意義を有していたのかを考察する．

## 2　世帯更生資金と療養資金

### 2.1　制度概要

　世帯更生資金貸付制度（以下「世帯更生資金」）は，いわゆる世帯更生運動に端を発して1955年に創設された，国や都道府県の資金援助を基に都道府県社会福祉協議会が貸付を実施する貸付制度である．この制度は，「低所得者階層」に対して「適切な生活指導と援助とを与え，被保護階層への転落を防止し，進んで自力更生の方途を講ずる」ことを目的とする（「世帯更生資金制度要綱」一　趣旨）（全国社会福祉協議会 1964a：639-640）．ここでいう「低所得者階層」とは，生活保護受給層と同じか少し上のいわゆる「ボーダー・ライン層」にいる「働く貧困層」や低所得の世帯が念頭に置かれ，これらの独立世帯としての自律や更生を測ることが意図される（岩田 1990）．1990年には生活福祉資金貸付事業に名称が変更された（佐藤 2016）．

　世帯更生資金は，一方で生活保護法の適用を防ぐことが念頭に置かれており，他方で貸付という点では社会保険上の保険給付とも異なる（角崎 2016）．さらには一般金融市場など他の貸付とは異なる福祉を目的とした貸付である．つまり世帯更生資金は生活保護や社会保険では充たされないニーズに対処する社会福祉的金融として位置づけられている（岩田 1990）（詳しい創設の経緯や位置づけについては本書第II部第5章の角崎論文を参照）．

　創設時の資金種別は生業資金，支度資金，技能習得資金，生活資金の4種類であったが，1957年には本章が考察対象とする療養資金の前身となる医療費貸付制度が創設され，1961年には世帯更生資金貸付制度に統合される．医療費貸付制度の創設には，外生的要因と内生的要因があった．外生的要因としては第1に，1953年ごろからの生活保護費における医療扶助費用の急増がある（田中 2016：118）．とりわけ結核と精神疾患を抱える人の医療扶助単給が増加し，こうした人々が被保護層に固定化することが懸念された（岩田 2021：74；黒木 1955：11-14；厚生省社会局保護課 1981）．第2に，1954年からは第一次生活

保護適正化によって生活保護制度で補足できなくなった層が出現し，これに対処する必要にも迫られた（田中 2016：121）．内生的要因としては，世帯更生資金の貸し付けを実際に行ってきた民生委員による知見の蓄積がある．そこでは「本人又は世帯主の傷病疾病が，貧困の最大の原因である」という実践に基づく知見が医療費貸付を後押しした（全国社会福祉協議会 1964a：651）．

　そうして 1957 年に創設される医療費貸付制度は，「[…] 社会保険等の対象外にある者及び社会保険等の対象にはなっているが医療費の一部負担を必要とする者」や「[…] 必要な時に必要な医療が受けられず徒に症状を悪化させ，貧困の極地に落ち込む […]」者を対象に，「[…] 必要な医療費の貸付を行い，被保護階層に転落することを防止」することが目指された（「低所得者に対する医療費貸付制度要綱」一　趣旨）（全国社会福祉協議会 1964a：652-653）．医療費に焦点を当て，ここでも生活保護の受給者よりも少し上の「ボーダー・ライン層」の傷病による「転落」を防ぐことが制度の中核的目的となっている．世帯更生資金制度に「療養資金」として追加された際には，6 カ月以内に治癒する見込みのある傷病があり，治療期間中の収入状況では医療費の支払いが不可能であり，貸付額を 5 年以内で返済しうると認められるものを貸付対象者とした（全国社会福祉協議会 1964a：653）．創設時の貸付限度額は 5 万円である．その後この金額は 1965 年に 10 万円，1967 年に特別限度額 15 万円，1979 年に15 万円（特別限度額 20 万円）と順次引き上げられた[1]．

　療養資金貸付件数・金額の推移（**図 7-1**）をみると，療養資金の貸付件数（折れ線グラフ）は制度設立直後の 1950 年代末に最も多く，その後国民皆保険成立以後一気に減少していく．しかし貸付金額（面グラフ）でいえば 1960 年代後半に大きく増加し 1973 年に高額療養費制度が作られたられたのち，1970年中ごろには再び落ち着いていく．その後も，他の医療保障制度の形成に相即するかたちで利用状況が大きく変わってきたことがうかがえる[2]．

　他方で，上述した制度成立の事情からすると，世帯更生資金の制度実践にとっては生活保護制度との棲み分けも重要である（角崎 2012：120）．実際，民生委員たちは制度上の棲み分けをそのまま実践し保護世帯の被保護世帯化を防ぐことに自身の存在意義を見出したわけではなかったという．現場レベルでは1953～1954 年時点での世帯更生運動の対象は被保護世帯であり（角崎 2012：

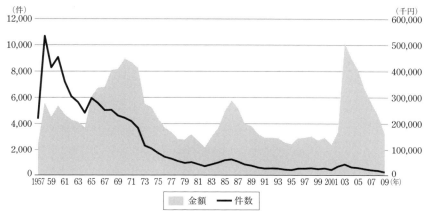

図7-1 療養資金貸付件数・金額の推移
出典：厚生省世帯更生資金貸付制度基本問題検討委員会（1989）および厚生労働省社会・援護局地域福祉課（2010）より筆者作成．

127），民生委員は「貸付か／給付か」を決める一定の裁量を有していた（角崎 2012：132）．

　しかし資金の種類ごとで世帯のニーズが異なることを踏まえれば，こうした他の制度との棲み分けは資金区分ごとで個別に検討する必要があるだろう．なかでも療養資金は，上述した通り医療保障の中核である医療保険や医療扶助を補完する役割が理論的には期待されるが，そうではない形で貸付が実践されていた可能性もある．

2.2　「福祉資金行政実態調査」における療養資金データの概要

　以上のような制度状況を踏まえ，本章では神奈川県が行った「福祉資金行政実態調査」のうち療養資金に関するデータの分析を行う．この調査は1962年7月に行われ，1956年4月から1961年3月までの5年間に神奈川県において母子福祉資金制度を借り受けた全世帯（2964世帯）および世帯更生資金を借り受けた全世帯（2468世帯）の合計5432世帯を対象として実施された．民生委員が対象世帯を訪問し，世帯主もしくはそれに代わる者に調査票に従った聞き取り調査を行い，調査者が記入した．有効回答数は母子福祉資金調査で2314世帯（回収率78.1％），世帯更生資金調査で1967世帯（回収率79.7％）

| F 療養資金借受者 | 1 診療所の種別 | | 3 傷病名 | | 6 療養期間中収入は | | | | | | |
|---|---|---|---|---|---|---|---|---|---|---|---|
| | イ 社会福祉事業法適用病院 | | 4 治療日数 　　　　日 | | イ 減つた 　ロ 減らない | | | | | | |
| | ロ 一般病院 | | 5 治療費はこの資金で足りましたか | | 減収分の処理 | | | | | | |
| | ハ 一般診療所 | | イ 足りた 　ロ 不足 | | イ できた 　　　ロできない | | | | | | |
| | ニ 歯科診療 | | 不足分の支払方法 | | 1 | 2 | 3 | 4 | 5 | 1 | 2 |
| | 2 入院通院の別 | | 1 国保 | 2 日雇健保 | 借金 | 自己手持金 | 一時した療養資金を | した療養資金を | 「生活資金」を | りたがなお不足「生活資金」を | その他 |
| | イ 入院 | | 3 それ以外の会社 | 4 生活療保扶助 | | | | | | | |
| | ロ 通院 | | 5 自己手持金 | 6 借金 | | | | | | | |
| | | | 7 その他 | | | | | | | | |

図7-2 療養資金の

であった．そのうちの世帯更生資金調査では，資金区分別にみると療養資金利用者が654件（全体の33.2%）であり，生業開始（785件，39.9%）についで多く，これに生業開始（392件，19.9%）および住宅（136件，6.9%）が続く．世帯更生資金の利用者の3割程度が療養資金を借り受けていたことになる（「福祉資金行政実態調査」についての詳細は本書序章を参照）．

　療養資金利用者についての調査項目を**図7-2**に示した．本章では療養資金借受世帯の基本情報やこの部分の調査データの分析により，1950年代末の医療保障の枠組みの中で療養資金はいかなる意義を有したのかを考察する．とりわけ，療養資金が制度創設の意図通りに①社会保険や生活保護で把捉できないニーズを拾い上げるものになっていたのか，および②被保護階層に「転落」することを防止し自立更生を促すものになっていたのかが調査データの分析の中心となる．これは他の医療保障制度の運用状況や民生委員の働き[3]にも関連するが，本章では他の医療保障制度との関係から，実際に人々が療養資金をどのように使っていたのかを明らかにしたい．

　以下でまず，第3節において療養資金の利用者の社会保険の利用状況を確認する．特に就労状況を確認することで，社会保険で覆いきれない人たちに対する医療保障として療養資金が機能していたのかを明らかにする．続いて第4節では，生活保護受給者と療養資金利用者の重複の有無を確認する．療養資金利用者の中での生活保護受給状況（受給した扶助の種類，タイミングなど）をみることで，療養資金利用者がボーダー・ラインのどのあたりにいるのかを示す．最後に第5節では，療養資金利用者の傷病について検討する．

| 7 治療の状況 | | | | その理由（ハニと答えた人） | | | | | | 8（全治した人）就職しましたか | | その収入は？ | | | 9 返済の実際 | | 10 返済の見通し | | | | その理由（ロハニ） | | |
|---|---|---|---|---|---|---|---|---|---|---|---|---|---|---|---|---|---|---|---|---|---|---|---|
| イ | ロ | ハ | ニ | 1 | 2 | 3 | 4 | 5 | | イ した | ロ しない | イ | ロ | ハ | イ | ロ | イ | ロ | ハ | ニ | 1 | 2 | 3 |
| 全治した | 医師の指示通り治療している | 思うように治療できない | 中途でやめた | 治療費不足 | 働かなければならない | 家族の面倒をみなければ | なった治療がおくれ手遅れと | その他 | | | | 前よりよい | 前と同じ | 前より悪い | 申請通り返した（ている） | 申請よりおくれた（ている） | 申請通りできると思う | おくれるができると思う | 返済がむずかしい | わからない | かかった治療費が申請より多く | 不時の出費 | その他へ |

質問項目

# 3 社会保険と療養資金

1961 年に始まる国民皆保険は，被用者医療保険と国民健康保険の組み合わせによって実現した．被用者健康保険はさらに健康保険，船員保険，日雇い労働者健康保険，私立学校教職員共済組合，国家公務員共済組合，公共企業職員等共済組合，地方公務員等共済組合などによって構成されるが，歴史的には1920 年代から徐々に拡充されていった．1922 年に工場労働者等を対象とした健康保険法が制定され（1927 年施行），その後 1953 年の改正を経て農林水産業およびサービス業従事者を除いてほとんどの業種が適用対象となった（田多2009：118）．対して国民健康保険についても，1938 年の国民健康保険制定時は農民の困窮救済が対象であったが，1948 年の改正で保険者は組合から市町村に移され強制加入原則が定着し，1958 年の全面改正法では 1961 年 4 月までにすべての市町村に国民健康保険事業の実施・運営することが義務付けられた．これにより，被用者保険の適用者等でない限り国民は強制加入となった（島崎2011；2014）．このように日本の国民皆保険は，職業ベースの強制加入保険を組み合わせることで成立した．

本章が扱う「福祉資金行政実態調査」はこうした国民皆保険が実現する直前の時期における利用実態を対象とした調査である．1950 年代後半においては，自営業者についても被用者についても医療保険制度の未適用問題が指摘されている（田多 2009：133–135）．国民健康保険は市町村による公営かつ強制加入となったが，保険事業の設立自体は任意であったため，未実施市町村が全体の 4

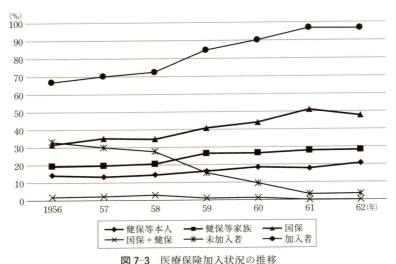

図 7-3 医療保険加入状況の推移
出典：厚生省大臣官房統計調査部（1956a-1962a）をもとに筆者作成．

割ほどであった．特に大都市では未実施の自治体も多かったため，自営業者たちに未加入者が多数存在したという．他方で被用者についても，5人未満の事業所は任意適用のため零細企業の従業員の多くは未加入であった．それゆえ1950年代後半時点で国民の約3分の1が無保険者であった．

　神奈川県における国民健康保険実施開始時期をみると（神奈川県 1961：18-98），1956年4月の時点で実施されていなかったのは横浜市，横須賀市，川崎市，鎌倉市，逗子市，葉山町である．小田原市などのように1950年代初頭からすでに実施し高い徴収率を維持した地域もあったが（中村 2009：229-232），市部では導入が相対的に遅く，横浜市は1961年4月，横須賀市は1956年11月，川崎市は1958年11月に保険事業を開始した．こうした実施のタイミングや徴収率がこの時期の「ボーダー・ライン層」における貧困の原因であるという見方もある（横山 1991：134）．つまり皆保険以前においては医療保険加入状況がまちまちであるがゆえに「社会保険制度でカバーし得ない底辺層が膨大に存在しており，これらが一歩間違えば生活保護の被保護世帯となる可能性の高いボーダーライン層として社会問題化していた」のである（田多 2009：138）．

　1956年から1962年までの全国の医療保険加入者状況の推移をみると図7-3

表 7-1  利用者の業種・属性  （%）

| 業　種 | 件　数 | 比　率 |
|---|---|---|
| 第一次産業 | 36 | 5.5 |
| 第二次産業 | 42 | 6.4 |
| 第三次産業 | 89 | 13.6 |
| 中高大在学 | 54 | 8.3 |
| 0-12 歳 | 101 | 15.4 |
| 65 歳以上 | 25 | 3.8 |
| 無業・記載なし | 307 | 46.9 |
| 合　計 | 654 | 100.0 |

表 7-2  利用者の年齢構成  （%）

| 年　代 | 件　数 | 比　率 |
|---|---|---|
| 0-9 歳 | 65 | 9.9 |
| 10 歳代 | 125 | 19.1 |
| 20 歳代 | 89 | 13.6 |
| 30 歳代 | 92 | 14.1 |
| 40 歳代 | 134 | 20.5 |
| 50 歳代 | 88 | 13.5 |
| 60 歳代 | 42 | 6.4 |
| 70 歳代 | 9 | 1.4 |
| 80 歳代 | 4 | 0.6 |
| 不　明 | 6 | 0.9 |
| 合　計 | 654 | 100.0 |

表 7-3  適用医療保険の推計  （%）

| 適用保険 | 件　数 | 比　率 |
|---|---|---|
| 国保（世帯主） | 125 | 19.1 |
| 国保（家族） | 204 | 31.2 |
| 健保（本人） | 54 | 8.3 |
| 健保（扶養者） | 255 | 39.0 |
| 不　明 | 16 | 2.4 |
| 合　計 | 654 | 100.0 |

のようになる．未加入者は 1958 年まで 30% ほど存在し，そこから徐々に減少していることが読み取れる．

　この点を「福祉資金行政実態調査」から確認してみよう．まず調査データ中療養資金利用者のいる世帯を福祉事務所別にみると，横浜市（288 件，44.0%）が最も多く，次いで横須賀市（79 件，12.1%）と川崎市（76 件，11.6%）が続いている．比較的都市部での利用者が多く，国民健康保険が未実施の自治体が大半を占めている．

　次に，療養資金利用者（実際に治療を受けた者）を業種・属性別にみたのが表 7-1 である．未就業者（子ども・学生）と無業・記載なしが非常に多いことがわかる．年代別にみると（表 7-2），10 歳代以下が 30% 近くを占めている．家族（特に子ども）の傷病によって世帯主に経済的な余裕がなくなり，療養資金を借りたケースを想定することができるだろう．産業別にみると第三次産業

7 章　福祉貸付と医療保障——143

表7-4 調査時点での世帯主の勤め先企業規模 (%)

| | 受給件数 | 比　率 |
|---|---|---|
| 5 人未満 | 76 | 23.2 |
| 5 人以上 | 252 | 76.8 |
| 合　計 | 328 | 100.0 |

表7-5 調査時点での世帯主以外の勤め先企業規模 (%)

| | 受給件数 | 比　率 |
|---|---|---|
| 5 人未満 | 70 | 16.8 |
| 5 人以上 | 347 | 83.2 |
| 合　計 | 417 | 100.0 |

が多い．自営もしくは零細企業の従業員が中心である可能性が示唆される．

　続いて医療保険の加入状況で分類したのが**表7-3**である．「福祉資金行政実態調査」の質問項目には医療保険加入状況が含まれていないので，本人の従業上の地位・職業，世帯主の従業上の地位・職業から再コーディングした．上述した通り実際には未加入者が多く存在したが，ここではもし加入するとすればどの医療保険が適用されるかを推計している．

　これをみると，国民健康保険および健康保険（扶養者）の対象になるものが全体の90％にまでのぼっている．当時健康保険（本人）は給付率100％でありそれ以外が50％であることを考えると，社会保険での十分な給付が相対的に得られない者（あるいは未加入の者）が療養資金利用者の中心であったことが推測される．

　続いて，療養資金利用者世帯の世帯主および利用者本人の企業規模について確認する（**表7-4**，**表7-5**）．上述した通り健康保険は5人未満の事業所の場合任意適用となっていたため，未加入者が多く存在した．働いている療養資金利用世帯の成員745人のうち勤務先の企業規模が5人未満であるのは146人（20％程度）であった．このことから，1950年代末の神奈川県における療養資金利用世帯の成員の一部は，世帯主かそれ以外かを問わず医療保険未加入者であった可能性が高い．だとするならば，療養資金は一定程度社会保険の間隙を埋める機能を果たしていたことになる．

## 4　生活保護と療養資金

　続いて，生活保護制度利用状況との関係から療養資金の役割についてみてみよう．

表7-6　資金区分別生活保護受給割合 (%)

| | 生活保護あり | 生活保護なし | 合　計 | 受給率 |
|---|---|---|---|---|
| 生業開始 | 103 (194) | 288 | 391 | 26.3 |
| 生業継続 | 193 (326) | 590 | 783 | 24.6 |
| 住　宅 | 29 (61) | 105 | 134 | 21.6 |
| 療　養 | 100 (165) | 550 | 650 | 15.4 |
| 合　計 | 425 (747) | 1533 | 1958 | 21.7 |

注：不明除く．カッコ内はのべ受給件数．

　生活保護制度は「充当順位」という考え方から成り立っている．これは世帯収入を 8 つの扶助分類にしたがってあてはめていき，不足する費用に対応するというものである（岩田 2021：71-72）．8 つの扶助とは①生活扶助②住宅扶助③教育扶助④介護扶助⑤医療扶助⑥出産扶助⑦生業扶助⑧葬祭扶助である（④介護扶助は 2000 年創設）．これらのうち①の生活扶助とそれ以外の間には大きな違いがある．①に満たない収入は生活困窮を意味するが，ほかの扶助は「支出増によって最低生活費を割ることを防止する」性格を有しているからである（籠山 1978：153-154；岩田 2021：44, 72）．それゆえ当該の世帯が①のみあるいは①と②〜⑧を組み合わせて受給しているのか，②〜⑧のみをそれぞれ個別に受給しているのかによって，当事者の困窮の度合いも大きく異なる．前者はより深刻な困窮を意味し，後者は最低生活費を超える収入を得られている生活状況が想定される受給パターンである[4]．

　療養資金をはじめとする世帯更生資金は，上述したように被保護層への「転落」の防止がその目的に据えられていたものの，実際には被保護世帯も世帯更生運動の対象となっていた．「福祉資金行政実態調査」で得られたデータからは，こうした棲み分け状況を確認するとともに，特にどのような生活保護受給者が借り受けていたのかを推測することができる．本調査では，調査対象者が貸付の前後に生活保護を受けたか（「うけた」もしくは「うけない」），どの種類の保護を受けたか（上述の 8 つの扶助に介護扶助を除いた 7 種），いつ受給を開始し終了したのかについて尋ねている．

　表7-6 は資金区分別の生活保護受給割合を示したものである．全体でみると何らかの扶助を受けた世帯は 1967 世帯中 425 世帯（21.6%）である．これは調査期間中の経験の有無を尋ねたものなので単純比較はできないが，1958 年

7 章　福祉貸付と医療保障——145

表7-7 生活保護受給者中の資金区分別生活扶助割合 （%）

|  | 生活扶助あり | 生活扶助なし | 合　計 | 生活扶助率 |
| --- | --- | --- | --- | --- |
| 生業開始 | 81 | 22 | 103 | 78.6 |
| 生業継続 | 136 | 57 | 193 | 70.5 |
| 住　宅 | 22 | 7 | 29 | 75.9 |
| 療　養 | 57 | 43 | 100 | 57.0 |
| 合　計 | 296 | 129 | 425 | 69.6 |

注：不明除く．

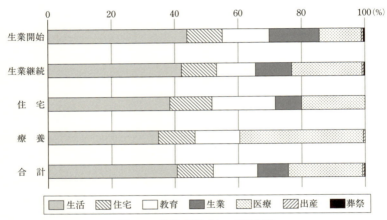

図7-4　扶助分類ごとの受給割合

における全国の世帯保護率が2.78%，神奈川県の世帯保護率が2.58%であることを踏まえると（厚生省五十年史編集委員会編 1988：824；神奈川県 1958：288），療養資金借受世帯には同時期の世帯平均に比べて困窮度の高い世帯が多かったことが推測できる．貸付区分別では，生業開始（26.3%）や生業継続（24.6%）に比べ，療養資金利用者の場合生活保護受給経験がある世帯が相対的に少ない（15.4%）[5]．生活扶助の有無でみた場合にも（**表7-7**），療養資金利用世帯において，顕著に生活扶助受給率が低い．扶助分類別では，療養資金借受世帯において特に医療扶助の割合が高い（**図7-4**）．以上を踏まえると，療養資金利用世帯は被保護層と一部重なるが，困窮の度合いはほかの資金区分受給者よりも低く，傷病の治療を主要な目的とした世帯が中心であったことが示唆される．

表 7-8　生活保護受給のパターン

| 受給パターン | 貸付と受給のタイミング | 件　数 |
|---|---|---|
| ①切替型貸付 | 受給開始→受給終了→貸付 | 44 |
| ②生保補足型貸付 | 受給開始→貸付→受給終了<br>貸付と受給が同時 | 16 |
| ③先行型貸付 | 貸付→受給 | 37 |
| ④その他・不明 | 受給開始→受給終了→貸付→受給開始など | 3 |
| 合　計 | | 100 |

　しかし生活保護の受給経験がある世帯にとって療養資金がいかなる意味を有していたのかは，貸付に対する生活保護受給のタイミングによって異なりうる．もし貸付以前に生活保護を受給し受給終了後に貸付を開始していた場合には生活保護から貸付への切り替えとなり，生活保護給付の抑制や「適正化」が実際に実現されていたことになる（角崎 2012：121）．逆に療養資金の貸付が先行しているとすれば，貸付では生活状況が改善せず生活保護を受給したことになる．

　療養資金利用世帯中，生活保護受給の経験がある全 100 世帯について受給のタイミングを確認したところ，おおむね 3 つのパターンがあることが明らかとなった（**表 7-8**）．①切替型貸付は，生活保護受給開始→受給終了→貸付というパターンであり，扶助終了後生活が上向き，療養資金へ「脱出」しているケースや，医療扶助による治療を終えたのちに改めて費用のかかる傷病が発生したケースなどが想定できる．②生保補足型貸付は受給開始→貸付→受給終了もしくは貸付と受給が同時のパターンであり，扶助では足りない分を療養資金で補填しているケース等が考えられる．③先行型貸付は，貸付が受給に先行しているパターンであり，扶助の受給以前から療養資金の貸付を受けており，返済を続けながら受給に至ったケースだろう．件数をみると，パターン①切替型とパターン③先行型が多いことがうかがえる．

　具体的な貸付と受給の関係を詳細に明らかにすることは困難だが，傷病の特徴や民生委員による自由回答記述をみると，世帯の状況が断片的にみえてくる．例えば以下のようなケースである．

ケース1

受給パターン：①

貸付年月：1961年1月

貸付金額：4万5000円

4人世帯：父親50歳代（製造），母親50歳代（職なし），次男20歳代（製造），次女10歳代（慢性循環器系疾患）

借受時の世帯収入：2万円

生活保護：1952年8月〜1953年3月（医療扶助）

治療の状況：治療中

> 民生委員による所見
> 子供次女病気のため医療支払金を借りましたのですが申請してから許可になるまでの期間が一カ月以上かかりました．もう少し期間が短くなるようにお願いしたいと思っています．

ケース2

パターン：不明（②もしくは③）

福祉事務所：津久井郡

貸付年月：1958年10月

貸付金額：4万円

4人世帯：母親50歳代（農業），次男20歳代（日雇い・結核），5女20歳代，6女10歳代後半

借受時の世帯収入：1万6000円

生活保護：不明〜1962年6月（生活扶助）

治療の状態：全治

> 民生委員による所見
> 世帯員2男，○○氏永らく病気療養入院中昨年12月下旬退院以後自宅療養の上医療薬の購入と農業不作又本年6月までにて生活保護費の廃止にて現在の場合借入金の返還もおぼつかない状態で○○氏の医療も9月までは必要とのことで生活保護費の継続を必要とするものであります．

　4人世帯のケース1では，次女（10歳代）が慢性の循環器系疾患を患っており，貸付以前に医療扶助を受給している（パターン①先行型）．「慢性」と記載していることから，医療扶助もこの次女の病気を治療するために受給したものと推測できる．貸付金額も高額であり調査時点（1962年7月）でも治療中で

ある．医療費貸付制度の創設時，貸付対象者は「6カ月以内に治癒する見込みのある傷病」を抱える者だったが，このケースからは，療養資金が慢性疾患を持つ人を抱える世帯を含む，より幅広い「ボーダー・ライン層」に利用されていたことが示唆される．

ケース2は，母子世帯の次男が結核を患い，その治療のために療養資金を借り受けたものである．受給パターンは生活扶助の受給開始時期が不明なため正確には判断できないが，受給終了前に貸付を開始していることから，パターン②生保補足型かパターン③先行型と考えられる．生活扶助を受給していることからしても，ケース1に比べて困窮の度合いが高く，民生委員も生活保護の継続を主張している．医療費貸付制度や世帯更生資金貸付制度が想定していた層より明らかに「下層」の人びとによっても，療養資金は利用されていたことを示すケースである．

このように個々のケースからみれば，療養資金には傷病による被保護世帯への「転落」を防止するという制度発足時の役割だけでなく，被保護世帯からの「脱出」を援助するという役割が賦与されたことがうかがえる．

# 5　傷病と療養資金

療養資金借受世帯が社会保険に未加入・未適用世帯が中心であり，十分な医療費の保障を受けられていない被保護世帯と一部重なるような「ボーダー・ライン層」を含むとするならば，療養資金を用いて治療されていた傷病とはいかなるものであったのか．またそうした傷病は社会保険や生活保護の医療扶助によって主に治療されていた傷病とどの程度異なるものだったのか．

上述した通り1950年代には生活保護における医療扶助単給世帯の増加が医療費負担の面で問題視されたが，そこでは主に結核や精神疾患が多くを占めていた．それに対して社会保険（国民健康保険および被用者健康保険）においては呼吸器系の疾患が多い（厚生省大臣官房統計調査部 1962a；1962bほか）．そこで**図7–5〜図7–8**では，以上3つの疾患に加えて消化器系疾患を加えた4つについての1956年から1962年までの保険・扶助別割合を示した．

「福祉資金行政実態調査」が対象とする時期においては，生活保護において

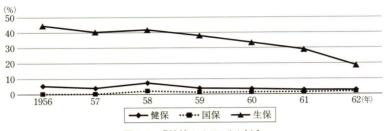

図7-5 「結核」カテゴリ割合

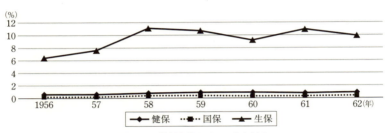

図7-6 「精神病」カテゴリ割合

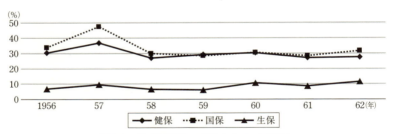

図7-7 「呼吸器系の疾患」カテゴリ割合

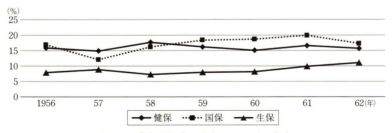

図7-8 「消化器系の疾患」カテゴリ割合

出典：すべて厚生省大臣官房統計調査部（1956a-1962a；1956b-1962b）を基に筆者作成.

**表 7-9** 療養資金利用者の傷病

| 疾病分類 | 件　数 | 比　率 |
|---|---|---|
| 伝染病および寄生虫病 | 48 | 8% |
| （結核） | 36 | 6% |
| 新生物 | 73 | 11% |
| アレルギー性疾患・内分泌系の疾患・<br>　物質代謝および栄養の疾患 | 3 | 0% |
| 血液および造血疾患 | 3 | 0% |
| 精神病・精神神経症および人格異常 | 15 | 2% |
| 神経系および感覚器の疾患 | 46 | 7% |
| 循環器系の疾患 | 50 | 8% |
| 呼吸器系の疾患 | 23 | 4% |
| 消化器系の疾患 | 167 | 26% |
| 性尿器系の疾患 | 43 | 7% |
| 正常分娩ならびに妊娠分娩および産褥<br>　の合併症 | 22 | 3% |
| 皮膚および疎性結合組織 | 8 | 1% |
| 骨および運動器の疾患 | 24 | 4% |
| 先天奇形 | 1 | 0% |
| 新生児の主要疾患 | 0 | 0% |
| 症状・老衰および診断名不明確の状態 | 0 | 0% |
| 不慮の事故・中毒および暴力 | 46 | 7% |
| 疾病でない特殊状態および診察 | 0 | 0% |
| 回復期保護，成形処置および補綴 | 0 | 0% |
| 記載なし・不明 | 82 | 13% |
| 合　計 | 654 | 100% |

「結核」は 40% 程度を維持し，「精神病」カテゴリは 6〜10% 程度を推移している．それに対して被用者健康保険および国民健康保険については「呼吸器系の疾患」が 30% 程度，「消化器系の疾患」が 15〜20% 程度である．

　「福祉資金行政実態調査」には傷病名を自由回答で記述する設問がある．そこでそこに書かれた回答を当時用いられていた傷病分類表に基づきコーディングし分類した（**表 7-9**）．「記載なし・不明」（82 件，13%)[6] を除くと，最も多いのは「消化器系の疾患」であり，それに「新生物」（癌），「伝染病及び寄生虫病」（結核を含む）が続いている．

　ここからは，療養資金利用者の傷病は，「結核」「精神病」ともに生活保護ほど多くはないが健保・国保ほど少なくもないことが読み取れる．他方，「消化器系の疾患」は社会保険利用者と比較しても多いのが特徴的である．自由記述

**表 7-10　借入金額の分布**

| 借入金額 | 件　数 |
|---|---|
| 4 万円以上 | 267 |
| 3 万円以上 4 万円未満 | 95 |
| 2 万円以上 3 万円未満 | 122 |
| 1 万円以上 2 万円未満 | 130 |
| 1 万円未満 | 40 |
| 合　計 | 654 |

からその内訳をみると，特に胃潰瘍および十二指腸潰瘍（48 件，7.3%），虫垂炎（45 件，6.9%）が多い．ちなみに「福祉資金行政実態調査」における療養資金利用者は80%（526）が入院治療であり通院治療が9%（59）である．

　続いて，傷病別の借入金額についてみてみよう．第 2 節でみた通り，医療費貸付制度は「ボーダー・ライン層」が傷病によって要保護層へ「転落」することを防止するために創設された制度であり，比較的軽度の傷病の治療が想定されていたといえる．借入金額でみると，**表 7-10** でみるように全体の 3 分の 1 以上が限度額である 5 万円に迫る金額を借り入れていることがわかる．

　これを傷病別でみてみると**図 7-9** のようになる．いずれの傷病についても 4 万円以上の借入が多くを占めるが，件数の多かった「消化器系の疾患」のみ，借入金額にばらつきがあることがわかる．症状の程度が重篤ではないものの，出費が必要となる疾患の特徴といえる．

　さらに，「福祉資金行政実態調査」ではこの療養資金の借入によって治療費をまかなえたかについての調査項目もある．その回答を**図 7-9** と同じ傷病分類に基づいてまとめたのが**図 7-10** である．「足りていない」と答えたのは 654 件中 449 件（68.7%）であり，基本的に傷病の治療にあたって療養資金では不足している．特に脊髄炎などの神経系の疾患において不足が生じているようである[7]．

　以上のような結果を 1960 年代以降の療養資金利用実態と比較してみよう．1969 年から 1970 年にかけて東京都社会福祉協議会によって実施された「世帯更生資金借受者実態調査」[8] では，1965 年から 1968 年において世帯更生資金を借り受けた世帯の実態が調査されている．そこでは具体的な傷病別の割合は定かでないが，療養資金利用者の傷病として「がん，心臓疾患，麻疹脳炎，胆石，脳出血，肺炎，骨髄炎，脳血栓，精神分裂病，黄だん」など「比較的重いもの」が挙げられており，「95% が入院治療している」という（東京都社会福祉協議会 1970：85-86）．借入金額は 5 万円以下が 31%，10 万円未満が 44%，10 万円以上（最高 15 万円）が 25% であった（東京都社会福祉協議会 1970：86）．

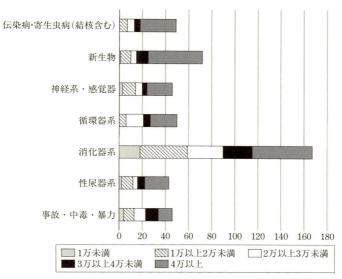

図7-9　傷病別借入金額

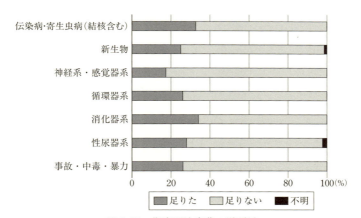

図7-10　傷病別治療費の過不足

上限引き上げに合わせて，借入金額も高額化していったことがうかがえる．他方，1979 年および 1980 年代の東京都社会福祉協議会による調査報告（東京都社会福祉協議会 1984-1988）[9] をみると，消化器系疾患の割合が大きい年度もあるものの，次第に「循環器系疾患」や「精神病・精神神経系・感覚器の疾患」や，「骨・運動器の疾患」なども増え始める [10]．

　こうした傷病の傾向を踏まえると，1950 年代末においては，1960 年代後半に比べると相対的に軽度の傷病の治療のために療養資金が利用されていた可能性が示唆される．つまりこの時期に消化器系の疾患のために療養資金の多くが用いられていたのは，医療保険未加入者が多い中で，虫垂炎・盲腸や胃潰瘍など突発的な傷病が「ボーダー・ライン層」にとっての経済的な打撃になっていたため，療養資金がそれに対処する手段になっていたためであると考えられる [11]．その後，皆保険が実現してから 1973 年に高額療養費制度が創設されるまでの間においては社会保険の自己負担分が高額になってしまうような重度の傷病のための治療費も療養資金で賄われるようになり，創設後は資金利用者の 7 割が 40〜60 代となるなど，中高年の疾病に対処する制度として位置づけられていく（東京都社会福祉協議会 1988：38）．こうした療養資金利用者本人の年齢傾向は**表 7-2**（第 3 節）でみた「福祉資金行政実態調査」の利用者年齢分布と対照的である [12]．

　こうした傷病の傾向は，第 4 節でみた生活保護との関係を考えるうえでも示唆的である．第 4 節では，生業資金借受世帯のほうが療養資金借受世帯に比べて生活保護を受給してきた傾向にあることをみた．実際，生業資金を借り受ける際にもそのきっかけは傷病にあることが多い．例えば 1963〜1964 年実施の全国社会福祉協議会による調査結果においては，肺結核などを患って長期入院し生活保護の対象になるが治療を終え，そののちに生業資金を借り入れて事業を始めるというケースが非常に多くみられた（全国社会福祉協議会 1964b：10-12）．療養資金利用世帯でも第 4 節でみたケースのような重篤な傷病の治療のために用いられる場合もあったが，生活保護を受給していない場合，1950 年代末の主要な用途はむしろ突発的な傷病や中程度の傷病の治療のために利用されていたと考えられる [13]．

154——第Ⅱ部　人びとはいかに厳しい状況からの脱却を図ったか

# 6 結 論

本章では，「福祉資金行政実態調査」の復元データを分析することを通じて，1950 年代末の医療保障の枠組みの中で世帯更生資金における療養資金はいかなる意義を有したのかを，社会保険や生活保護との関係や，治療される疾病の特性から考察してきた．とりわけ①社会保険や生活保護で把捉できないニーズを拾い上げるものになっていたのか，②被保護階層に「転落」することを防止し自立更生を促すものになっていたかについて検討した．

その結果まず①については，療養資金は社会保険で医療費が相対的にカバーされづらい人たちに多く利用されていることが明らかとなった．特に属性としては国民健康保険適用者や被用者健康保険の世帯員適用者など，調査時点で加入していたとしても給付は少なく未加入である可能性も高い人びとが療養資金利用者に多いことが示された．また傷病の特殊性からしても，生活保護受給者に多い結核や精神疾患でも社会保険による治療に多い呼吸器系の疾患よりも，「ボーダー・ライン層」が生活困窮に陥る原因となるような突発的な消化器系の疾患に対処するために用いられる傾向にあった．しかし利用世帯の 7 割が資金不足を指摘していることからして，療養資金がニーズを完全に充たしていたともいえない．さらに②については，療養資金の対象は必ずしも現状「転落」を免れている「ボーダー・ライン層」のみに限定されているわけではなく，一定程度は要保護層および被保護層をも含んでいた．個別ケースの検討からも示唆される通り，療養資金は「自立を促進する」という側面と「要保護から脱出させる」という機能の二重性が見受けられる．

しかし留意しなければならないのは，世帯更生資金の利用状況は地域によって大きく異なる可能性があるということである．対象となる所得水準は都道府県で異なり，地域ごとの世帯構成にも関わっている．上述した通り「福祉資金行政実態調査」は神奈川県を対象としており，データ中療養資金借受世帯の 4 割は横浜市であった．その点，本章の分析は 1950 年代末における都市部の利用実態における一事例として限定的にとらえる必要がある．

とはいえ本章の知見は，1950 年代末という皆保険成立直前期において，福

祉貸付としての療養資金が「ボーダー・ライン層」と要保護階層にまたがる人びとの医療アクセスを部分的に可能にするという役割を一定程度果たしていたことを示すものではある [14]．日本の福祉国家の中核をなす医療保障の歴史的形成過程を明らかにしていくうえでは，以上のように社会保険や医療扶助と，療養資金をはじめとした「その他社会サービス」がいかに連関しその関係を変化していったのかを，実態に基づいて局所的に明らかにしていくことが求められるだろう．

1) 消費者物価指数（持家の帰属家賃を除く総合）からすれば，1957年の物価は2020年の5.8倍，1965年は4.2倍，1967年は3.8倍，1979年は1.5倍である（2020年基準消費者物価指数より）．よって医療費貸付制度創設時において5万円の貸付限度額は今日では30万円程度に相当すると考えられる．
2) 2000年には介護保険制度が創設されたが，療養資金も2000年に介護・療養資金に改称され，介護保険料の自己負担にかかる介護費貸付が新設された（佐藤2016：65）．金額の急上昇はこうした制度改正を理由とすると考えられる．
3) 民生委員の役割については本書の堀江論文（第Ⅰ部第2章）を参照．
4) ちなみに療養資金は生活保護認定における収入には含まれない（籠山 1978：159；籠山ほか 1968：41）．
5) 生業資金を借り受けた387世帯（有効回答数345）を対象とした1958年の神奈川県による調査（神奈川県・神奈川県社会福祉協議会 1958）では，1年以内に何らかの生活保護を受給したのは83世帯（24%）である（のべ135件のうち生活扶助62件，医療扶助48件，教育扶助24件，生業扶助1件）．
6) 重篤な傷病については自由記述を避けていた可能性を考慮し，療養資金借受世帯全体と「記載なし・不明」での治療日数（記載のあるもののみ）を比較した．その結果，療養資金全体については1カ月以下16%（95）／1カ月〜3カ月37.4%（222）／3カ月〜半年19.4%（115）／半年〜1年16.0%（95）／1年〜3年8.1%（48）／3年以上3.0%（18）であったのに対し，「記載なし・不明」については1カ月以下9.4%（5）／1カ月〜3カ月54.7%（29）／3カ月〜半年11.3%（6）／半年〜1年15.1%（8）／1年〜3年7.5%（4）／3年以上1.9%（1）であった．どちらについても治療期間1カ月〜3カ月が最も多く，「記載なし・不明」と答えた場合に特に治療日数が多いわけではなかった．それゆえ重度の傷病が不可視化されているわけではないと考えられる．
7) 療養資金で足りなかった部分をどのように支払ったのかについては，「国保」14%（91），「日雇健保」2%（13），「それ以外の社会医療保険」8%（51），「生保」（医療扶助）3%（20），「自己手持ち金」22%（146），「借金」36%（233），「その他」7%（49）であった．医療扶助を受けるほどではないが手持ちの資金がなく，療養資金が足りない場合にはさらに借金せざるを得ないという「ボーダー・ライン

層」の経済状況がうかがえる.

8) 第1次調査は江東区・板橋区・三鷹市の165世帯を対象とした聞き取り調査であり,第2次調査は東京都全域の中から無作為抽出によって選出された704世帯への調査票調査である（東京都社会福祉協議会 1970：69）.

9) 東京都社会福祉協議会が当該年度に貸付を決定した世帯について貸付申込実態を把握するために実施した全数調査である.

10) 例えば1986年における東京都の療養資金利用者の傷病は循環器系疾患17.5%（11），伝染病（新生物）15.9%（10），精神病・精神神経系・感覚器の疾患15.9%（10），骨・運動器の疾患14.3%（9），血液および造血器の疾患7.9%（5），消化器系疾患7.9%（5）である（東京都社会福祉協議会 1986）.

11) 岡山県での世帯更生資金制度の事例紹介でも,急性盲腸炎による入院によって事業の資金がなくなり生業資金を借り入れる事例や,胃潰瘍の手術のために療養資金（医療費貸付資金）を借り入れている事例がみられる（岡山県社会福祉協議会 1963：28-29, 63-64；117-119）.

12) こうした療養資金対象者の変化は,高齢化によって医療保障が次第に予防的医療に重点が移っていくこととも関連している可能性がある（一圓 1993：211）.

13) 療養資金の使途については「福祉資金行政実態調査」ではわからない.1970年代以降の他の調査データをみると,療養資金は医療費だけでなく入院に伴う差額ベッド代,付添看護料,健康保険適用外医療費,交通費にも用いられており,医療費のみに使用しているのは療養資金利用者の30%ほど,差額ベッド代が40%ほどである（東京都社会福祉協議会 1978：34-35；1979：20ほか）.やはり入院期間は長くないが入院が必要な傷病の治療が療養資金の主な使途であったと考えられる.

14) 今日,新たな家族形態や労働環境の登場によって,硬直的な社会保障では把捉できない,生活保護の外にも広がる多様な貧困への対処が求められている（岩田 2021）.本章でみた1950年代末における療養資金が,未発達な福祉諸制度の間に落ちている生活困窮者のための医療保障手段となっていたことを踏まえれば,こうした現代的なアポリアは,社会的・経済的状況の変化による制度的布置の揺らぎと機能不全の問題として,歴史的な視座から考えることにも一定の意義があるだろう.


## ［参考文献］

Esping-Andersen, G., 2016, "After the Golden Age? Welfare State Dilemmas in a Global Economy," G. Esping-Andersen ed. *Welfare States in Transition*, Sage Publications, pp. 1-31.（＝2003, 埋橋孝文監訳,「黄金時代の後に？——グローバル時代における福祉国家のジレンマ」イエスタ・エスピン-アンデルセン編『転換期の福祉国家』早稲田大学出版部）.

Garland, D., 2016, *The Welfare State*, Oxford University Press.（＝2021, 小田透訳,『福祉国家——救貧法の時代からポスト工業社会へ』白水社）.

一圓光彌,1993,『自ら築く福祉——普遍的な社会保障をもとめて』大蔵省印刷局.

岩田正美,1990,「社会福祉における『貨幣貸付』的方法についての一考察——世帯

更生資金貸付制度をめぐって」『人文学報』218: 133-168.

————, 2021, 『生活保護解体論——セーフティネットを編み直す』岩波書店.

角崎洋平, 2012, 「福祉的貸付の歴史と理論」立命館大学大学院先端総合学術研究科博士論文.

————, 2016, 「借りて生きる福祉の構想」後藤玲子編『正義』ミネルヴァ書房, pp. 119-131.

籠山京, 1978, 『公的扶助論』光生館.

籠山京・江口英一・田中寿, 1968, 『公的扶助制度比較研究』光生館.

神奈川県, 1958, 『神奈川県勢要覧』神奈川県.

————, 1961, 『国民健康保険事業状況』神奈川県.

神奈川県・神奈川県社会福祉協議会, 1958, 『世帯更生資金借用世帯とその生業の状態』神奈川県・神奈川県社会福祉協議会.

金成垣, 2014, 「日本——戦後における社会保障制度の成立とその特徴」田多英範編『世界はなぜ社会保障制度を創ったのか——主要9カ国の比較研究』ミネルヴァ書房, pp. 231-263.

厚生省大臣官房統計調査部, 1956a-1962a, 『社会医療調査年報』厚生省大臣官房統計調査部.

————, 1956b-1962b, 『国民健康調査』厚生省大臣官房統計調査部.

厚生省五十年史編集委員会編, 1988, 『厚生省五周年史（資料編）』中央法規.

厚生省世帯更生資金貸付制度基本問題検討委員会, 1989, 『厚生省世帯更生資金貸付制度基本問題検討委員会報告』.

厚生省社会局保護課, 1981, 『生活保護三十年史』公文社.

厚生労働省社会・援護局地域福祉課, 2010, 『社会・援護局関係主管課長会議資料』.

小山路男, 1985, 「医療保障制度の発展と展望」小山路男編『医療保障』中央法規出版, pp. 56-81.

黒木利克, 1955, 「医療扶助の現況と問題点」『社会事業』38(8): 10-14.

Moran, M., 2000, "Understanding the Welfare State: The Case of Health Care," *The British Journal of Politics and International Relations*, 2(2): 135-160.

中村一成, 2009, 「地域と医療」森武麿編『1950年代と地域社会——神奈川県小田原地域を対象として』現代史料出版, pp. 227-254.

岡山県社会福祉協議会, 1963, 『灯をかかげる人々』岡山県社会福祉協議会.

Rothgang, H., 2021, "Health," Daniel Béland, Kimberly J. Morgan, Herbert Obinger and Christopher Pierson ed. *The Oxford Handbook of The Welfare State*, 2. edition, Oxford University Press, pp. 506-523.

佐藤順子, 2001, 「生活福祉資金貸付制度の現状と課題——介護・療養資金貸付相談の事例検討を通して」『仏教大学総合研究所紀要』8: 261-286.

————, 2016, 「日本における生活困窮者向け貸付——福祉貸付としての生活福祉資金貸付事業を中心に」佐藤順子編『マイクロクレジットは金融格差を是正できるか』ミネルヴァ書房, pp. 55-86.

島崎謙治，2011，『日本の医療──制度と政策』東京大学出版会.

────，2014，「日本の国民皆保険の実現プロセスと開発途上国への政策的示唆」『早稲田商学』439: 799-851.

社会保障制度審議会，1950，「社会保障制度に関する勧告」.

────，1957，「医療保障制度に関する勧告」.

田多英範，2009，『日本社会保障制度成立史論』光生館.

孝橋正一，1971，「医療保障制度と医療社会事業」医療社会問題研究会編『医療社会事業論』ミネルヴァ書房，pp. 17-31.

田中聡子，2016，「世帯更生資金貸付創設時における低所得層対策と生活保護行政の動向」『社会政策』8(2): 114-125.

東京都社会福祉協議会，1970，『低所得階層と世帯更生資金制度』朋文社.

────，1978，『世帯更生資金借受世帯の更生状況』東京都社会福祉協議会.

────，1979，1984-1988，『世帯更生資金借受申込世帯の実態』東京都社会福祉協議会.

Wilensky, L. H., 1974, *The Welfare State and Equality*, University of California Press.（＝1984，下平好博訳，『福祉国家と平等』木鐸社）.

横山和彦，1991，「分立型国民皆保険体制の確立」横山和彦・田多英範編『日本社会保障の歴史』学文社，pp. 123-139.

全国社会福祉協議会，1964a，『民生員制度四十年史』社会福祉法人全国社会福祉協議会.

────，1964b，『世帯更生資金制度効果測定』全国社会福祉協議会.

# 8章
## 既存持家の改善からみる住宅資金の歴史的意義
住宅事情および政策の棲み分け

佐藤　和宏

## 1　はじめに

　本章では，福祉資金調査における住宅資金の意義と機能を検討する．その際，当時の住宅事情（2・3節）および住宅供給政策との棲み分け（4・5節）に注目する．2節では，東京大学社会科学研究所（以下，東大社研）の住宅調査という観点から，住宅難概念が，調査を介して定着していったことを確認する．3節では，戦後日本および神奈川県における住宅事情を，住宅不足および住宅難という観点から整理する．4節は，福祉資金調査における住宅資金の実証分析であり，総論的には，住宅資金以外の諸要因も含めて，おおむね生活改善に貢献していた．5節では，住宅資金のより具体的な分析を行う．具体的には，住宅資金がニーズを十分に満たしたのかどうか，誰が住宅資金を使ったのかという観点から，他制度との関連を整理する．

## 2　東大社研における住宅調査——住宅難の観点から

　本節では，住宅難の観点から，東大社研における住宅調査の変遷を踏まえ，福祉資金の意義を検討する．住宅難概念は，戦前から存在するが，現在の居住保障政策との連続性を考えるに，戦後以降を基本的な分析対象とすることが妥当であると考える．本節は，以下の3つの観点から，東大社研における住宅調査を位置づけることにしたい．

## 2.1 住宅行政をめぐるセクショナリズム

本節の第1の観点は，住宅行政をめぐるセクショナリズムである．戦時中，内務省から分離・独立する形で厚生省ができ，戦後の内務省の解体により，住宅行政の所管は不安定なものとなった．1948年以降，住宅行政は基本的に建設省の管轄となり，厚生省がそれにコミットするという形を採ることになった．こうした住宅行政をめぐるセクショナリズムは，本章にとって，重要な2つの前提を構成することになった．

住宅行政をめぐるセクショナリズムが規定した第1の要素は，公営住宅を建設省が管轄することになったことである．1951年の制定時，厚生省が厚生住宅法案を提出予定であったのに対し，建設省がいわば出し抜く形で公営住宅法案を先に提出し，公営住宅法は成立した．これをもって，公営住宅行政における建設省のヘゲモニーが確定した（大本 1991）．併せて，住宅行政および公営住宅行政が建設省管轄となったことは，研究・調査における系列化を随伴した．厚生省系列の研究機関として社会保障研究所が1962年勧告を背景として設立するが，住宅行政が厚生省管轄でない以上，住宅調査は厚生省関連の主たる調査対象ではなくなる．

## 2.2 住宅難概念の制度的定着

本節の第2の観点であり，住宅行政をめぐるセクショナリズムが規定する第2の要素は，住宅難概念である．公営住宅法の入居者資格（第17条）では，政令収入以下の世帯を対象とすること（2項）と並んで，「住宅に困窮していることが明らかな者」（3項）と規定されている．つまり，公営住宅の入居要件の1つとして，住宅困窮概念が制度的に要請される．住宅難は，この住宅困窮概念と不可分であった．

公営住宅は，3カ年計画をもって中期的に運営されていたが，1952年には，第1期公営住宅3カ年計画が出される．前後して，日本建築学会建築経済委員会は，住宅困窮度の判定に関する小委員会を結成[1]した．当委員会にて，住宅困窮概念をリストアップするとともに，下記のように整理を行った（住宅困窮度の判定に関する小委員会 1952：2.1表）．すなわち住宅困窮の原因を分析し，第1に，目的外施設居住，悪環境居住，不良並に不備住居居住，別居，同居，

過密居住，立退要求，遠距離通勤，住居費過大，その他という以上10項目に分類した．第2に，判定項目と判定級を5段階に分けた．以上の作業によって，住宅困窮を把握しようとした．

当該報告書の意義は，2つにまとめられる．第1に，住宅難の制度的定着における過渡的意義である．住宅困窮の要因10項目は，のちに建設省によって定められた住宅難概念の4指標（非住居居住，老朽・要修理住宅居住，複数世帯同居居住，過密居住）を含んでいる．そのため，公営住宅3カ年計画における住宅難概念と結びついていると考えられる．第2に，住宅難概念の東大社研調査への影響である．当該委員会には，生活構造・貧困研究者である法政大学教授の籠山京が参加していた．前後して，東大社研調査にも籠山が参加しており，そこで東大社研調査に籠山の位置づけを見ることにしたい．

## 2.3　東大社研における住宅難と住宅調査

改めて，本節の第3の観点は，東大社研において行われた住宅調査の変遷から福祉資金を位置づけることである．

1948年，建設省の要請により，東大社研に宅地住宅総合研究会（宅総研）が結成された（東京大学社会科学研究所 1977：7）．宅総研は，同時期に行われていた京浜工業地帯調査とメンバーが重複しつつも，研究会名義で，『戦後宅地住宅の実態』（1952年），『日本社会の住宅問題』（1953年）を著している．筆者が東大社研の調査を確認した限りでは，住宅困窮概念が初めて登場するのは，『日本社会の住宅問題』であるように思われる．住宅困窮度の判定に関する小委員会と，東大社研調査とに，同時期にコミットしていた籠山が，前者で定められた概念を用いて，後者の調査を行っている（東京大学社会科学研究所編 1953：90）．このことから，東大社研調査に，住宅困窮概念を導入したのは，籠山であると考えられる．

住宅難概念は，1950年代から1960年代までは頻繁に用いられていた．他方，住宅難概念の定着は，必ずしも継続的なものとも言い難かった．筆者が所属する二次分析研究会では，「神奈川調査」と称し，1960年代に連続して行われた，東大社研による神奈川県を対象とした調査を分析してきた．当該調査を確認するに，福祉資金調査以降は，住宅が調査関心・調査対象からなくなっていく．

日本全体の住宅難の解消に伴い，かつ東大社研の調査の在り方にも規定される形で，東大社研調査の関心から住宅がなくなっていったものと思われる．

## 2.4 小括

本節では，住宅行政をめぐるセクショナリズム，住宅難概念の制度的定着，東大社研における住宅難と住宅調査という3つの観点から，福祉資金へつらなる制度・概念・調査を確認してきた．以上から考えるに，福祉資金へ連なる意義として，以下のようなものが挙げられるように思われる．

第1に，住宅難概念が，住宅調査・住宅項目において，重要な意味をもっていた時期であった，ということである．政策は，ある問題への対応という側面があるが，その問題を解明する方法として，調査が存在する．その意味で，住宅難概念は，建設省にとってのみならず，東大社研調査にとっても重要なものであったと理解されてよい．

第2に，調査それ自体は，必ずしも一貫した担い手・問題意識・調査手法ではないことに注意が必要である．宅総研は建設省からの依頼を受けて結成されたものであり，宅地建物取引業法（1952年成立）への関連が想定しうる．また「神奈川調査」（1961〜1965年実施）は神奈川県からの委託で行われたものであり，当然に神奈川県行政の意向が反映される．これらを確認するに，一貫した調査であるという評価もまた困難であろう．

そこで次節では，福祉資金調査の意義を理解する，調査と並ぶもう1つの重要な前提である，実態の記述・分析に向かいたい．

# 3 戦後日本における住宅事情

## 3.1 住宅事情

本節では，福祉資金調査の意義を理解する上で，3つの重要な住宅事情について見ていきたい．重要な住宅事情とは，第1に，戦後直後の絶対的な住宅不足である．1945年に設立された戦災復興院の計算によると，敗戦直後では，約420万世帯が不足していた．第二次世界大戦の戦災による消失分が210万戸，強制疎開による取り壊し分が55万戸，外地からの引揚者のために必要な住宅

164——第Ⅱ部　人びとはいかに厳しい状況からの脱却を図ったか

**表 8-1**　建築時期別住宅数割合（神奈川県，単位：総数以外は %）

| 年 | 総数 | −戦前 | 戦時中 | 戦後 | −1955 | 1956− | 1961− |
|---|---|---|---|---|---|---|---|
| 1948 | 390,181 | 72.7 | 8.6 | 18.7 | — | — | — |
| 1953（市部のみ） | 394,000 | 54.6 | 6.9 | 38.3 | | — | — |
| 1958 | 623,000 | 40.0 | 6.7 | 18.0 | 20.5 | 14.8 | — |
| 1963 | 881,000 | 26.4 | 4.3 | 12.4 | 15.3 | 21.8 | 19.9 |

出典：『住宅統計調査』各年度より筆者作成．なお，1948 年調査の「戦後」は 1948 年までを指し，1953 年の「戦後」は敗戦から 1953 年までを指す．

が 67 万戸，戦時中の供給不足が 118 万戸．この 450 万戸から，戦災死による住宅需要減 30 万戸を差し引いた結果，420 万戸の住宅不足と計算されていた（本間 1988）．

　重要な住宅事情とは，第 2 に，戦後直後の急激な持家化が，既存持家の老朽化の重要な原因だったということである（檜谷・住田 1988）．1941 年と 1948 年に行われた住宅調査を比較すると，敗戦を挟んだ数年間で，持家率は急上昇していた．この急上昇にはいくつか理由があるが，その 1 つは，戦前に借家に供されていた戸建・長屋建てが，持家へと転換したことだった．戦後直後には，財産税という形で増税が行われたが，財産税の徴収に際して，地主・家主などは，税金の代わりに所有の土地・建物を物納するか，あるいは借地人・借家人に売却するかという選択肢をつきつけられた（新堀 1968：39-40）．こうして，（既存）借家人上層は持家を獲得することになった．戦前戸建・長屋建ての持家化は，その後，老朽化していくことによって，後述する住宅資金の対象——既存持家に対するニーズ——となった．

　上の**表 8-1** から分かるように，調査のなされた 1962 年時点では，戦後までに建てられた住宅が半分ほどを占めていた．日本の住宅が，当初から丈夫なものを作り，それを長く使うというのは必ずしも一般的ではなかったことを考えると，既存持家に対するニーズは，一定程度存在したと想定される．

　重要な住宅事情とは，第 3 に，高度経済成長である．高度経済成長にあっては，人口増加に伴う世帯数増加によって，住宅不足は改善に至らなかった．次ページの**図 8-1** から明らかなように，1948 年から 1958 年の住宅充足（世帯数に対する住宅数の割合でみたもの）の改善に対して，高度経済成長期の最初の 10 年で住宅の量的不足は悪化した．1968 年には全国的に住宅数が世帯数を上

8 章　既存持家の改善からみる住宅資金の歴史的意義——165

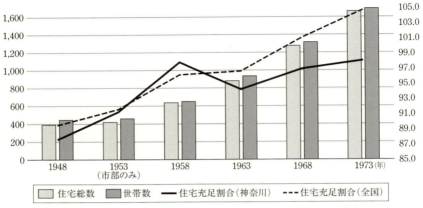

**図 8-1** 住宅充足割合（神奈川県，住宅総数は千戸・世帯総数は千世帯／割合は %）
出典：『住宅統計調査』各年度より筆者作成．

回り，1973年には全都道府県で住宅数が世帯数を上回ったとされるが（準世帯を除いた場合），高度経済成長が住宅事情に与えた影響は，極めて大きなものであった．

### 3.2 調査時における住宅難の様相

　この住宅不足に対して，住宅供給政策は，新築主義によって対応した．戦後住宅政策の三本柱と呼ばれる政策群がそれである（渡辺 1962）．すなわち，低利・長期の公的住宅ローンによって持家を持たせる住宅金融公庫（1950年，現：住宅金融支援機構），中間層への共同住宅（当初は賃貸中心だったがのち分譲中心へ転換）提供を行う日本住宅公団（1955年，現：UR／都市再生機構），困窮層への安価な公的借家を提供する公営住宅（1951年）である．
　戦後住宅政策の三本柱が新築主義であったということは，既存住宅の改修という住宅資金の意義を小さく見積もる役割を果たした．すなわち，1960年代以降，団地という形で，公団を中心に，公的住宅においても最新設備を伴った大量の住宅供給がなされたことによって，新築主義が指摘されて久しい現在の私たちからみると，意義が小さくみえるのである．
　しかし，1962年当時の観点に立ってみれば，けっしてその意義は少なくなかった．1つには，**表 8-2** にもあるように，住宅難に該当する世帯そのものも，

**表 8-2　住宅難 2)割合とその内訳（神奈川県）**

| 年 | 総数<br>（実件数） | 住宅難合計（%） | | | | | | 非該当<br>（%） |
| | | 総数 | 非住宅<br>居住 | 同居世帯 | 老朽住宅<br>居住 | 狭小過密<br>設備共用 | 狭小過密<br>設備専用 | |
| 1963 | 919,000 | 15.1 | 0.9 | 3.2 | 0.2 | 5.9 | 4.9 | 84.9 |
| 1968 | 1,304,910 | 9.0 | 0.9 | 1.3 | 0.1 | 3.0 | 3.7 | 91.0 |

出典：『住宅統計調査』各年度より筆者作成.

**表 8-3　修理の程度とその内訳 3)（神奈川県）**

| 年 | 総数 | 修理不要 | 小修理を要する | 大修理を要する | 危険又は修理不能 |
| --- | --- | --- | --- | --- | --- |
| 1958 | 620,000 | 65.5 | 25.5 | 9.0 | 0.6 |
| 1963 | 881,000 | 80.0 | 16.5 | 3.4 | 0.2 |
| 1968 | 1,275,870 | 89.1 | 9.4 | 1.4 | 0.1 |
| 1973 | 1,663,100 | 90.6 | 8.3 | 1.0 | 0.1 |

出典：『住宅統計調査』各年度より筆者作成.

むしろ増加していった最中であった．確かに全世帯に占める割合としては下がっているが，いまだに1割ほどの世帯が住宅難に該当していた．

　さらに，老朽住宅居住を細かくみてみると（住宅統計調査では，修理の程度で区分しているが），1962年の調査時点では，いまだ2割ほどが修理を要するものであった（**表 8-3**）．上述の通り，建築時期別の住宅数も考えれば，建築時期が古かった住宅ほど修理を要することからしても，既存持家に対するニーズは，一定程度存在すると考えられる．

　以上，戦後の住宅難は，高度経済成長によって，新築主義の住宅供給政策で対応することになった．新築主義の路線は，既存持家に対するニーズの意義を，低く評価することにつながった．

## 4　福祉資金における住宅資金の総論的検証

### 4.1　政策的コンテクスト

　福祉資金調査を，調査史（2節）と住宅事情（3節）というコンテクストに加えて，本項では，必要な限りで，政策史について触れておきたい．

　まず1950年勧告の意義を，本章の限りにおいて，第1に，社会保障の4類

型（公的扶助，社会保険，医療・公衆衛生，社会福祉）が提示されたこと，第2に，社会保障における社会保険中心主義が提示されたこと，以上の2つを確認しておきたい．対して，「社会保障制度の総合調整に関する基本方策についての答申および社会保障制度の推進に関する勧告」（1962年勧告）が，福祉資金調査の重要な前提である．

すなわち，社会福祉を，生活困窮者を対象とする生活保護と連動して捉えていた1950年勧告に対して，社会福祉を低所得階層対策の一環として捉え，防貧的社会福祉への転換が示唆されていた（三浦 1996：338）．したがって1962年勧告の意義は，救貧と防貧の区分であり，救貧を生活保護が，防貧を社会福祉が担うという機能分化の明示である．

以上から，福祉資金調査にとって，1962年勧告の重要性が理解されよう．すなわち，『福祉資金行政実態調査報告』（以下，『報告書』）でも示されているように（神奈川県民生郡 1963（以下，『報告書』）：序），第1に，低所得層の原因が，経済変動と，それに対する世帯の対応に求められている．その上で第2に，自立の観点から，福祉資金の政策効果を分析する問題意識が強く存在するのは，1962年勧告のためである．

本章にとって以下の2点を確認しておきたい．第1に，住宅供給政策との棲み分けである．『報告書』でも指摘されているように，（住宅の）「不足は，民間自力建設でまかなわれたが，その多数は，家賃・地代の統制で借家経営が投資対象にならなかったので，借家ではなく持家であった」（『報告書』：37）．所得階層で見れば，「公営住宅，給与住宅政策は，所得の中位または高位の世帯については，有効に作用したが，低所得世帯については，有効ではなかった」（『報告書』：39）．以上より，第1に低所得世帯でも負担しうる低家賃の借家，第2に，低所得世帯の持家を改善する方策が挙げられ，本調査においては後者に焦点化されている（『報告書』：39）．

第2に，生活保護（住宅扶助）と福祉資金（住宅資金）との棲み分けである．生活保護は，収入・資産の要件から使えるか否か，使途が最低生活に必要かどうか，金額が（特別需要も含めた）住宅扶助で対応可能かどうかの3つの基準から考えることができる．住宅資金は，4節2項で後述するように，一定程度柔軟に用いられていたと評価しうるように思われる．この柔軟な運用というの

168——第Ⅱ部　人びとはいかに厳しい状況からの脱却を図ったか

**表 8-4** 住宅資金の目的×利用した箇所（単位：件，回答は重複を含む）

|  | 屋根 | 台所 | 居室 | 土台 | 壁 | 床 | 便所 | その他 | 合計 |
|---|---|---|---|---|---|---|---|---|---|
| 事業用 | 13 | 8 | 15 | 6 | 4 | 6 | 4 | 9 | 41 |
| 非事業用 | 161 | 91 | 71 | 68 | 54 | 39 | 35 | 49 | 256 |
| 無回答 | 16 | 4 | 10 | 9 | 2 | 0 | 1 | 2 | 32 |
| 合　計 | 190 | 103 | 96 | 83 | 60 | 45 | 40 | 60 | 329 |

は，制度の建て付け（生活保護の対象ではないものの，困窮しているがゆえに，自立助長の対象となる層）のみならず，住宅そのものの性質（医療は専門性を前提とするが，住宅は必ずしも専門性を必要としないために，ニーズの測定や充足方法に求められる専門性・客観性が相対的に緩やかであること）にも求められるように思われる．

### 4.2　住宅資金の制度

　まず住宅資金の目的を確認した上で，その目的に照らしてその効果があったのかを確かめることにしたい．『報告書』によれば，母子福祉資金の住宅資金は住宅補修のみで，借入額は3万円，返済期間は（借りてから）半年は据え置き・5年間で返済，年利は3％だった．世帯更生資金の同資金も，返済期間が3年間である以外は，同内容の制度となっている（『報告書』：第1表）．

　なお住宅資金は，他の資金に比べて，緩やかに用いられていることは留意されてよい．緩やかにというのは，第1に，名目および借入額の柔軟性である．住宅資金の借入額は3万円とされていたものの，「店舗・仕事場の補修，貸間の増改築など，収入増を伴う住宅の補修は，事業資金でも借り入れることができ」（『報告書』：41）た．この場合，10万円まで借入可能であった．ただ，住宅資金の目的と借入金額でクロス表を作成してみると，事業用のみならず非事業用においても3万円よりも大きい額を借り入れていた世帯もあった[4]ことから，名目（事業資金か住宅資金か）と借入額は，緩やかに決められていたように思われる．

　第2に，対象である．調査対象者は，1956〜1960年までの5年間で福祉資金を使った世帯であるが，住宅資金の使途は，まだ住宅補修のみであった（『報告書』：37）．言い換えると，1961年には住宅増改築の貸付ができ，1963年

には転貸費用の貸付が可能になったが，この時点では住宅補修の利用者のみのはずだった．しかし**表8-4**では，居室も少なくない割合で利用されており，事実上，増改築にも用いられていたように思われる．この点，使用対象（箇所）についても緩やかに用いられていたと言いうる．

　以上を念頭に置きつつ，『報告書』によれば，「住宅資金の直接の目的は，住宅の増改築・補修によって，居住条件を改善すること」であった．この点，世帯収入を増加させるという福祉資金の本来の目的とは異なるため，「その居住条件の改善が，直接に，世帯収入に影響をあたえ，それを増大させまたは減少させることにはならない．だから，この観点から住宅資金の効果を測定することは，もとより不可能である」（『報告書』：46）．そこで，居住条件の改善が果たされているのかを確認することにしたい．

## 4.3　住宅資金の活用と効果

　住宅資金は，事業用41件・非事業用256件・無回答の32件をあわせて，329件の利用がある．

　住宅資金の目的と補修箇所をみると，**表8-4**から分かるように，第1に使われている箇所からみると，屋根あるいは台所，土台など，家にとっての基本的な構造部分が多い．ただ3番目に多い居室については，居室改善も含めた増改築のニーズが大きいことの反映かもしれない．第2に，住宅資金の種類によって，特に対照的な違いは見られない．ともあれ，屋根が壊れていたら雨が室内に漏れてきたり，あるいは台所が壊れていれば料理も満足にできなかったりということが想定されるから，住宅資金の活用によって，居住機能は改善されていると考えることができる．

　しかし，実際の効果という観点からの分析は，必ずしも明確とは言い難い．第1に，住宅難の改善という観点から，借受時と現在の比較をすることができない．確かに，世帯当たり畳数（14.09畳→14.93畳），1人当たり畳数（3.93畳→4.32畳）とあるように，狭小住宅居住世帯は減少しているといって差しつかえない．しかし，老朽住宅が改善されたか否かは，明確ではない．というのは借受時と現在とを比較することができないためである．老朽住宅は要修理の程度によって分類されているが，借受時と現在を比較すると，借受時の回答

170——第II部　人びとはいかに厳しい状況からの脱却を図ったか

数が169件・現在の回答数が2985件であり，このサンプルの違いを無視して比較することはできない．

　住宅資金利用世帯が329件と調査対象者（4281世帯）の中では少数であり，転居している割合（回答者のうち21.8％）および転居回数の多さ[5]も併せて考えれば，住宅資金の効果として住宅難が改善したというよりは，諸々の要因の複合的産物と理解した方が適切であるように思われる．

　第2に，住宅資金利用世帯にとっての実質的な目的についてである．補修という表現は，傷んだところを補い，繕うという意味合いであるから，例えば被災からの復興，老朽化に対する修繕というイメージと結びつく．他方，住宅設備それ自体を近代化していくという意味で，近代的・ポジティブなイメージとも結びつきうる．被災に関しては，この調査から読み取ることができないが，近代化については接近可能であるように思われる．すなわち，住宅資金の目的と，暮しむき（D7）および暮しむきと貸付金との関係（I）のクロス表をみてみると，それぞれ，「暮しむきは良くなった（87.2％）」「貸付金は役だった（93.9％）」との回答であった．このように，住宅資金利用世帯の意識からみると，住宅部面における近代的生活への実現に奉仕したと言えるであろう．

## 5　住宅資金はニーズを満たしたか？

### 5.1　住宅資金は既存住宅に対するニーズを満たしたか？

　では，実際に住宅資金はニーズを満たしたのだろうか．ここでは，生活保護との棲み分け，かつ既存住宅の改修という2点から，アプローチしてみたい．

　まず，生活保護との棲み分けである．ここでは，住宅資金の額が，想像する以上に大きかったのではないか，ということをみておきたい．住宅資金は原則的に上限3万円[6]であるが，住宅扶助はせいぜい1万円だからである．以下ではまず，住宅扶助の制度的変遷を確認することを通じて，住宅資金の金額の大きさを迂回的に確認することにしたい．

　1963年前後では，住宅扶助の一般的基準額は2000円であったが（岩永2014：表2），1958年の生活保護資料によれば，その基準額で最低需要の生活維持のために効果が薄い場合は，特別基準を，二段構えで対応するとされる．す

なわち，「年1回に限り，3000円の範囲内において」特別基準が認定されるが，「修理又は補修の規模が余りに大き過ぎるときは」，6000円まで限られ，その差額（最大で3000円）は，「被保護者，その扶養義務者等が自力で手間仕事に当るとか，近隣の篤志家等に資材の寄附を仰ぐとかの方法により補填することが要件とされて」いた．ただし，「この第一次特別基準をもってしてもなお需要を満たし得ない特別の事由がある場合」，「修理の規模が10000円以内のもので，その程度，方法等を工夫し，かつ，他からの援助が得られ，この扶助により5000円以内の支給を受けることによって修理が可能であるものに限り」，しかるべき手続きを踏み，「5000円以内の額を特別基準の設定があったものとして認定することができる」とされる（厚生省社会局保護課監修 1958：51-52）.

また，福祉資金調査との関係は明らかではないが，調査の同年，神奈川県民生部が調査を行っている．その報告書では，「昭和36年度における生活保護特別社会調査の一環として実施した住宅扶助受給者世帯の実態について，とりわけ賃貸借住居に居住している世帯に目を当てて行った調査」であるとされる．その報告書では，住居の程度として，小修理の基準が，「建具等の修理程度又は家屋補修の6000円の範囲内のもの」とされている（神奈川県民生部保護課 1962：7）．この6000円というのは，まさに上記1958年時点での第一次特別基準に他ならない．

これら生活保護に関する記述は，住まいを考える上で示唆的であるように思われる．第1に，4節1項で述べたように，住まいをめぐる柔軟性がある．税という公的資金を用いている点は医療・住まいに共通するが，資金の不足分を，受給者（世帯）本人による労務提供や篤志家からの資材提供に恃むという点において，医療とは対照的である．第2に，金額の大きさである．二段構えの特別基準の上限は，6000円と1万円で設定されていたが，住宅資金は上限3万円であった．生活保護が最低生活を基準とするものであるのに対して，困窮者に対する自立助長であることから，福祉資金の額の大きさが理解できよう．

改めて，住宅資金は，既存住宅に対するニーズを満たせたのだろうか．というのも，住宅扶助の特別基準に比して住宅資金の額が大きいからといって，それをもって当該ニーズが満たされることにはならないからである．そこで，住宅資金に関して，この資金で足りたかという質問を，世帯収入（過去）を3区

**表 8-5** 住宅資金：この資金で足りたか[*]（収入層別）

|  | 足りた | 不 足 | 合 計 |
|---|---|---|---|
| 収入下位 33% | 41.8% | 58.2% | 91 |
| 収入中位 33% | 37.6% | 62.4% | 93 |
| 収入上位 33% | 24.1% | 75.9% | 108 |
| 合 計 | 33.9% | 66.1% | 292 |

注：[*]：$p < 0.05$.

分してみると，**表 8-5** のように，興味深い結果となった．すなわち，収入が高いほど資金が不足している，と答えている（5% 水準で有意）．

申請通りできたかという質問においても，収入が高いほど申請通りできなかったという結果であった（有意ではなかった）．これらを踏まえて，ニーズを満たせたかという問いを，全体でみれば，7 割近くが足りていないと回答している．では，ニーズが満たせないのは，収入の小ささなのか，ニーズそのものの大きさなのか．**表 8-5** で考えてみると，収入が小さいからではない，ということになる．では，ニーズそのものが大きいからなのかと考えてみると，これも必ずしもすっきりしない．

第 1 に，注 4）の通り，8 割以上が（額面上の）上限の 3 万円であったことに関わる．つまり，3 万円未満で済む場合には，実額が貸付けられたことが想定されるのに対して，3 万円が大半であったということは，収入にかかわらず 3 万円の貸付が標準的であったと想定される．ということは，福祉事務所・民生委員によるニーズ把握（アセスメント）が厳密でなかった可能性がある．

第 2 に，回答からニーズをつかむのも難しい．「建築費が余計かかったから」という項目があるが，この項目は，住宅資金が返済できない理由のサブカテゴリの質問として訊かれており，7 割以上が「申請通り（返済）できると思う」と答えており（したがって回答の母数が全体の 3 割もない），かつ「返済ができない」「むずかしい」の中でも回答数が少ないこともあって，ニーズそのものが明確には捉えられない．

以上から，次のように要約できよう．第 1 に，住宅扶助に比して金額は大きく，住宅資金（3 万円）は住宅扶助（1 万円）の 3 倍の上限額が設定されており，その差額は，生活保護と福祉資金の棲み分けとして理解できる．第 2 に，

だからといって住宅資金の金額の大きさは，ニーズの充足を必ずしも意味しなかった．住宅資金利用者の中で，住宅資金が足りたとの回答は3割弱であり，しかも収入が高い層ほど，足りないとの回答が多かった．以上から，住宅資金の金額は，利用世帯から見れば必ずしも十分ではなく，原因は不明確だが，ニーズそのものの把握が十分でなかった可能性がある．

### 5.2　住宅資金は誰のニーズを満たしたか？

　本項では，第2の問いとして，住宅資金が誰のニーズを満たしたのかについて検討してみたい．というのも，1つには，『報告書』では，職業別対象者と住宅資金利用者との関係を示した上で，以下のように書かれているからである．

　　　　以上からみると，住宅資金の借受者は，いずれの資金であっても，第1に非農林業の業主世帯であり，第2に中小企業労働者世帯，第3に単純労働者世帯であるといってよい．これらは，第1節で分析したように，所得が低くかつ持家が多く，そして一般住宅政策の恩恵を十分には浴していない階層である．（『報告書』：40）

　いま1つには，これら職業別対象者は，政策の棲み分けという観点から，整理すべきであると考えるからである．

　では，職業で比較すると，住宅資金利用世帯にはどのような特徴があると言えるだろうか．『報告書』の第34表および第108表をもとに，筆者は，職業変数を以下のように構成した．職業の有無，従業上の地位，業種，企業規模，雇用形態から，なるべくケース数を除外せず，かつ『報告書』に記載のある他の大規模調査と比較できるようにして，次ページの**表8-6**を得た．

　『報告書』第34表では，利用世帯を職業順に並べると，上位3つは単純労働者（20.9％），中小企業労働者（19.2％），非農林業業主世帯（15.4％）であった（$N=286$）．これに対して，筆者による再分析では，中小企業労働者（28.7％），単純労働者（14.0％），業主（産業不明）（12.2％）が多かった（$N=328$）．

　資金対象者全体でみると，まさに資金の特色（生業の開始・継続）から自営業が多い中で，住宅資金は雇用者の割合が相対的に高い．ただし全体的にみれ

174——第Ⅱ部　人びとはいかに厳しい状況からの脱却を図ったか

表 8-6　調査対象世帯と一般世帯の職業比較

| | | 住宅 | 全体 | 民生基礎調査 | 就業構造基本調査 | 国勢調査 |
|---|---|---|---|---|---|---|
| 自営業 | 農林業主 | 8.5 | 5.8 | 10.3 | 7.9 | 7.8 |
| | 非農林業主 | 5.2 | 19.8 | 13.0 | 13.0 | 13.5 |
| | 業主（産業不明） | 12.2 | 15.6 | | | |
| | 家族従業者・内職 | 7.6 | 6.4 | | | |
| 雇用者 | 大企業 | 4.0 | 3.1 | 4.9 | 68.3 | 74.5 |
| | 中小企業 | 28.7 | 25.0 | 29.3 | | |
| | 単純労働者 | 14.0 | 7.5 | 26.0 | | |
| それ以外 | | 7.0 | 5.9 | — | — | — |
| 無業者 | | 12.8 | 10.9 | 16.5 | 10.8 | 4.1 |
| 合　計 | | 328 | 4,270 | 11,307 | 813 | 754,100 |

出典：『報告書』第 108 表より．民生基礎調査は 1961 年，就業構造基本調査は 1959 年，国勢調査は 1960 年に
　行われたもの．

ば，第 1 に，『報告書』の通り，住宅政策の周辺的対象（中小企業労働者，単純労働者）層に対して，用いられているという限りにおいて，住宅政策との棲み分けがなされていると言える．第 2 に，生活保護は，収入のみならず資産要件もあるため，その意味で，（田畑を有する）農林業主が多いこと，（おそらく何かしらの生産手段を有する）家族従業者・内職が多いことは，生活保護との棲み分けがなされていると言える．

　改めて，住宅の所有形態という観点から，整理しておきたい．まずセーフティネットとしては，生活保護の住宅扶助がある．ここでは主として，救貧のための家賃という使途が想定されている．他方，防貧施策として，第 1 に福祉資金は，低所得世帯の既存持家ニーズに対する充足機能がある．また防貧施策の第 2 として，公営住宅の場合，（生活保護世帯も含む）低所得世帯に対して，安価・良質な公的住宅を供給される．

　さらに，低所得層に限定せず，住宅政策の体系からみると，住宅資金の独自性がみてとれよう．1960 年に入ると，企業規模による賃金・労働条件の格差ばかりでなく，企業福祉の格差も問題になった．こうした背景から，財政投融資を原資（の一部）とした住宅公団，住宅公庫には，中小企業向けの福利厚生施設に対する補助のスキームがあったり，地方公共団体による住宅建設あるいは地方公共団体への転貸を行ったりしていた（佐藤 2018：272）．つまり，中小企業労働者も含む低所得世帯への住宅を供給していた．総じて，低所得世帯に

8 章　既存持家の改善からみる住宅資金の歴史的意義——175

対して，住宅政策における一定の分業が行われていたと評価しうる．

# 6 結　論

## 6.1　明らかになったこと

　本章では，福祉資金行政実態調査の『報告書』および二次分析を基に，住宅資金の効果と意義を中心に，議論を展開してきた．本章では，以下のようなことが明らかになったと思われる．

　第1に，住宅資金は，住宅改善を目的としていたが，間違いなく住宅改善に資する効果を持った．住宅政策との関連から捉えると，住宅難であった高度経済成長期において，低所得層および既存持家層を中心的対象から排除していた住宅政策にとって，以下のような意味を持った．すなわち，中小企業労働者，単純労働者，業主などの低所得世帯持家にとっての居住条件改善に奉仕した住宅資金は，その目的・対象において固有の意義を持ったと評価しうる．

　ただし第2に，固有の意義を持ったことは，必ずしも，既存持家に対するニーズの充足を意味しない．住宅資金は住宅扶助に比べて3倍の上限額が設定されており，その差額は，生活保護と福祉資金の制度的棲み分けとして理解できる．ただし，住宅資金利用者の中で，住宅資金が足りたとの回答は3割弱であり，しかも収入が高い層ほど，足りないとの回答が多かった．以上から，住宅資金の金額は，利用世帯からみれば必ずしも十分ではなく，原因は不明確だが，ニーズそのものの把握が十分でなかった可能性がある．

## 6.2　議論と考察

　冒頭でみた問題関心との関係から，いくつかの議論を提示しておきたい．第1に，住宅事情との関連でいうと，住宅資金は，同時代的な意義があったことが，けっして軽視されてはならない．住宅難概念が，1950年代には定着し，1970年代以降は使われなくなっていく．住宅難が最も盛んに議論されていた1960年代にあっては，戦後より以前に建築された住宅ストックが一定程度存在したことから，戦後直後の借家ストックの持家化もあいまって，既存持家に対するニーズが一定程度存在していた．このニーズが，住宅資金の同時代的な

176——第Ⅱ部　人びとはいかに厳しい状況からの脱却を図ったか

意義の背景である．かつ，生活保護および住宅政策との関連において，住宅資金は，低所得層の既存持家に対するニーズへの対応という，固有の目的・対象を有していた．この実証的知見そのものが，重要であろう．

　他方，この同時代的な意義が，現代においてはあたかも存在しないかのように，相対化されたこともまた，社会学的には重要だろう．つまり，同時代的な意義があったことの確認と同様に，それが現代において「忘却」されるに至ることもまた，一定の理由が存在したのである．高度経済成長による旺盛な人口増および世帯増は，深刻な住宅難に帰結した．住宅難への対応は，新築主義の住宅政策によって「解決」された．その後，スクラップアンドビルドと呼ばれる，古い建物を潰しては建て，潰しては建てを繰り返すことが当たり前の時代が訪れた——現在，古い家を潰さないのに，それでいて新築は供給され続けるので，空き家が社会問題化している．そのような現代に生きる私たちが，既存持家に対するニーズを充足する住宅資金の現代的意義を評価しないのだとしたら，それは単に制度が変わったからではなく，住宅事情および住宅政策によって私たちの認識が規定されているからであろう．

　第2に，政策と調査との結びつきについてである．生活保護および住宅政策との関連から，福祉資金との棲み分けがなされ，住宅資金が独自性を有していたことは既に述べた．ただし，これらの関連をより精緻に理解するには，調査との結びつきも含めた，政策の策定過程の研究が求められる．

　住宅扶助の研究は，岩永（2014）および嶋田（2017）などが存在するが，これら先行研究との関連は，十分に深めることができなかった．また福祉資金との関連でいえば，誰が（厚生官僚）・どのように（圧力団体による働きかけによって），福祉資金が拡充していったことは明らかにされている（奥 2016；堺 2017）．ただし，私たちの共同研究を経て考えるに，改めて，住宅資金がなぜ3万円なのか，という問いに突き当たるように思われる．3万円は，住宅扶助に比して大きいが，だからといってニーズの充足に不十分であるという，ある意味では中途半端な額にも思われるからである．

　この上限額は，すでに先行研究が指摘するように，公営住宅や，地代家賃統制令など他の制度とも関連しているであろうし，物価変動などマクロ経済指標とも関わっているであろう．さらには，厚生省や建設省あるいは研究者などに

よる調査も関わっているかもしれない．社会学者が明らかにすべきは，政策策定過程における，調査あるいは規範との関係から，基準＝上限額がいかにして生成されたのかを検討することであるように思われる．

1) 小委員会側の経過およびメンバーについては当該報告書に述べられており，建設省の意向と無関係とは思われないが，詳細は別稿を期すことにしたい．
2) 住宅難は，住宅統計調査において以下のように定義されている．第1に，住宅でない場所に居住している世帯．第2に，複数世帯が1つの住宅に住んでいる世帯．第3に，腐朽破損の程度が危険または修理不能の住宅を指す老朽住宅に住む世帯．第4に，狭小過密世帯．狭小過密世帯とは，居住室の畳数が9畳未満で1人当たり2.5畳未満の住宅に住む世帯．以上の4つの指標は相互排他的ではないが，**表8-2**に用いたソースでは重複は掲載されていない．
3) **表8-2**と比べて，母数（総数）が異なる．その理由は，**表8-2**が世帯でカウントしているのに対して，**表8-3**は住宅でカウントしている．そのため第1に，非住宅居住世帯の分，**表8-3**が少なくなる．第2に，同居世帯の分（1つの住宅に住んでいる分），**表8-3**が少なくなる．
4) 住宅資金の貸付額（計283件）は，3万円未満が10.2%，3万円が85.5%，3万円超が4.2%だった．
5) 転居回数は1回が452件，2回が196件，3回以上が203件であった．回答者によっては，借受時から調査時点ではなく，別の時間幅を想定して回答した可能性がある．
6) 労働政策研修・研究機構に示された物価を確認すれば，現在価値で5.1倍ほどである．

[参考文献]

檜谷美恵子・住田昌二，1988，「住宅所有形態の変容過程に関する研究——その1. わが国における戦前戦後の持家所有の推移プロセス」『日本建築学会計画系論文報告集』392(0): 136-146.

本間義人，1988，『内務省住宅政策の教訓——公共住宅論序説』御茶の水書房.

岩永理恵，2014，「生活保護制度における住宅扶助の歴史的検討」『大原社会問題研究所雑誌』674: 51-64.

神奈川県民生部，1963，『福祉資金行政実態調査報告』.

神奈川県民生部保護課，1962，『住宅扶助（家賃・間代）受給者世帯実態調査——実家賃又は実間代と住居の状況との関連をめぐり』.

厚生省社会局保護課監修，1958，『生活保護法の運用（続）——生活保護百問百答第十一輯』社会福祉調査会.

三浦文夫，1996，「社会保障体制と社会福祉」『季刊社会保障研究』31(4): 337-352.

奥健太郎，2016，「自民党結党直後の事前審査制——『母子福祉資金の貸付等に関す

る法律』の改正過程を事例として」『東海大学紀要．政治経済学部』48: 41-61.

大本圭野，1991，『「証言」日本の住宅政策』日本評論社.

労働政策研究・研修機構「消費者物価指数」（https://www.jil.go.jp/kokunai/statistics/timeseries/html/g0601.html）.

堺恵，2017，「第二次世界大戦後における母子福祉政策の展開——終戦から母子福祉資金の貸付等に関する法律の制定まで」『龍谷大学大学院研究紀要社会学・社会福祉学』23: 1-20.

佐藤和宏，2018，「住宅政策の展開」田多英範編『『厚生（労働）白書』を読む——社会問題の変遷をどう捉えたか』ミネルヴァ書房，pp. 267-286.

————，2020，「住宅からみた時宜適合的社会的投資の意義と限界」『戦後福祉国家成立期の福祉・教育・生活をめぐる調査データの二次分析研究成果報告書』75: 37-57（https://csrda.iss.u-tokyo.ac.jp/rps/RPS075.pdf）.

————，2022，「住宅資金は住宅扶助といかなる関係にあるか？——政策の推移と利用世帯の検討を中心に」二次分析研究会課題公募型研究成果報告会「戦後福祉国家成立期の福祉・教育・生活をめぐる調査データの二次分析」.

嶋田佳広，2017，「住宅扶助と住居費——2015年基準改定を経て」『札幌学院法学』33(2): 69-128.

新堀鑛麻治，1968，「地代・家賃——A．民間住宅」金沢良雄・西山夘三・福武直・柴田徳衛編『住宅問題講座5——住宅経営』有斐閣，pp. 33-71.

東京大学社会科学研究所，1977，『社会科学研究所の30年——年表・座談会・資料』.

————編，1952，『戦後宅地住宅の実態——宅地住宅総合研究1』東京大学出版会.

————編，1953，『日本社会の住宅問題——宅地住宅問題の諸側面』東京大学出版会.

渡辺洋三，1962，『土地・建物の法律制度（中）』東京大学出版会.

住宅困窮度の判定に関する小委員会，1952，『住宅困窮度の判定に関する研究』.

# 9章
## 福祉資金の利用にともなう恥の規定要因
民生委員による伴走支援に注目して

石島健太郎

## 1　問題の所在

　本章の目的は，福祉資金行政実態調査（以下，福祉資金調査）のデータを用い，福祉資金の借受にともなって利用者が感じる恥の意識の規定要因を明らかにすることにある．その際，ここではとりわけ民生委員による償還指導と，その結果として期待される計画的な償還の効果に注目する．

　福祉資金調査に附帯する「福祉資金制度についての意見調査」には，「あなたは，この資金を借りることについて恥しい思いをしたことがありますか」，「あなたはこの資金を借りていることによって，気まずい思いをしたことがありますか」という項目がある．恥と気まずさの違いは明記されていないけれども，気まずさについては直後に「誰に対し，気まずい思いをしましたか」という付問（保証人，隣人，その他から選択）があるので，恥は対自的，気まずさは対他的な感情をそれぞれ想定して作られた設問であることが推察される．これらの質問項目は，福祉資金の利用には恥の意識がともないうることを行政が早くから認識し，その様子を把握しようとしていたことを示している．本章では，この項目への回答を従属変数として，こうした恥や気まずさが感得される様子が，世帯の属性や借受の種類・金額，民生委員との関係によってどのように異なるのかを明らかにする．

　1960年代の調査の再分析によって取り組まれる上記の課題は，しかし以下の2点で現代と切り結ぶものである．第1に，福祉制度の利用にともなう恥は，それが潜在的逆機能として「発見」された時代を経て（Merton 1949＝1961），

今ではむしろ当然に存在するものとして認識されている．もとより恥辱と屈辱は貧困経験の中心とも指摘されるが（Lister 2004＝2011），とりわけ日本社会では勤労という徳目がネオリベラリズムと共振しながら称揚されていることが指摘されており（井手ほか 2016），他国に比べても貧困の原因が個人の努力や道徳の欠如に求められがちである（Kluegel et al. 1995）．たとえば生活保護では，こうした自助自立を重視する発想が利用を控えさせており（吉武 2019），利用に恥がともなうことも指摘されている（稲葉 2013）．戦後福祉国家が立ち上がっていく時期において福祉制度利用にともなう恥の感覚を明らかにすることは，現代の私たちも変わらずもってしまっている感覚を歴史の中に位置づけ，過去との比較を可能にするだろう．

　第2に，福祉資金制度を広義のマイクロ・クレジット（Microcredit：MC）の取り組みと捉えるとき，とくにその先進国での広まりを踏まえると，本章で分析する福祉資金調査はその先駆として捉え直すことができる．無担保・少額・低金利の貸付によって世帯の自助更生を促すという点で，福祉資金制度はMCと類似の仕組みをもっている．MCが耳目を集める契機ともなったムハマド・ユヌスによるグラミン銀行（バングラデシュ，1983年〜）に象徴されるように，これまでMCについては発展途上国での実践が注目されてきたが，近年では先進国を対象にした研究も蓄積されつつある．途上国と先進国の違いとして指摘される点のひとつは，返済の遅滞や債務不履行のリスクを管理する方法である．途上国ではグループを対象として貸付による互助と相互監視にその機能を託しているが（Karim 2008），先進国ではコミュニティの弱さゆえにグループ貸付を行いにくい．そのため，個別の連帯保証人や事業運営・金銭管理についての指導を導入する方法が注目されている（Pedrini et al. 2016）．次節に述べるように，本章では貸付から償還までの伴走支援を行う民生委員の存在に注目するが，それは現代の先進国が行っている実践のごく初期の事例として捉え直すことができるのである．

　本章は以下のように構成される．問題関心を述べた本節に続き，次節では福祉の利用と恥をめぐる既存の研究を概観する．そこでは，とくに福祉資金制度についての広範な理論的検討を行った角崎（2013）に依拠しながら，民生委員による伴走支援がもつ効果に注目するという分析視角が得られるだろう．3節

では分析の方法を述べ，続く4節で分析の結果を述べる．5節では分析結果を考察し，結論を述べる．

## 2　先行研究と本章の仮説

　本節では，福祉制度の利用と恥の関連についての先行研究を検討することを通じて，福祉資金調査のデータを分析するための視角を得る．先回りして述べると，貸付という支援の方法においてこそ利用者に恥を感じさせないことに意義があり，そのための民生委員による支援に注目することが本章の主眼となるだろう．

　福祉制度の利用と恥についての研究で多くを占めるのは，現金ないし現物の給付を行う福祉制度を対象としたものである．これらは恥を福祉制度利用のコストとみなし，とくに利用開始時に注目して数理モデルを構築するものと，実際の利用者が感じるスティグマを経験的に明らかにするものに大別される．前者は，Weisbrod（1970）を嚆矢として利用開始時におけるスティグマが制度利用を抑止することを数理的に説明するもので（Moffitt 1983；Besley and Coate 1992；Blumkin et al. 2008；栗田 2017；Takahashi 2017），その様子の計量的な検証も蓄積されている（Riphahn 2001；Stuber and Schlesinger 2006）．

　後者は，アメリカの Food Stamp や AFDC[1) の利用者を対象とした調査に基づいている．そこでは，利用者に恥を感じさせやすくする属性として，長期の教育を受けていることや地域の福祉権協会との関わりが疎遠であること，近隣住民に制度の利用を知られること，知り合いや家族に制度の利用者がいないことなどが（Horan and Austin 1974；Rogers-Dillon 1995），また恥を感じやすい人の意識として，伝統的価値観が強いこと，ケアする母親としてのアイデンティティをもたないことなどがそれぞれ指摘されている（Kerbo 1972；Jarret 1996）．くわえて，個人の属性や意識のみならず，制度設計と恥の関連としては，現金支給や受給期間の長期化，受給条件の厳格化，少ない受給額，特定の社会的カテゴリを対象とすることなどが，恥を感じやすくさせるものとして指摘されてきた（Stuart 1975；Horan and Austin 1974；Murray 1984；Williamson 1974）．

以上の研究群，とりわけ後者の恥の規定要因をめぐる研究は，福祉資金調査において利用者の恥の感覚を分析する際にも参考になる知見を含んでいる．しかし，これらの研究は給付という手段を用いた福祉制度を対象としたもので，福祉資金制度のように貸付という手段を対象としたものではない．そこで次に，貸付という方法に注目した研究を概観する．

　福祉資金制度や，その流れを汲む現在の生活福祉資金貸付制度は，生活困窮者への支援の中でも生活保護などと比べてややマイナーな位置にある．そのため，この制度を対象とした研究はそれほど蓄積されておらず，実態の調査が散発的に行われているにとどまっている（岩田・鳥山 2006；社会福祉法人全国社会福祉協議会 2014）．しかしその中にあって，角崎（2013）はこの制度について歴史・理論の両面から網羅的に検討しているので，その議論を確認しよう．

　角崎によれば，生活保護に代表される給付を貧困層への救貧政策として，また福祉資金制度のような貸付をそうした層への転落を防ぐ防貧政策として，分担関係にあるものとして捉えると，貸付という制度がもつ本来の意義を捉え損なうという．すなわち，貸付の本質は時間の幅をとった個人内での資源移転なのであり，それゆえ借り手の自主性を尊重し，また市場に統合することも可能になるのだ．ここで必要になるのが，償還指導と返済計画の柔軟な設定である．すなわち，借り手に対して生活を指導し，計画的な返済を促す伴走支援を行うこと[2]，また同時に状況に応じて返済計画を見直し，また決済を猶予するのだ．時間がかかったとしても返済ができるのであれば，借り手は借り手としての責任を果たし，正しく貸借関係を解消することができる．そのために必要なのは，返せない借り手にいたずらにペナルティを与えることではなく，借り手が責任を果たせるように指導することとなる．これが制度的に実装されることができてはじめて，福祉的貸付という手法はその真価を発揮するという（角崎 2013：278）．

　この指摘は，貸付にともなう恥についても示唆的である．たしかに，借りたこと・あるとき返せなかったことがスティグマになりうるとしても，最終的に返したのなら，あるいは返せる見込みがあるなら，それも緩和されうる可能性がある．そしてそれを可能にするのが伴走支援だとするなら，伴走支援は返済という実際の行為のみならず，借り手の意識にも影響を与えうる．

本章では，以上の角崎による理論的考察を踏まえつつ，これを福祉資金調査のデータを用いて経験的に検討する．その際，とくに民生委員による伴走支援の効果に注目し，以下2つの仮説を検証する．

　　仮説1：民生委員による償還指導は，貸付にともなう恥や気まずさを減らす．
　　仮説2：そうした指導の効果は，計画的な返済が可能になることを通じて発揮されている．

　なお，スティグマの緩和および償還指導という論点は，福祉資金制度に似た仕組みであるMCをめぐる既存の議論にも示唆を与えるものと思われるので，ここでその点について確認しておこう．

　20世紀後半から注目を集めているMCは，グラミン銀行を端緒として発展途上国を中心に広まったもので，福祉資金制度がその淵源をもつものではない．しかし，無担保・少額・低金利の貸付を通じて世帯の自助更生を促すという点で，福祉資金制度はMCの近代における先駆的一例とみなすことができるだろう．零細自営業のみならず就学や病気療養なども支援対象にしているという点で，近年の分類ではソーシャル・マイクロクレジットに該当するといえる（Lämmermann 2010）．そこで，以下ではMCと恥についての既存の議論を確認しよう．

　発展途上国を中心に広がったMCにおいても，借り手の感じる恥は早くから認識されていた．ただし，ここでは恥は解決すべき問題としてよりも，借り手を複数人のグループにまとめて貸付を行う仕組みにおいて，返済を動機づける感情的な資源とされている．たとえば，ニジェールでは返済しない人の名前が銀行に張り出される（Federisi 2014）．あるいはバングラデシュでは，破産した女性は家族に食事を作る米を炊く瓶を奪われるという罰を受ける──これはバングラデシュでは耐え難いほどに面目を失う事態であり，夫から見捨てられ，村を追われ自死に至る人すらいる（Karim 2008）．これらの研究によれば，こうした社会的な制裁があるからこそ，それを避けるための借り手の相互監視が発達してMCの高返済率が実現されるとともに，制度としての持続も可能に

9章　福祉資金の利用にともなう恥の規定要因──185

なるという．恥は道具的に制度に組み込まれているのである（Karim 2008）．しかし，こうした恥の「利用」については，その結果もたらされるホームレス化，移民[3]，自殺などに対しての批判も出現しつつあり（Bylander 2014），途上国における MC が解決すべき今後の課題となることが予想される[4]．

一方，先進国における MC とも，本研究はまた違った文脈で接点をもつ．上記のように，MC は発展途上国を中心に広がり，その研究もおもに開発経済学で蓄積されてきた．先進国でこれまで MC が発達してこなかったのは，銀行の経営効率が高いために相対的に低利子で貸付を行うことができ，かつ銀行の支店も多いためにそうした貸付に人々の多くがアクセスできるため，MC が発達する余地が小さかったことなどが原因として指摘されている（Pedrini et al. 2016）．しかし近年では先進国で MC を展開する組織も徐々に増えつつあり，研究も散発的にではあるものの行われるようになっている．先進国における MC の特徴として，発展途上国に比べて地縁的なつながりが乏しいためにグループ貸付が発達しないことが挙げられる．グループ貸付は，債務不履行に至った場合に起こる社会的制裁を借り手に予期させることで返済を動機づける機能をもち，結果的にそれが制度を持続可能にするのであった．このことを踏まえると，それを使えない先進国においては，別の方法で返済が動機づけられなければならない．そこで先進国の MC では，貸付に際して担保や保証人が求められるようになっており，いくつかの研究では保証人の存在や人数が返済を促進することも経験的に確かめられている（Chuchill 1999 ; Jaunaux and Venet 2009）．さて，これらの研究で対象となっている保証人は，借り手の破産に際して債務を負う連帯保証人である．しかし，先進国において MC が発展する条件を検討した Pedrini et al.（2016）によれば，そうした連帯保証人のみならず，借りた資金の運用や，その資金を元手にした事業についての教育機関をつくることも，先進国における MC の発展に寄与しうるという．本研究が注目する民生委員による償還指導は，まさにこうした伴走支援のひとつである[5]．福祉資金調査は，先進国における MC が現在直面している課題にとっての半世紀早い経験的事例であるといえる．

以上，本節では福祉制度の利用にともなう恥の緩和について既存研究を概観し，民生委員の伴走支援に注目するという視座を得た．またこうした問題設定

と分析視角が MC をめぐる議論とも接続しうることを指摘した．

## 3 データと方法

　本節では，用いるデータと変数，および分析方法を述べる．繰り返すように，本章で分析対象とするのは福祉資金調査の対象世帯である．ここでは分析に用いる以下の変数に欠損のない世帯のデータを用いる．従属変数はすでに見たように，各世帯の調査票に附帯した意見調査の表から，恥については「あなたは，この資金を借りることについて恥しい思いをしたことがありますか」，気まずさについては「あなたはこの資金を借りていることによって，気まずい思いをしたことがありますか」という 2 つの質問の回答をそれぞれ用いる．前者は「する・しない」の 2 択で，後者は「全然ない」「多少ある」「かなりある」という 3 段階の順序尺度で，それぞれ尋ねられている．これらへの回答をそれぞれ従属変数として，前者の恥については 2 項ロジスティック回帰分析を，後者の気まずさについては順序ロジスティック回帰分析を行う[6]．

　独立変数は，前節で見た本章の理論的視座を踏まえた仮説に検証するものとして，民生委員による指導の程度と返済状況を用いる．民生委員からの指導については，同じく意見調査から「資金運用の相談や指導について」という項目を用いる．回答は「このままでよい」「もっと指導してほしい」「あまり指導しなくてよい」「その他」「わからない」の 5 つから選択する形式となっている．返済状況については，すべての資金種別について共通して尋ねられている「返済の実際」という項目を利用する．こちらは「申請通り返した（ている）」と「申請よりおくれた（ている）」の 2 択で尋ねられている[7]．

　共変量には，前節に見た給付にともなう恥を対象とした諸研究を踏まえつつ，まず人口学的な変数として世帯主の性別と年齢を投入する[8]．また，社会経済的地位として世帯主の学歴（未就学・初等学歴・中等学歴・高等学歴）と就業状態（有業・無業），世帯の等価可処分所得を投入する．以上はすべて貸付時点ではなく，恥や気まずさが尋ねられたタイミングである調査時点の値を用いる．

　さらに，借りている資金に関連した変数として，まずその種別を事業・生業

開始資金，事業・生業継続資金，住宅資金，就学資金，療養資金の5カテゴリに再分類して投入する．また，借入額と既返済額をそれぞれ投入する．くわえて，貸付の効果の有無をそれぞれの資金について操作的に定義し投入する．すなわち，事業・生業の開始および継続資金については，「この資金によって事業収入がふえましたか」という問いに「ふえた」と回答した世帯，住宅資金については「資金を借りる前に比べ今のすまいは暮し良くなりましたか」という問いに「よくなった」と回答した世帯，修学資金については「修学状況」の項目で「順調に卒業（進級）した」と回答した世帯，療養資金については「治療の状況」の項目で「全治した」ないし「医師の指示通り治療している」と回答した世帯を，貸付の効果があった世帯とみなした．これは，当時の報告書の語でいう「想われた効果」，すなわちそれぞれの資金が第一義的に想定し狙った効果の有無を示す変数であるといえる．

　分析に際しては，まず共変量のみを投入したモデルを推定した上で，民生委員による指導の変数を投入し，その効果を確認する（仮説1）．次いで返済の遅れの変数を投入し，その効果および民生委員による指導の係数の変化から変数間の媒介関係を確認する（仮説2）.

# 4　結　果

　**表9-1**に分析に用いた変数の記述統計を示す．世帯主の年齢は40〜50代に集中しており，相対的に女性・初等学歴・有業の人が多い．借りている資金については住宅資金が少ないもののそれぞれの資金が広く利用されており，3分の2程度の世帯で資金の効果が実感されている．民生委員の指導は半数程度がこのままでよいと回答している．4分の1程度の世帯で返済が遅れている．従属変数である恥や気まずさについては，第1節に触れたような福祉利用にともなうスティグマの問題を指摘する研究群を踏まえると，感じていないという回答が思いのほか多い印象を受ける．一方，1〜2割程度の世帯では恥や気まずさが感得されており，その規定要因は以下の多変量解析によって推測される．なお，福祉資金調査は悉皆調査であるため（第2章堀江論文），有意性検定はあくまで参考程度に捉える．

**表 9-1　記述統計**

| | | 度　数 | パーセント |
|---|---|---|---|
| 恥しい思い | しない | 2,912 | 68.02 |
| | した | 599 | 13.99 |
| 気まずい思い | 全然ない | 2,634 | 61.53 |
| | 多少ある | 708 | 16.54 |
| | かなりある | 110 | 2.57 |
| 世帯主の性別 | 男　性 | 1,649 | 38.52 |
| | 女　性 | 2,625 | 61.32 |
| 世帯主の学歴 | 未就学 | 377 | 8.81 |
| | 初等学歴 | 2,627 | 61.36 |
| | 中等学歴 | 1,105 | 25.81 |
| | 高等学歴 | 172 | 4.02 |
| 世帯主の就業状態 | 有　業 | 3,815 | 89.11 |
| | 無　業 | 466 | 10.89 |
| 資金種別 | 生業開始資金 | 1,166 | 27.24 |
| | 生業継続資金 | 1,207 | 28.19 |
| | 住宅資金 | 286 | 6.68 |
| | 修学資金 | 968 | 22.61 |
| | 療養資金 | 654 | 15.28 |
| 貸付の効果 | 効果あり | 2,948 | 68.86 |
| | 効果なし | 1,333 | 31.14 |
| 民生委員による指導 | あまり指導しなくてよい | 122 | 2.85 |
| | このままでよい | 2,239 | 52.30 |
| | もっと指導してほしい | 446 | 10.42 |
| | わからない | 224 | 5.23 |
| 返済の遅れの有無 | 遅れていない | 3,140 | 73.35 |
| | 遅れている | 1,141 | 26.65 |

| | 平　均 | 分　散 |
|---|---|---|
| 世帯主の年齢 | 47.67 | 8.52 |
| 世帯の等価可処分所得（千円） | 16.71 | 8.47 |
| 借受額（千円） | 45.86 | 29.18 |
| 既返済額（千円） | 18.14 | 16.65 |

　表 9-2 左に恥を従属変数とした 2 項ロジスティック回帰分析の推測結果を示す．モデル 1 は人口学的変数および社会経済的地位，そして利用した貸付についての基本的情報を投入した結果である．このなかでは，世帯主の性別と学歴の影響が見られる．すなわち，世帯主が男性である場合に，また世帯主が中等学歴である場合に比べて未就学である場合に，貸付にともなう恥が強く感じら

表 9-2　多変量解析の結果

| | モデル 1 | モデル 2 | モデル 3 | モデル 4 | モデル 5 | モデル 6 |
|---|---|---|---|---|---|---|
| 世帯主の性別（参照：女性） | | | | | | |
| 　男性 | 0.312** | 0.301** | 0.261* | 0.331*** | 0.318** | 0.213* |
| 世帯主の年齢 | 0.003 | 0.002 | 0.002 | 0.001 | 0.001 | 0.001 |
| 世帯主の学歴（参照：中等学歴） | | | | | | |
| 　未就学 | 0.392* | 0.399* | 0.404* | 0.104 | 0.105 | 0.104 |
| 　初等学歴 | 0.156 | 0.160 | 0.166 | −0.083 | −0.081 | −0.073 |
| 　高等学歴 | −0.100 | −0.085 | −0.088 | −0.062 | −0.051 | −0.055 |
| 世帯主の就業状態（参照：有業） | | | | | | |
| 　無業 | 0.027 | 0.020 | 0.006 | −0.003 | −0.011 | −0.042 |
| 世帯の等価可処分所得（千円） | −0.001 | 0.000 | 0.000 | −0.009 | −0.007 | −0.006 |
| 資金種別（参照：療養資金） | | | | | | |
| 　生業開始資金 | −0.361* | −0.359* | −0.402* | −0.010 | 0.000 | −0.109 |
| 　生業継続資金 | −0.314* | −0.307* | −0.343* | −0.132 | −0.122 | −0.217† |
| 　住宅資金 | −0.426* | −0.404† | −0.404† | −0.404* | −0.380* | −0.368† |
| 　修学資金 | −0.930*** | −0.901*** | −0.831*** | −0.883*** | −0.853*** | −0.672*** |
| 借受額（千円） | −0.001 | −0.001 | −0.001 | −0.004* | −0.004* | −0.004* |
| 既返済額（千円） | −0.012*** | −0.011** | −0.008* | −0.017** | −0.016** | −0.010** |
| 貸付の効果（参照：効果なし） | | | | | | |
| 　効果あり | −0.226* | −0.204* | −0.167 | −0.421** | −0.392** | −0.308** |
| 民生委員による指導（参照：このままでよい） | | | | | | |
| 　あまり指導しなくてよい | | 0.579** | 0.573** | | 0.679*** | 0.676*** |
| 　もっと指導してほしい | | 0.347* | 0.342* | | 0.501*** | 0.492*** |
| 　わからない | | 0.576*** | 0.540** | | 0.724*** | 0.637*** |
| 返済の遅れの有無（参照：遅れていない） | | | | | | |
| 　遅れている | | | 0.283** | | | 0.717*** |
| N | 3,471 | 3,471 | 3,471 | 3,411 | 3,411 | 3,411 |
| AIC | 3119.9 | 3105.2 | 3100.1 | 4228.5 | 4192.0 | 4136.6 |

注：†：p＜0.1，*：p＜0.05，**：p＜0.01，***：p＜0.001.
従属変数の参照カテゴリは「恥しい思いをしない」.

注：†：p＜0.1，*：p＜0.05，**：p＜0.01，***：p＜0.001.
従属変数の参照カテゴリは「気まずい思いをしたことが全然ない」.

れている．ただし，それ以外の世帯主や世帯についての情報はほとんど効果を
もっていない．むしろ，恥や気まずさを強く規定するのは貸付とその返済をめ
ぐる状況である．まず資金種別で見ると，療養資金に比べてその他の資金を借
りている場合には，恥や気まずさを感じる傾向が小さい．とくに修学資金の係
数の絶対値は大きく，その利用にともなうスティグマが相対的に小さかったこ
とがわかる．また貸付の効果があったか否かの影響も強い．当時の報告書でい
う「想われた効果」，すなわちそれぞれの種別の福祉資金の本来的な目的が達
成されている場合に，恥は小さくなっていた．なお，既返済額の係数は有意で
あるものの，回帰係数は小さく影響は少ない．

　ここに民生委員による指導の程度を示す変数を投入した結果がモデル2であ
る．ここでは，回答者数の少ない「その他」を除いて，「このままでよい」を
参照カテゴリとしたダミー変数で投入している．この結果によれば，モデル1
で投入した変数の効果は大きく変わらないままに，民生委員の指導の有無も有
意な効果を示している．すなわち，「資金運用の相談や指導について」という
項目で「このままでいい」と回答した世帯に比べると，「もっと指導してほし
い」「あまり指導しなくてよい」，そして「わからない」を選んだ世帯のどれも
恥を感じやすい．回帰係数を見ると，なかでも指導が過剰であると考えている
世帯や，適切な指導の程度がわからない世帯でより恥が感じられやすい様子が
わかる．ここから，貸付にともなう恥について，仮説1は暫定的に支持される．
また，民生委員の指導は多ければ多いほどいいわけではなく，世帯によってちょ
うどよいと感得されている必要があることがわかる．

　しかし，こうした民生委員による指導による恥の低下は，指導自体ではなく
指導を通じた順調な返済によって起きている可能性もある．そこで，これを確
認するために返済の有無を投入した結果がモデル3である．AICはモデル3
がもっとも小さくあてはまりがよい．この結果を見ると，まず返済が遅れるこ
とによって恥を感じやすくなることが確認できる．しかし，民生委員による指
導の回帰係数は，指導の程度が「わからない」と回答した世帯について若干の
低下が見られる以外はモデル2と大差はない．そこで，モデル3と同様の共変
量を用い，返済の遅れの有無を従属変数とした2項ロジスティック回帰分析を
行うと，民生委員による指導について「もっと指導してほしい」「あまり指導

しなくてよい」という回答と返済の遅れには関連はなく，「わからない」と回答した世帯で返済が遅れる傾向が見られた．以上から，民生委員からの望ましい指導の程度について「わからない」と回答した世帯が相対的に恥を感じやすいのは，返済が遅れることを経由していることがわかる．しかし，返済の有無の変数を投入することによる回帰係数の効果が微弱なことから，この媒介関係に吸収される効果は小さく，民生委員による指導を適切に受けていることと，返済が遅れていないことはほぼ独立して恥を感じさせにくくなることがわかる．

　以上の分析から，仮説1は順調な返済の媒介を想定してもなお支持される一方，仮説2は棄却される．すなわち，遅滞のない返済それ自体は恥を感じにくくさせるけれども，それは民生委員による指導によってもたらされているわけではない．

　続いて**表9-2**右に，気まずさを従属変数とした順序ロジスティック回帰分析の推測結果を示す．恥を従属変数とした分析と同様に，こちらでもモデル4から6まで順次変数を追加している．生業開始資金の利用や未就学であることなどの効果に若干の違いはあるものの，おおむね係数が有意となっている変数やその正負・大小については恥を従属変数とした分析と大差はない．ただし，返済の遅れの変数を投入することによって，民生委員による適切な指導の程度がわからないという回答の回帰係数は，恥を従属変数とした場合に比べて有意なまま減少している．これは民生委員による適切な指導の程度がわからないと回答した世帯が恥を感じやすいことのうちのある程度が，返済の遅れを媒介していることを示している．以上から，気まずさについても，まず仮説1は支持される．すなわち，民生委員の関わりは，気まずさを感じさせにくくする．その上で，仮説2についてはごく部分的に支持される．すなわち，適切な指導の程度がわからないという世帯に比べると，適切であると感じられている世帯では返済が順調になる傾向にあり，これを経由することで気まずさが感じられにくくなっている．ただし，民生委員に対し「もっと指導してほしい」ないし「あまり指導しなくてよい」と回答した世帯が気まずさを感じやすいことについて，返済の遅れによる媒介は見られない．

192——第Ⅱ部　人びとはいかに厳しい状況からの脱却を図ったか

# 5　考察と結論

　本章では，福祉的な貸付の利用にともなうスティグマの規定要因を明らかにすることを目的とし，福祉資金調査のデータの再分析を，とくに民生委員による伴走支援の効果に着目しておこなった．

　その結果，まず概して制度の設計に叶った「よい利用者」であることが福祉資金の利用にともなう恥や気まずさを減らすことにつながっていたことが明らかとなった．ここでの「よさ」は，まず借受から返済に至るまでの期間に優良であることを意味する．返済額が多く，返済が遅れていないこと，すなわち債務不履行の可能性が小さいことが，恥や気まずさを感じにくくさせる．そしてまた，これは返済以後の展望まで含めて優良な世帯であることをも意味する．貸付を受けなければならなかった原因を，その目的通りに乗り越えた世帯において，恥や気まずさは減っている．この点は，資金種別で見て修学資金を借りている場合にとくに恥や気まずさが小さくなりやすいことにも通底する．高校進学による人的資本の蓄積という発想は1950年代には意識されていたものの，当時は経済的理由により多くの場合進学は困難であった（相澤 2016）．それに対し1960年代になると，進学は貧困脱却のための現実的な手段となり始める．ここでも学費や学用品の工面といった経済的な問題は立ち塞がるが，それさえクリアできれば，子どもは将来の家計を支えるエンジンともなりえる存在だった（開田 2016）．つまり，貧困からの離陸可能性に資する修学資金は，世帯「更生」という目的が果たされやすい資金だったのである．それゆえ，その利用においても恥や気まずさが感じられにくかったのだろう．この点は，療養資金との対比が明確である．療養資金の利用はどの資金種別に比しても恥や気まずさを感じやすくさせる傾向にある．仮に療養資金を通じて心身の不調が回復したとしても，世帯の暮らし向きが大きく改善することはなく，修学資金と同じように子どもを主な対象としていても（第7章坂井論文），世帯「更生」という目的に照らして抜本的な効果を生みづらい療養資金は，どうしても利用にともなう恥や気まずさをともないがちになるのである．

　本章がとくに注目した民生委員による指導については，それ自体が独立して

もつ効果が確認された．民生委員による指導を世帯が適切と思える程度に過不足なく行われているとき，世帯が感じる恥や気まずさは減る．そして，この効果は民生委員の指導を通じて返済が順調になることを経由してというよりは，指導それ自体によって発揮されている．

　角崎（2013：279）によれば，「福祉的貸付とは，【貸付して返済期日まで無為に待つ】ことではないし，『返せ，返せ』と督促することでもない」．民生委員の支援が少なすぎれば返済までの道筋が見通しづらくなる一方，多すぎれば単なる取り立てに接近してしまう．その支援が中庸であるときに，民生委員は返済計画の見直しを立て，遅れたとしても貸借関係の解消に導くという独自の役割を発揮するのだ．今回の分析で対象となっている世帯に対して，民生委員が具体的にどのような支援をしていたのか，その詳細を調査票からうかがい知ることはできない．しかし，民生委員が付かず離れずの適切な距離感で関わり続けることが返済とは別の回路で福祉資金利用にともなう恥や気まずさを減らしていたのだとすれば，それは貸借関係の解消に向けた道筋が常に提示されていたことの効果として解釈しうる．角崎が提示した民生委員による伴走支援がもつ理論的意義を，本研究の結果は経験的に確かめるものになっていると言えるだろう．

　また，1960年代の日本のデータに基づく知見を別の社会へ軽々に敷衍することは慎まなければならないけれども，十分な留保をつけた上で，これは諸外国でのMCの展開に対しても示唆的である．第2節で見たように，まず途上国においては貸付にともなうスティグマは償還を促進するための道具として制度に組み込まれ，その弊害が指摘されているのであった．この点，償還指導を通じて貸借関係の解消への道筋が示され続けることは，こうした弊害を緩和する方法になるかもしれない．一方で先進国においては，民生委員の指導に似た教育指導によって償還を促し，スティグマに頼らずに制度を持続可能にしようとする試みがあるのだった．しかし，民生委員による指導が恥を減らしたとしても返済の遅れを抑止するには十分でなかったことを踏まえると，結局は連帯保証人のように指導にとどまらない役目を負う人を据える必要があるかもしれない．また逆に，現代の諸外国あるいは日本において，償還指導がスティグマや返済の遅れにどのような効果があるかが明らかになれば，1960年代日本と

いう社会の特殊性を明らかにすることができるだろう.

　ただし，本章の分析は以下の限界をもつ．まず，民生委員の指導の程度は，あくまで世帯から感得されている程度として回答されているものであるから，「このままでよい」と回答した世帯であっても，それは必ずしも当該の民生委員が本当に適切な支援をしていたことを意味するものではない．ある世帯で適切とされている程度の支援が，世帯によっては過剰ないし過小と捉えられている可能性はあり，こうしたずれを今回の分析では掬い取ることができていない．また，クロスセクションデータの分析に避けがたく付きものの問題として，本研究の分析結果はあくまで相関を示すものに過ぎない．すなわち，恥を感じている世帯ほど民生委員の関わりに過不足を感じているという可能性を，今回の結果は排除できていない．とくに，福祉資金の利用に恥を感じている世帯が，そうであるからこそ，民生委員の関わりを煩わしく過剰と考えることは十分に考えられる．逆に，恥を感じているからこそ，より綿密な指導をしてほしいと思うこともあるかもしれない．とはいえ，この点を精査するためにパネルデータを整備することは現実的に難しいと思われるため，民生委員による指導や返済の過程とスティグマの絡み合いを解きほぐすのには，詳細な質的分析を用いることが現実的かつ有効であろう．

　以上，本章では福祉資金制度を利用した人々のスティグマの規定要因を探った．現在，福祉資金制度の利用者は縮小傾向であることもあって，貸付という手法は政策研究の対象となりにくい．しかし，コロナ禍が始まった 2020 年は，給付が財政的に難しいこともあってか，特例貸付（緊急小口資金および総合支援資金）が困窮する人々への経済的支援として実施され，にわかに話題となった．一方，のちには，その返済ができないという問題も現れた（『読売新聞』2023.4.4 大阪版朝刊）．今後も経済的な危機が訪れるときには，貸付がひとつの政策的手段となり，返済に苦労する人々が現れるだろう．借りた人々を返した人々へと導き，利用者のスティグマを減らす伴走支援の意義は，そのたびごとに振り返られてよい．

1)　Food Stamp は食糧費補助を行う公的扶助制度．AFDC（Aid to Families with Dependent Children）は，主に母子家庭を支援する制度．現在はそれぞれ SNAP

(Supplemental Nutrition Assistance Program), TANF (Temporary Assistance for Needy Families) に代わられるかたちで廃止されている.

2) 「伴走型支援」を標榜してホームレス支援を行ってきた奥田知志や後続の研究では，伴走型支援は孤立・困窮した人々と関わり続け，見守りをする地域の人々とのつながりを醸成し，包摂的な地域社会を作っていくことまでの射程をもっている（奥田・原田編 2021；稲月 2022）．この点で，あくまで世帯に照準し，世帯更生や就学という相対的に短期の目標を設定する福祉資金は，奥田らの言葉では伴走型支援との両輪をなす「問題解決型支援」にあたるだろう.

3) Bylander（2014）のインフォーマントは，返済のために家財を売ったり，あるいは破産して法的に介入されることで家族に恥をかかせるくらいなら，移民の方がリスクが少ないという選好を語っている.

4) このほか，貧困対策としての効果一般に対しても，借りられたお金が本来の目的である小規模事業ではなく当座の生活資金に使われてしまうことや，返済のために別のインフォーマルな金貸しを利用することで多重債務に陥ること，またグループ貸付を可能にする基盤であったはずの土着の社会的紐帯を破壊するといった問題点も指摘されてきている（Dichter 2007；Hulme 2003；Bylander 2015）．グラミン銀行もその弊害ゆえ，現在ではグループ貸付を行っていない（鈴木ほか 2011）.

5) グラミン銀行でも借り手への指導は行われているが，その内容は具体的な償還指導というより，時間的規律や衛生観念など，貧困脱却のための価値観の陶冶に重心がある（坪井 2006）.

6) 次節で見るように，恥や気まずさの回答はそれぞれ 18.0%，19.4% が欠損している．そこで，無回答を恥や気まずさを感じているものとして，それぞれ 1，2 と単一代入し，統制変数に従属変数が欠損していたことを示すダミー変数を投入した分析も行ったが，結果はリストワイズ除去によるものとおおよそ同じであることを確認している.

7) なお，調査票には資金の借受額と既返済額・未返済額，そして償還期間の項目がある．これらを組み合わせ，利子を含めた返済を要する総額とそのなかに占める既返済額の割合を計算し，これと予定された償還期間に占める借受時点から調査時点までの期間の割合を比較することで，償還がどの程度順調かを定量的に推し量ることはできる．しかし，返済方法には年賦・半年賦・月賦の 3 種類があるため，この方法では調査時点の直後に年賦や半年賦で返済する世帯の返済状況を過剰に遅れていると評価してしまう可能性がある．また，資金の種別により返済が軌道に乗るまでのタイミングは異なると思われるため，一律の基準で遅れているか否かを判断することは難しい．そこで，ここでは遅れているか否かを回答者に直接尋ねた項目を用いる.

8) 大日本育英会（日本育英会を経て現・日本学生支援機構）の事業開始は 1943 年で，1930 年以降生まれ（調査時点で 32 歳以下）はおおよそ日本において国家規模の奨学金を利用しえた第 1 世代にあたる（白川 2018）．この点を踏まえて年齢を 10 年ずつのカテゴリに変換し，世代間の差に注目した分析も行ったが，結果は本

文中のように年齢を連続変数として扱ったものと大きくは変わらなかった.

［付記］
　本章は，東京大学社会科学研究所附属社会調査・データアーカイブ研究センター
『2019 年度課題公募型二次研究会 戦後福祉国家成立期の福祉・教育・生活をめぐる
調査データの二次分析研究成果報告書』に初出の同名論文を加筆修正したものである.

［参考文献］
相澤真一，2016，「社会調査データから見る子どもと貧困の戦後史」相澤真一・土屋
　　敦・小山裕・開田奈穂美・元森絵里子『子どもと貧困の戦後史』青弓社，pp. 29-
　　50.
Besley, T. and S. Coate, 1992, "Understanding Welfare Stigma: Taxpayer Resent-
　　ment and Statistical Discrimination," *Journal of Public Economics*, 48(2): 165-
　　183.
Blumkin, T., Y. Margalioth and E. Sadka, 2008, "The Role of Stigma in the De-
　　sign of Welfare Programs," Cesifo Working Paper, 2305.
Bylander, M., 2014, "Borrowing across Borders: Migration and Microcredit in
　　Rural Cambodia," *Development and Change*, 45(2): 284-307.
―――, 2015, "Credit as Coping: Rethinking Microcredit in the Cambodian
　　Context," *Oxford Development Studies*, 43(4): 533-553.
Churchill, C. F., 1999, *Client-Focused Lending: The Art of Individual Lending*,
　　Washington, D.C.: Calmeadows.
Dichter, T. W., 2007, "Can Microcredit Make an Already Slippery Slope More
　　Slippery?: Some Lessons from the Social Meaning of Debt," T. W. Dichter and
　　M. Harper eds., 2007, *What's Wrong with Microfinance?* Rugby: Practical Ac-
　　tion Publishing.
Federici, S., 2014, "From Commoning to Debt: Financialization, Microcredit, and
　　the Changing Architecture of Capital Accumulation," *South Atlantic Quarter-
　　ly*, 113(2): 231-244.
Horan, P. M. and P. L. Austin, 1974, "The Social Bases of Welfare Stigma," *Social
　　Problems*, 21(5): 648-657.
Hulme, D., 2003, "Is Microdebt Good for Poor People? A Note on the Dark Side of
　　Microfinance," M. Harper ed., *Microfinance: Evolution, Achievement and Chal-
　　lenges*, Rugby: Practical Action Publishing, pp. 155-157.
井手英策・古市将人・宮崎雅人，2016，『分断社会を終わらせる――「だれもが受益
　　者」という財政戦略』筑摩書房.
稲葉剛，2013，『生活保護から考える』岩波書店.
稲月正，2022，『伴走支援システム――生活困窮者の自立と参加包摂型の地域づくり
　　に向けて』明石書店.

岩田美香・鳥山まどか，2006，「母子福祉資金貸付制度に関する母子自立支援員への調査結果報告」『教育福祉研究』12: 141-187.

Jarrett, R. L., 1996, "Welfare Stigma among Low-Income, African American Single Mothers," *Family Relations*, 45(4): 368-374.

Jaunaux, L. and B. Venet, 2009, "Individual Microcredit and Social Pressure," *First European Research Conference on Microfinance*.

角崎洋平，2013，『福祉的貸付の歴史と理論』立命館大学大学院先端総合研究科2012年度博士論文.

開田奈穂美，2016，「貧困からの脱却と子どもの高校進学」相澤真一・土屋敦・小山裕・開田奈穂美・元森絵里子『子どもと貧困の戦後史』青弓社，pp. 105-131.

Karim, L., 2008, "Demystifying Micro-Credit: The Grameen Bank, NGOs, and Neoliberalism in Bangladesh," *Cultural Dynamics*, 20(1): 5-29.

Kerbo, H. R., 1972, "Stigma of Welfare and a Passive Poor," *Sociology and Social Research*, 60: 173-187.

Kluegel, J. R., G. Csepeli, T. Kolosi, A. Orkeny and M. Nemenyi, 1995, "Accounting for the Rich and the Poor: Existential Justice in Comparative Perspective," J. R. Kluegel, D. S. Mason and B. Wegener eds., *Social Justice and Political Change, Public Opinion in Capitalist and Post-Communist States*, Oxford: Taylor & Francis, pp. 179-207.

栗田健一，2017，「納税者の怒りと公的扶助の最適水準」『経済論究』159: 1-7.

Lämmermann, S., 2010, "Microcredit in France: Financial Support for Social Inclusion," Carboni, B.J., M. L. Calderón, S. R. Garrido, K. Dayson and J. Kickul eds., *Handbook of Microcredit in Europe*, Northampton: Edward Elgar.

Lister, R., 2004, *Poverty*, Cambridge: Polity.（＝2011，松本伊智朗監訳，『貧困とはなにか――概念・言説・ポリティクス』明石書店）.

Merton, R. K., 1949, *Social Theory and Social Structure*, New York: Free Press.（＝1961，森東吾・森好夫・金沢実・中島竜太郎訳，『社会理論と社会構造』みすず書房）.

Moffitt, R., 1983, "An Economic Model of Welfare Stigma," *The American Economic Review*, 73(5): 1023-1035.

Murray, C., 1984, *Losing Ground: American Social Policy, 1950–1980*, New York: Basic Books.

奥田知志・原田正樹編，2021，『伴走型支援――新しい支援と社会のカタチ』有斐閣.

Pedrini M., V. Bramanti, M. Minciullo and L. M. Ferri, 2016, "Rethinking Microfinance For Developed Countries," *Journal of International Development*, 28: 281-302.

Riphahn, R. T., 2001, "Rational Poverty or Poor Rationality?: The Take-up of Social Assistance Benefits," *Review of Income and Wealth*, 47(3): 379-398.

Rogers-Dillon, R., 1995, "The dynamics of welfare stigma," *Qualitative Sociology*,

18(4): 439.

白川優治，2018，「奨学金制度の歴史的変遷からみた給付型奨学金制度の制度的意義」『日本労働研究雑誌』60(5): 16–28.

Stuart, A., 1975, "Recipient Views of Cash versus In-Kind Benefit Programs," *Social Service Review*, 49(1): 79–91.

Stuber, J. and M. Schlesinger, 2006, "Sources of Stigma for Means-tested Government Programs," *Social Science & Medicine*, 63(4): 933–945.

鈴木久美・松田慎一・佐藤綾野，2011，「マイクロファイナンスにおける新たな潮流——ASA によるグループ貸付の実例から」『日本政策金融公庫論集』10: 89–114.

Takahashi, M., 2017, "Spatial Probit Analysis on Welfare Stigma: Evidence from Japan," Panel Data Research Center at Keio University Discussion Paper Series.

坪井ひろみ，2006，『グラミン銀行を知っていますか——貧困女性の開発と自立支援』東洋経済新報社.

Weisbrod, B. A., 1970, "On the Stigma Effect and the Demand for Welfare Programs: A Theoretical Note," IRP Discussion Papers.

Williamson, J. B., 1974, "The Stigma of Public Dependency: A Comparison of Alternative Forms of Public Aid to the Poor," *Social Problems*, 22(2): 213–228.

吉武理大，2019，「貧困母子世帯における生活保護の受給の規定要因——なぜ貧困なのに生活保護を受給しないのか」『福祉社会学研究』16: 157–178.

社会福祉法人全国社会福祉協議会，2014，『生活福祉資金（総合支援資金）借受世帯の現況調査報告書』.

# 第 III 部

## マージナルな人びとのライフコース
### 主婦・子ども・高齢者

第Ⅲ部では，戦後日本における標準的なライフコースの形成期としての高度経済成長期に注目しつつ，産業社会においてマージナルな存在となっていった主婦，子ども，高齢者の生活の多様な実態を，「団地居住者生活調査」「老齢者生活実態調査」の計量的な二次分析，および，当時の新聞や文献の内容分析によって検討する．

　第10章「耐久消費財の普及は妻の家事時間を減らしたのか」（渡邉大輔・前田一歩）では，団地の中心となる核家族とその生活を支える技術に注目する．耐久消費財の普及が主婦の家事時間を減らすことに寄与したのかを検証し，当時の生活の変化の内実が明らかにされる．第11章「団地のなかの児童公園——高度経済成長期の外遊びをめぐる生活時間データの分析」（前田一歩）では，「団地居住者生活調査」の復元データとその原票をもちいて独自に構築したテキストデータをもとに，団地での子どもの外遊びの実態が描写される．計量テキスト分析による歴史社会学という新しいアプローチによって，子どもの外遊びの実態と，その多くが主婦であった母だけでなく父のあり方がいかなるものであったかが明らかにされる．

　残る2章は高齢期に注目する．第12章の「1960年代における高齢者の生活の実相——『老人問題』の諸相」（羅佳）では，1963年の老人福祉法の制定など1960年代の高齢者の生活の実態を，当時の新聞記事や文献の記述の内容分析から明らかにする．「自殺」「就労」「住まい」など9つのテーマが抽出され，そのなかで高齢者の生活がいかなる形で描かれているのかが示される．本章の記述を通して，当時の生活と現代のあり方の関連がみえてくるだろう．第13章の「戦後日本型労働・雇用—保障体制の手前における高齢者の働き方と子からの自立生活意識」（渡邉大輔）では，定年制や社会保障制度の整備途上における高齢期に注目する．民法改正による扶養規範の変化，産業構造の変化が高齢者の自立意識にどのような変化をもたらしたのかを当時のデータから実証的に再検討し，男女でその意識の規定因が異なっていることを示す．

　個票データの二次分析によって明らかとなる，ライフコースの標準化の意味と，その実態の多様性に注目されたい．

# 10章————
# 耐久消費財の普及は妻の家事時間を減らしたのか

渡邉大輔・前田一歩

## 1 問題の所在と問いの設定——家族の戦後体制と家事

　本章の目的は，1965年に神奈川県において実施された団地居住者生活調査[1]のデータをもちいて，高度経済成長期において専業主婦世帯が一般化する先進的な空間といえる団地において，家事という営みを便利にするものと考えられる耐久消費財の普及が家事時間にいかなる影響を及ぼしたのかを検証することにある．

　落合恵美子は高度経済成長期において，近代家族に基づく家族のあり方が大衆化する状況を「家族の戦後体制」と呼んだ（落合 2019）．この家族の戦後体制は，女性の主婦化，きょうだい数が2~3人となることが一般化し規範化する再生産平等主義，多産多死から少産少死へと人口学的に移行する狭間にいる世代によって担われるという特徴をもつ体制である．落合が強調するように，家族の戦後体制は階層を超えて普及していく．高度経済成長期は，女性の主婦化の表裏となる性別役割分業を前提とした日本型雇用慣行が確立し，また，居住空間が核家族を前提とした空間となる．高度経済成長期は，家族，仕事，住宅，さらにやや遅れて福祉が一体となって変化する時代であった．

　このなかで，生活様式も大きく変化する．高度経済成長期は，耐久消費財が普及する時代である．とくに耐久消費財のなかでも電気洗濯機，電気掃除機，電気釜やガス釜，オーブンなどはそれまでの人力による家事を技術によって簡素化することを可能にするものであった．

　耐久消費財の普及といった技術革新と家事の関係については，技術史や家政

203

学を中心に研究が積み重ねられてきた．科学技術の社会史家であるコーワンは，テクノロジーの普及が主婦の労働時間を減らすのではなくむしろ増やしてきたのではないかと指摘する．たとえば，上水道が普及することで家庭における水仕事が増大するといったように，技術革新が家庭における新しい仕事をつくりだした．そのため，これまでにない仕事が家庭において創出され，家庭で行うべきこととされてゆく．また，そのような新しい仕事が必ずしも市場化やコミュニティでの共同化といった形で外部化されず，むしろ家庭の内部に取り込まれていった（Cowan 1983＝2010）．これは，近代家族の大衆化とも関係する．家事使用人を雇うことで家事労働を外部化していた一部の富裕層だけでなく，あらゆる階層において家族が変容し，また地域コミュニティも変化するなかで，技術革新による家事の変化を家庭のみが一身に担っていたのである．さらにこの変化を学問も正当化してゆく．ドライリンガーは，アメリカにおいて家政学（home economics）という学問がいかに効率と実用性を訴えつつ，その内実が家庭重視の考え方に取り込まれていったかを論じており（Dreilinger 2021），技術革新による変化は家庭における仕事としての家事のあり方を変え，さらにそれが家政学として学知化されてきたとする．技術革新と家事の関係は単なる省力化として理解できるものではないのである．

　技術革新や家族形態の変化が家事にもたらした変化をより実証的にとらえようとした研究として，生活時間研究がある．生活時間研究はだれにとっても時間は 24 時間であるという点に注目し，時間の使い方を生活行動の多寡やそのタイミングによって検討する．耐久消費財や家電製品の普及といった技術革新が家事の時間を減らすかどうかについては多様な議論がなされており，電気洗濯機や掃除機といった省力化を可能にする製品は家事時間を基本的には減少させたとする議論がある（Robinson 1980）．これに対してヴァネックは耐久消費財が普及してゆく 1920 年代から 1960 年代の変化をみると，家事時間は必ずしも減少しておらず，技術の普及によって家事が減少しないことは家事が質的に変化したことを意味しているとする（Vanek 1974）．ガーシュニーはこの省力化をもたらすはずの家電製品などの耐久消費財の普及が家事時間を削減しない点を「家事労働のパラドックス」（Gershuny 1984＝1989：64）と呼び，技術革新と人々の生活のウェルビーイングが結びついていない点について問題提起し

た.

　それでは，日本ではどうであろうか．耐久消費財，とくに電気洗濯機など省力化を可能にする家電製品が，重労働を救ったという議論は多い．たとえば天野・桜井（2003）は都市部以上に農作業と家事労働の苦労が大きかった農村において，洗濯機は夢であり，それを買うために3年間努力し，その結果として40分多く眠れるようになったというエピソードを紹介するとともに，当時の夫や姑世代が洗濯機の購入を認めない苦労に言及している．

　家電がもたらす時間削減についての数少ない実証研究として，藤本武らによって実施された1960年に京浜地帯の4つの大規模工場の工場労働者を対象とした生活時間調査による分析がある（藤本 1965）．藤本は，当時普及途上にあったテレビと電気洗濯機の有無が家事や余暇時間に及ぼす影響を分析している．その結果，洗濯機は「家事労働のうちで最も重筋的な洗濯労働を軽減させ」（藤本 1965：172）るとともに，時間という観点からも洗濯機の有無で洗濯の時間が減少しており，「洗濯機のあるために洗濯時間が少なくなったことは確実」（藤本 1965：173）と述べている．また，電気釜の炊事時間への影響はあまり大きくなかったとも言及している．ただ注意するべきは，藤本の研究は，洗濯時間，炊事時間という限定的な家事時間への影響のみを考察したものであり，家事全体としての時間の使い方は検討していないことである．藤本は1951年の別の生活時間調査の結果とも比較し，洗濯機が普及する前の1951年と1960年を比べてもそこまで洗濯時間が減っていないことから，洗濯の回数が増えるなどしているのではないかと述べている（藤本 1965）．また，この時期の生活時間調査の結果を分析した品田知美は，藤本の大工場労働者の生活時間研究のように同質な環境下では洗濯機の有無が一定の効果を及ぼすなどの結果はあるものの，トータルとしては，「家事水準の上昇圧力は技術革新の導入による削減効果より強かった」（品田 2007：48）とする．

　電気掃除機については，婦人雑誌の記事を分析した実証的研究がある．高度成長期におきた開放的な日本家屋から閉鎖的な集合住宅への住宅構造の変化が，「掃き出す」掃除から「吸い取る」掃除へと変化を促し，そこで掃除機が普及した（梅川 2021：33-34）という見方がある．そして，「吸い取る」掃除をするための掃除機を使用することで，それまで意識されていなかった空間を舞うチ

10章　耐久消費財の普及は妻の家事時間を減らしたのか——205

リやホコリがごみとして「発見」される（梅川 2021：35）.「集塵袋にたまった
ゴミの量をみておどろいたわ.『こんなホコリやゴミの中に, よく寝起きして
いたものね』（『主婦の友』1966 年 8 月号）」（梅川 2021：35-36）というように. 掃
除機という新たなテクノロジーが家庭に導入されることにより, おもに主婦た
ちが, 家事労働として対処するべき事柄が増えた様相が明らかにされている.

先行研究における知見は家事時間の削減, 増加の双方があるが, 日本におけ
る技術革新が家事時間にもたらした影響の実証的な検討は多くない. その最大
の要因は, 生活時間調査と耐久消費財の有無を同時に調べている調査がほとん
ど存在しないからである. また, 1970 年代以降になると, 耐久消費財の普及
は一定程度進むため, テクノロジーの浸透が生活スタイル, ひいては生活時間
を変化させるという問題関心はあまり起きなくなり, 問題設定が忘れさられて
ゆく[2].

ここから, 次の疑問が浮かび上がる. 家事労働のパラドックスは日本の高度
経済成長期にどこまで当てはまるのだろうか, というものである. とくに高度
経済成長期の団地という「生活革新が最も典型的に進んでいる地域社会」（経
済企画庁編 1961：16）において, 耐久消費財の普及は家事時間にいかなる変化
をもたらしたのだろうか. この問いを検証することは, 日本における戦後家族
体制における家事がいかなる形で成立していったのかを実証的に検証すること
につながるものである.

## 2　データと方法

本節では, もちいるデータと変数, および分析方法を述べる. 本章で扱うデ
ータは神奈川県が 1965 年に神奈川県民生部が企画し, 実施した「団地居住者
生活実態調査」（以下, 団地調査）である. 本調査の詳細は, 東京大学社会科
学研究所の氏原正治郎, 小林健一が報告書としてまとめている（神奈川県
1969）[3]. 団地調査の詳細とそのデータ復元については, 渡邉ほか（2019）に詳
しい.

団地調査は生活時間調査である[4]. 生活時間調査とは, 24 時間を 10 分ない
し 15 分といった一定時間ごとに区切り, ある特定の日の対象者の生活行動を

206——第Ⅲ部　マージナルな人びとのライフコース

測定する社会調査である．団地調査では，神奈川県の6つの団地に居住する世帯の夫と妻の双方に対して，平日と休日の生活時間を自記式で調査している．1960年に始まった「NHK国民生活時間調査」とほぼ同時期に行われた生活時間調査であり，個票が残っていることから地域が限定されているものの新しい生活を考察するうえで十分なデータといえる．

　団地調査の復元では，「社会生活基本調査」（総務省）がもちいている20種類の生活行動に，「テレビ」「家事と趣味の境界」「読書」の3つの行動を加えて復元を行った．これは，自記式の生活時間において余暇にあたるテレビ，読書が非常に頻出しており独自に分析できるようにしたこと，また，「家事と趣味の境界」という新規の行動を立てた理由は，裁縫など家事であるか趣味であるかがあいまいな行動が多かったためである．

　本研究において団地調査の二次分析をする最大の理由は，この団地調査が平日と休日それぞれについて，夫と妻[5]の双方の生活時間を詳細に把握する生活時間調査であるとともに，その世帯の複数の耐久消費財の保有の有無を調査しているからである．高度経済成長期において，生活時間と複数の耐久消費財の有無の双方を詳細に分析した調査は藤本（1965）による大規模工場での調査と，この神奈川県における団地調査以外，管見の限り見つかっていない．さらに，団地調査は調査票が東京大学社会科学研究所に残存しておりその復元をすることで，個票データをもちいて様々な要因を統制したうえで耐久消費財の保有が家事時間やその関連する時間にいかなる影響を及ぼしたかを検証することが可能となる．また，当時の団地は比較的同質の年齢や家族形態をもつとともに，その生活時間の構造には社会階層や就労状況による多様性をもつものである（渡邉 2019）．そのため，分析をする際には就労状況等を統制した分析をおこなう必要があり，そのためには個票データによる分析が必要となる．そこで，団地調査の復元データをもちいて二次分析を行うことで，本章の問いを検証する．

　次に，もちいる変数について説明する．分析における従属変数は妻の生活行動時間のうち，①家事時間，②家事時間と家事と趣味の境界の時間の合計，③②と育児時間の合計の3種類をもちいた．この3種類の時間を本章では家事関連時間とよぶ．従属変数として家事関連時間を複数設定した理由は，家事の多

10章　耐久消費財の普及は妻の家事時間を減らしたのか──207

様性を考察するためである．また，夫が働いている場合が多い平日と働いていない休日において家事関連時間が変化する可能性があることから，平日と休日のそれぞれを分析する．

独立変数は耐久消費財の有無である．具体的には，電気・ガス冷蔵庫，電気掃除機，電気洗濯機，天火（オーブン），ガス湯わかし器，魚焼き器（ロースター），電気・ガス釜，ミシンの8種類の耐久消費財の有無である．いずれも所有している場合を1，していない場合を0とするダミー変数とした[6]．

統制変数として，夫の職業（熟練を参照カテゴリとして，専門・管理，事務・販売をダミー変数とした），妻の就業の有無，世帯類型（夫婦と子どもによる世帯を参照カテゴリとして，夫婦のみ世帯，片親その他世帯をダミー変数とした），子どもの年齢が小さいことによる家事や育児等への負担を統制するために，世帯に6歳以下の子どもがいるか，世帯に15歳以下の子どもがいるかのダミー変数をもちいた．また，団地調査は6つの建設時期，家賃，場所が異なる団地を対象としており，この影響を統制するために市営住宅である中野島団地を参照カテゴリとして5つの団地ダミーをもちいた[7]．

分析は記述統計について検討したうえで，独立変数となる妻の3つの種類の家事時間を従属変数とした重回帰分析を行った．分析においてはもちいる変数に欠損値のない970人を分析対象とした．夫の年齢は36.78歳（標準偏差7.74歳），妻の平均年齢は33.40歳（標準偏差7.23歳）であった．分析は平日，休日別に行った．

# 3 分析結果

## 3.1 記述統計——家事関連時間の多様性

生活状況を把握するために，夫と妻の平日，休日別の平均生活時間を**図10-1**に示した．ここでは23項目の生活時間を大きく8項目に分類している．睡眠時間，食事や入浴などの身の回りの用事については夫が妻よりも平日，休日ともにやや長い．これに対して，仕事は夫のほうが圧倒的に長く，平日では8時間を超えている．妻は平日で1.65時間であり，内職を含んでいる．家事は妻のほうが圧倒的に長く，平日で8.57時間，休日で6.73時間となっている．

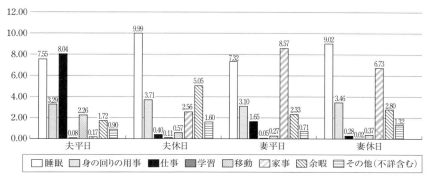

**図 10-1** 夫，妻別，平日休日の平均生活時間
注：単位は時間．N=970．

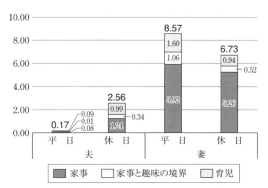

**図 10-2** 夫，妻別，平日休日の家事の種類別平均時間
注：単位は時間．ゴシック体は合計時間．N=970．

夫も休日の家事時間は2.56時間であるが妻の4割弱であった．また余暇時間は平日は夫のほうが妻より短いが，休日は夫のほうが妻より長くなっている．

このデータからは，1965年の団地において，夫は仕事，妻は家事，子育てを行うという性別役割分業体制が確立されていることがみてとれる．

次に家事についてより詳細に検討したい．**図10-2**には夫婦の平日，休日の家事関連時間を家事時間，家事と趣味の境界の時間，育児時間とその合計時間を示した．この図からは，夫と妻の間で家事時間がまったく異なることがわかる．夫の平日の家事時間は0.17時間とほぼ0時間であり，休日は2.46時間となっている．このうち4割弱を育児が占めており，妻に比べて家事関連時間に

10章　耐久消費財の普及は妻の家事時間を減らしたのか——209

表 10-1 平日, 休日別, 世帯の状況別, 妻の家事の種類別平均時間

| | | 全体 | 世帯構成 | | | 世帯に5歳以下子 | | 世帯に15歳以下子 | |
|---|---|---|---|---|---|---|---|---|---|
| | | | 夫婦と未婚子 | 夫婦のみ | 片親・その他 | あり | なし | あり | なし |
| 平日 | 家事 | 5.92 | 6.13 | 5.05 | 5.26 | 6.19 | 5.70 | 6.09 | 5.48 |
| | 家事と趣味境界 | 1.06 | 1.08 | 1.15 | 0.72 | 1.15 | 0.98 | 1.06 | 1.05 |
| | 育児 | 1.60 | 1.87 | 0.11 | 1.26 | 2.74 | 0.65 | 2.01 | 0.54 |
| | 家事関連時間合計 | 8.57 | 9.09 | 6.31 | 7.24 | 10.08 | 7.32 | 9.17 | 7.07 |
| 休日 | 妻休日家事時間 | 5.26 | 5.31 | 4.92 | 5.30 | 5.03 | 5.46 | 5.28 | 5.23 |
| | 妻休日家事趣味境界時間 | 0.52 | 0.51 | 0.45 | 0.71 | 0.47 | 0.56 | 0.50 | 0.56 |
| | 妻休日育児時間 | 0.94 | 1.10 | 0.06 | 0.80 | 1.62 | 0.39 | 1.18 | 0.35 |
| | 家事関連時間合計 | 6.73 | 6.92 | 5.43 | 6.82 | 7.12 | 6.40 | 6.95 | 6.15 |

注:単位は時間.

占める育児の割合が大きい.

　妻は平日は 8.57 時間, 休日も 6.73 時間と, 夫より 3 倍近く多い時間を家事や関連する時間に費やしている. とくに炊事, 洗濯, 掃除などの家事時間が平日が 5.92 時間, 休日は 5.62 時間と家事関連時間の 78% を占めており, 男性とは質的に異なる作業をおこなっていると考えられる. 興味深い点は育児時間であり, 子どもの年齢を統制せずに全体的な平均を見ると, 休日の夫と妻の育児時間はそれほど違いがない. これは, 夫が休日に子どもと団地の遊園地（公園）などで遊ぶことも育児と回答していることによる.

　表 10-1 に平日, 休日それぞれの世帯類型別, および, 5 歳以下の子ども, 15 歳以下の子どもの有無別の妻の家事関連時間を示した. 育児時間は未婚の子どもありの世帯, とくにその年齢が若い世帯ほど妻の育児時間が増えていることがわかる. ただし, その子どもの有無や年齢によって狭義の家事時間や家事と趣味の境界の時間はあまり変化していない.

　次に, 独立変数となる耐久消費財の保有状況について検討する. 表 10-2 には世帯類型別の耐久消費財の保有率を示した. また団地調査の調査年と同じ 1965 年の消費動向調査における全国の耐久消費財の保有状況を参考として記載した. 表 10-2 からは, 電気・ガス冷蔵庫, 電気洗濯機, ミシンは 9 割以上の世帯が保有しており [8], 電気・ガス釜も 84.3% と多くの世帯が保有してい

210——第Ⅲ部　マージナルな人びとのライフコース

**表 10-2** 世帯類型別の耐久消費財の保有率 (%)

| | 全体 | 世帯構成 | | | 消費動向調査[*] |
| --- | --- | --- | --- | --- | --- |
| | | 夫婦と未婚子 | 夫婦のみ | 片親・その他 | |
| 電気・ガス冷蔵庫 | 91.8 | 92.6 | 94.3 | 80.5 | 51.4 |
| 電気掃除機 | 60.6 | 61.1 | 58.2 | 59.8 | 32.2 |
| 電気洗濯機 | 93.1 | 94.1 | 91.8 | 86.2 | 68.5 |
| 天火（オーブン） | 9.9 | 9.7 | 11.5 | 9.2 | — |
| ガス湯わかし器 | 14.8 | 15.0 | 15.6 | 12.6 | 17.5 |
| 魚焼き器 | 38.7 | 39.0 | 43.4 | 28.7 | — |
| 電気・ガス釜 | 84.3 | 83.7 | 94.3 | 75.9 | — |
| ミシン | 91.0 | 92.6 | 87.7 | 81.6 | 77.4 |

注：[*]は1965年2月調査．—は項目なし．$N=970$．

ることがわかる．電気掃除機は 60.6% と半数強の世帯が保有していた[9]．しかし，オーブン，ガス湯わかし器は 1 割程度とあまり普及しておらず，コンロとは独立の魚焼き器は 38.7% であった．世帯類型別にみると，夫婦のみや夫婦と未婚子の世帯のほうが，それ以外の世帯に比べて耐久消費財を保有している傾向にある．これは経済状況を反映していると考えられる．

また，全国の状況と比較すると，冷蔵庫，掃除機，洗濯機，ミシンはいずれも全国平均よりもかなり高い保有率である．村瀬は 1959〜1960 年の 1 年が団地において家電が最も急激に普及したと述べている（村瀬 2005：200）．実際，ミシンはこれ以前に普及していたが，冷蔵庫と洗濯機は 1959〜1962 年ころに取得している世帯が多い．そのため，団地調査のデータは村瀬の知見と整合的である．なお，ガス湯わかし器の保有率は全国平均と大差はなかった．

### 3.2　重回帰分析の結果

次に家事関連時間を従属変数とした分析の結果について示す．表 10-3 にもちいた変数の記述統計を，表 10-4 に平日別，休日別の妻の家事時間，家事時間と家事と趣味の境界時間の合計，家事時間，家事と趣味の境界の時間，育児時間の合計のそれぞれを従属変数とした重回帰分析の結果を示した．

まず平日について検討したい．平日については，独立変数となる耐久消費財の有無は，3 種類の時間いずれに対しても有意なものはない．すなわち，耐久

**表 10-3　もちいた変数の記述統計**

| 従属変数 | 平均値 | 標準偏差 |
|---|---|---|
| 妻平日家事時間 | 5.92 | 2.30 |
| 妻平日家事＋境界 | 6.98 | 2.86 |
| 妻平日家事＋境界＋育児 | 8.57 | 3.40 |
| 妻休日家事時間 | 5.26 | 2.20 |
| 妻休日家事＋境界 | 5.78 | 2.42 |
| 妻休日家事＋境界＋育児 | 6.73 | 2.70 |

| 独立変数 | 比率 | | 比率 |
|---|---|---|---|
| 夫　専門・管理 | 21.6% | 夫婦のみ世帯 | 12.6% |
| 夫　事務・販売 | 35.8% | 片親その他世帯 | 9.0% |
| 夫　熟練，その他 | 42.6% | 夫婦＋子の世帯 | 78.5% |
| 妻　無職 | 84.1% | 世帯に5歳以下子あり | 45.3% |
| 妻　有職 | 15.9% | 世帯に15歳以下子あり | 71.7% |
| 電気・ガス冷蔵庫 | 92.0% | 寒川（県営） | 13.6% |
| 電気掃除機 | 61.0% | 藤沢（公団） | 21.4% |
| 電気洗濯機 | 93.0% | 古市場（市営） | 19.5% |
| 天火 | 10.0% | 厚木（公社） | 20.0% |
| ガス湯わかし器 | 15.0% | 瀬谷（県営） | 13.0% |
| 魚焼き器 | 39.0% | 中野島（市営） | 12.5% |
| 電気・ガス釜 | 84.0% | | |
| ミシン | 91.0% | | |

注：$N=970$.

消費財の有無によって家事関連時間が規定されていないことがわかる．なお，統制変数を見ると，妻が無職の場合は家事時間が長くなる，5歳以下の子どもがいる場合には育児を含む家事関連時間が長くなる，といった形で整合性がとれた結果となっている．そのため平日については，耐久消費財の有無にかかわらず家事関連時間が規定されているのである．言い換えると，電気掃除機や電気洗濯機など，明らかに家事の時短になると思われるような耐久消費財をもっていたとしても，それは平日の家事時間や家事関連時間の削減につながっていなかったのである．

　次に休日の結果を検討する．休日については，電気洗濯機が3種類すべての家事関連時間に対して5％水準で有意な正の効果をもっていた．また，ミシンは家事，家事と趣味の境界の時間，および，育児を含めた家事関連時間に対して5％水準で有意な正の効果をもっていた．それ以外については，5％水準で

212——第Ⅲ部　マージナルな人びとのライフコース

表 10-4 平日，休日別，妻の家事時間の重回帰分析の結果

| | 平　日 | | | 休　日 | | |
|---|---|---|---|---|---|---|
| | 家事のみ | 家事+境界 | 家事+境界+育児 | 家事のみ | 家事+境界 | 家事+境界+育児 |
| 夫　専門・管理 | .187† | .241† | .219 | .139 | .099 | .190 |
| 夫　事務・販売 | −.017 | −.040 | .006 | .131 | .121 | .189 |
| ref.夫　熟練,その他 | | | | | | |
| 妻　無職 | 1.698*** | 2.242*** | 2.571*** | −.043 | −.045 | −.024 |
| ref.妻　有職 | | | | | | |
| 夫婦のみ世帯 | −.106 | .059 | −.615* | −.276† | −.370* | −.782*** |
| 片親その他世帯 | −.201 | −.321* | −.368* | −.135 | −.074 | −.148 |
| ref.夫婦+子の世帯 | | | | | | |
| 世帯に5歳以下子あり | −.150 | −.100 | .792*** | −.278* | −.343* | .249† |
| 世帯に15歳以下子あり | .037 | −.039 | −.057 | .100 | .063 | .005† |
| 電気・ガス冷蔵庫 | .013 | −.134 | −.074 | −.071 | −.178 | −.146 |
| 電気掃除機 | .073 | .155 | .159 | −.030 | −.011 | −.072 |
| 電気洗濯機 | −.039 | .106 | .184 | .464* | .463* | .483* |
| 天火（オーブン） | −.100 | −.059 | −.025 | −.268* | −.277† | −.321† |
| ガス湯わかし器 | .067 | .006 | .021 | −.019 | −.095 | −.042 |
| 魚焼き器 | .013 | −.030 | −.004 | −.094 | −.068 | −.063 |
| 電気・ガス釜 | −.087 | −.078 | .036 | −.078 | −.129 | −.090 |
| ミシン | −.114 | .159 | .221 | .180 | .409* | .443* |
| 寒川（県営） | −.429* | −.566* | −.205 | .007 | .064 | .277 |
| 藤沢（公団） | −.344* | −.515* | −.083 | −.122 | −.084 | .130 |
| 古市場（市営） | −.150 | −.210 | −.238 | .002 | .052 | .038 |
| 厚木（公社） | −.273† | −.294 | .185 | −.051 | .054 | .223 |
| 瀬谷（県営） | −.212 | −.389* | −.343† | .035 | .063 | .077 |
| ref.中野島（市営） | | | | | | |

注：†：$p<0.1$, *：$p<0.05$, **：$p<0.01$, ***：$p<0.001$. $N=970$.
　　世帯の子の状況は「なし」が，耐久消費財は「保有なし」が参照カテゴリ.

有意なものはなかった．休日では，なぜ電気洗濯機がある家庭のほうが妻の家事関連時間が上昇しているのだろうか．直感に反している結果に見えるが，おそらく休日にまとめ洗いをしていたと考えられる．電気洗濯機が導入されることで，従来よりもまとめて洗うということが可能になる．そのため，休日にまとめ洗いをするという形で休日の家事が伸びていると考えられる．またミシンがあることは基本的な家事時間には影響しないが，家事と趣味の境界の時間を延ばすこととなり，家事関連時間が増えていると考察できる．休日は自由な時間となると考えやすいが，団地調査の結果からは，耐久消費財が妻の家事関連

時間を減少させるのではなく，家事時間のみ，家事時間と家事と趣味の境界の時間の合計，家事時間と家事と趣味の境界の時間と育児時間の合計という多様な家事のあり方のいずれに対しても，その効果が生活時間にはほとんど及んでいないことが示された．

　最後に，夫の職業についても触れておきたい．夫の職業はいずれに対しても有意ではない．この点は非常に興味深い．団地調査は世帯所得を測定していないため直接的な検証はできないが，夫の職業の違いは世帯における社会階層や所得階層の違いをうみだしている可能性が高い．にもかかわらず，妻の家事時間に変化がないとしたら，それは団地における妻の家事や関連する活動へのかかわり方が階層を超えて均質化していると解釈できる．

## 4　考察と結論

　本章では，高度経済成長期における団地において，耐久消費財の普及が家事時間を変化させたのかという問いについて団地調査の生活時間の分析を通して検討した．その結果，平日の妻の家事については，耐久消費財の有無が影響を及ぼしていなかった．また，休日については電気洗濯機があることで家事時間が増加し，また，ミシンがあることで家事と趣味の境界の時間が増加していた．耐久消費財の導入は，狭義の家事にしても，広義の家事にしても家事時間を減少させることなく，むしろ休日には増加させていた．

　この結果について，まず先行研究と比較したい．冒頭で述べたように，藤本は 1960 年の都市大工場労働者の生活時間の分析を通して，洗濯機をもつ無職の妻は洗濯機をもたない無職の妻に比べて洗濯時間が短くなることを示した（藤本 1965）．ただこの分析は，あくまでも洗濯時間という非常に限定した家事時間の平均の比較のみを行っており，世帯類型等の統制を行っておらず，他の耐久消費財の保有状況等も統制していない．これに対して本研究では，家事についての時間を 3 種類設定して狭義から広義の家事までをその時間を検討している．その結果，省力化を可能にする複数の耐久消費財の効果を検討したが，家事時間のみに限定してもその効果がみられなかった．

　電気洗濯機や電気掃除機といった家電製品は明らかに洗濯や掃除といった家

事に対して，省力化をもたらすものである．とくにこの時期の家電製品は，長時間，単純反復，重労働であった家事の負担を軽減するものであった（田中1990）．しかし家事時間が減っていないとしたら，それは家事の高度化が起きたことを意味している．天野正子と桜井厚は洗濯機の導入が，家事の負担軽減だけでなく別のことをしながらの家事を可能にするという家事の処理方式を根本から変化させたと指摘するとともに，洗濯機とともに普及していった合成洗剤によって人々の清潔さに対する感度を高めたと指摘する（天野・桜井 2003：185-187）．この家事の質的な高度化が，団地調査の対象となった団地においてスムーズに起きていたと考えられる．耐久消費財をもつようになっても家事時間を削減するのではなく，その時間を別の家事や同じ家事に充てて質を向上させ，新しいライフスタイルをつくりあげていたのである．

　もう一点指摘するべきは，このような家事やその関連時間の構造が，階層的影響を受けていなかったことである．それは夫の職業の違いが家事関連時間に影響しているとはいえなかったことに示されており，家事それ自体の画一化の議論を持続する知見である．ヴァネックは，1970年代のアメリカにおける家事時間が中産階級の主婦であっても労働者階級の主婦であっても均質的になったと指摘している（Vanek 1978）．とくにそれまで家事使用人を雇用していた層も今や家事を主婦が自ら行うようになっていき，またその形態が階級間で違いが見られなくなっていった．1965年の日本の団地においても，類似の状況が起きていた．もちろん，団地はアメリカの状況と異なり，そもそも家政婦などが常駐する空間とはなっておらず，核家族が完結する設計となっている．このような条件は異なるものの，夫の職業の影響がみられなかったことからもわかるように，団地においてこの均質化は起きていたと考えられる．

　以上から，本章の結論として，家事労働のパラドックスは日本の高度経済成長期に起き始めていたことが明らかとなった．団地という先進的な空間の生活時間を検証することに拠って，家族の戦後体制における家事のあり方が，階層的属性や保有する財に拠らずに規定されており，また省力化を可能にする家電などの耐久消費財を保有したとしても家事時間を削減することなくむしろ高度化してゆく傾向があることが示された．すなわち家事の時間は，生活スタイルそのものの変化によって規定されており，確立した家事時間は削減対象になる

のではなくその質的高度化の対象となってゆくことで，主婦のライフスタイル
が構成されていったのである．

　これらの知見から想起される問題は，この家事の期待水準のコントロールが
効かなくなってゆくことにある．佐光紀子はやや挑戦的に「家事のしすぎ」が
日本を滅ぼすとして，高度化する家事に警鐘を鳴らしている（佐光 2017）．技
術革新と家事を集中的に担うことを可能にする主婦という存在によって高度化
した家事が，共働きが前提となった現代社会においても高度なまま継続してい
るとすれば，その継続は困難である．しかしこの難しさは，高度化する家事の
期待水準を切り下げる営みが不在である点にある．高度経済成長期は，省力化
を可能にする耐久消費財が普及するなかで，家事を行うがその時間をそれ以外
に使うことを可能にする可能性がある時期であった．しかしその時間は他の時
間にはあまり使われず，むしろ家事の高度化につながっていった．そしてこの
時期に確立されてゆくライフスタイルが，1990 年代以降に共働きが広がるな
かでも，外部化を含めてその期待水準を下げることがあまり行われなかった．
この家事への，そしてライフスタイルへの期待水準の切り下げを緩やかに行う
可能性がなかったかの検証が，家族の戦後体制における家事の形成のより詳細
な検証につながるだろう[10]．

　本研究には課題もある．とくに，外部資源の活用（既製服の購入，食事の購
入，クリーニングの活用など）については検討できておらず，外部資源の内生
化を検討するためにも，このような資源活用と家事やその関連時間との関係を
検討する必要がある．また，耐久消費財の有無にのみ注目しており，高度な料
理を可能にする冷蔵庫やオーブンの使い方などは分析できていない．さらに，
夫と妻の生活時間の共起関係も分析できていない．これらの検討は今後の課題
としたい．


　1）　団地調査の名称については，「団地居住者生活実態調査」（神奈川県 1969），「団
　　　地居住者生活調査」（労働調査論研究会編 1979），「団地居住者生活アンケート票」
　　　（労働調査論研究会編 1979）など複数のものが報告書やアーカイブに記載されてい
　　　る．渡邉ほか（2019）では公式名称である「団地居住者生活実態調査」をもちいた
　　　が，本書では労働調査資料の復元という点を重視し，労働調査資料の『戦後日本の
　　　労働調査』（労働調査論研究会編 1979：383–396）にある「団地居住者生活調査」

と表記する.

2) ただし技術革新による生活時間の変化は,テレビやラジオの深夜放送,そして1990年代以降は情報技術の発展による展開といった形で検討され続けている.例えばGershuny and Sullivan eds.(2019)など.

3) 渡邉ほか（2019）で指摘されているように,団地調査の報告書である『団地居住者生活実態調査報告書』の出版年が1968年か1969年か判然としない.そこで本章では,渡邉ほか（2019）の議論を踏まえ図書館などの登録情報をもとに1969年を出版年とした.

4) 日本の代表的,かつ,継続的な生活時間調査としては,NHKが1960年からおこなっている「NHK国民生活時間調査」と,総務省統計局（当時は総理府）が1976年から行っている「社会生活基本調査」があり,いずれも現在までおおよそ5年ごとに継続的に実施されている.また,このような全国規模の調査ではないが日記式の労働時間や家事時間等の把握は1941年以降さまざまに行われてきた.これらについては,品田（2007）に詳しい.

5) 本章では,調査対象者となった世帯構成員のうち,世帯主の男性を夫,その配偶者を妻と呼ぶ.夫,妻という表現は近代家族における夫婦関係を想定した表現となるが,この調査自体が核家族を対象とした調査であり,その意図を反映させることからこのような表現をもちいる.

6) 団地調査ではこのほかにも乗用車,ピアノ,オルガン,ステレオ,電話,クーラーの保有についても調査している.だが,これらの耐久消費財については,文化的生活や経済的豊かさに関連するものであり,本章の分析対象である家事やその関連時間には直接的には結びついていないため今回の分析からは除外している.

7) 団地調査は市営住宅である古市場（1951〜54年入居）,中之島（1959〜60年入居）,県営住宅である瀬谷（1958〜62年入居）,寒川（1960〜65年入居）,公社住宅である厚木（1962〜65年入居）,公団住宅である藤沢（1962〜64年入居）の6つの団地が対象となる.住宅の質は公団がもっとも質が高く,公社,県営,市営の順に質は落ち,面積も狭くなり,家賃も安くなっている.また,通勤面では,古市場がもっとも横浜,東京圏に近く,それ以外の住宅は通勤が30〜80分と長距離のものが多かった.団地の違いによって世帯主の年齢や通勤時間等が異なるため,団地を統制して分析を行っている.

8) ゴードンは1900年前後から1970年前後までの日本におけるミシンの普及とその消費課程を考察し,高い保有率の背景にある様々な制度（広告戦略,割賦販売方式,内職等）を分析するとともに,家庭内職への抑圧と自ら稼得することでの自立といったミシンが女性に与えた多義性を明らかにしている（Gordon 2012＝2013）.また,団地調査は耐久消費財の取得年も調査している.ミシン以外の耐久消費財はいずれも平均取得年が1960年以降の5年間の間であり,古くても1950年代前半以降に取得しているのに対して,ミシンは1957年であり,一番古い取得年は1933年であった.今回分析した8つの耐久消費財の中で,もっとも長く使われていた耐久消費財がミシンであった.

9) 団地調査が対象としている 6 つの団地の部屋は 2K か 2DK であり，部屋は広く
  ない．ただし，この時期の団地生活は畳敷きの上に絨毯を敷いての生活が行われて
  いたとの指摘もある（青木 2001）．そのため，電気掃除機が使われる余地はあった
  と考えられる．
10) 本章では耐久消費財と家事に注目したが，良妻賢母の規範と育児の高度化と個
  別化という点も同様の構造をもつものである．この点については Holloway
  （2010＝2014）が参考になる．

## ［付記］

本章の執筆にあたり，東京大学社会科学研究所課題公募型二次分析研究会の活動の
一環で復元した「団地居住者生活調査」のデータを利用しました．

## ［参考文献］

天野正子・桜井厚，2003，『「モノと女」の戦後史——身体性・家庭性・社会性を軸
　に』平凡社．

青木俊也，2001，『団地 2DK の暮らし——再現・昭和 30 年代』河出書房新社．

Cowan, R. S., 1983, *More Work for Mother: The Ironies of Household Technology
　from the Open Hearth to the Microwave*, New York: Basic Books. （＝2010，高
　橋雄造訳，『お母さんは忙しくなるばかり——家事労働とテクノロジーの社会史』
　法政大学出版局）．

Dreilinger, D., 2021, *The Secret History of Home Economics*, New York: W. W.
　Norton & Company.

藤本武，1965，「耐久消費財の所有の有無別あるいは環境別みた生活時間構造」藤本
　武・下山房雄・井上和衛『日本の生活時間』労働科学研究所，pp. 167–182.

Gershuny, J., 1984, "Growth, Social Innovation and Time Use," Kenneth E. Boul-
　ding ed., *The Economics of Human Betterment*, London: Macmillan, pp. 36–
　57. （＝1989，嵯峨座晴夫監訳，「成長・社会的革新・時間利用」『ヒューマン・ベ
　ターメントの経済学——生活の質へのアプローチ』勁草書房，pp. 49–74）.

Gershuny, J., and O. Sullivan, eds., 2019, *What We Really Do All Day: Insights
　from the Centre for Time Use Research*, London: Pelican Books.

Gordon, A., 2012, *Fabricating Consumers: The Sewing Machine in Modern Japan*,
　Berkeley: University of California Press. （＝2013，大島かおり訳，『ミシンと日
　本近代——消費者の創出』みすず書房）．

Holloway, S. D., 2010, *Women and Family in Contemporary Japan*, Cambridge:
　Cambridge University Press. （＝2014，高橋登・清水民子・瓜生淑子訳，『少子化
　時代の「良妻賢母」——変容する現代日本の女性と家族』新曜社）．

神奈川県，1969，『団地居住者生活実態調査報告書』神奈川県．

経済企画庁編，1961，『国民生活白書昭和 35 年版』日本経済新聞社．

村瀬敬子，2005，『冷たいおいしさの誕生——日本冷蔵庫 100 年』論創社．

落合恵美子，2019，『21世紀家族へ——家族の戦後体制の見かた・超えかた』（第4版）有斐閣．

Robinson, J. P., 1980, "Housework Technology and Household Work," Sarah F. B., ed., *Women and Household Labor,* Beverly Hills: Sage, pp. 53–68.

労働調査論研究会編，1979，『戦後日本の労働調査』（復刊）東京大学出版会．

佐光紀子，2017，『「家事のしすぎ」が日本を滅ぼす』光文社．

品田知美，2007，『家事と家族の日常生活——主婦はなぜ暇にならなかったのか』学文社．

鈴木淳，1999，『日本の近代15　新技術の社会史』中央公論社．

田中恒子，1990，「日本型生活構造の急変と女性」女性史総合研究会編『日本女性生活史5　現代』東京大学出版会，pp. 35–67．

梅川由紀，2021，「掃除機と電気冷蔵庫の普及を通してみるごみと人間の関係——高度成長期に着目して」『年報人間科学』42: 31–45．

Vanek, J., 1974, "Time Spent in House Work," *Scientific American*, 231(5): 116–121.

————, 1978, "Household Technology and Social Status: Rising Living Standards and Status and Residence Differences in Housework," *Technology and Culture*, 19(3): 361–375.

渡邉大輔，2019，「普通の時間の過ごし方の成立とその変容——高度経済成長期の団地生活での一日のあり方」渡邉大輔・相澤真一・森直人編『総中流の始まり——団地と生活時間の戦後史』青弓社，pp. 19–41．

渡邉大輔・森直人・相澤真一，2019，「『団地居住者生活実態調査』の概要とデータ復元について」渡邉大輔・相澤真一・森直人編『総中流の始まり——団地と生活時間の戦後史』青弓社，pp. 155–163．

# 11章───────
# 団地のなかの児童公園
## 高度経済成長期の外遊びをめぐる生活時間データの分析

前田　一歩

## 1　はじめに──大人─子ども関係の焦点としての公園

　通常わたしたちの都市や地域は，児童公園と呼ばれるブランコやすべり台，砂場などの遊具のおかれた小規模な公園を備えている．しかし児童公園の普及は意外にも遅く，戦後高度経済成長期において，日本都市にひろく設置された．本章では，子ども向け空間としての公園の発達・普及と，日本における近代家族の形成期がほぼ同時期に起きていることに注目し，近代家族が全国的に形成される際の最先端となった，高度経済成長期の団地世帯の公園利用について分析を行う．それはすなわち，夫婦とその子どもからなる核家族の公園利用の様相を明らかにすることで，日本の児童公園というものが歴史的にいかなる存在だったのかを描写するとともに，公園史の研究を通して当時の団地世帯をあらためて描写しようとする試みである．その際に本章は，高度経済成長期に実施された社会調査データを発掘し，復元し，分析する計量歴史社会学の方法を用いる．

### 1.1　公園利用者としての子ども

　公園といえば子どもの居場所であるという考え方は，かつての日本社会では当たり前ではなかった．それはつまり，日本都市に都市公園（以下，公園と表記）が計画的に整備されはじめた明治中期から大正期にかけて，公園行政にとって子どもは重要な利用者ではなかったと言い換えることができる．近代日本において公園は，都市の近代化や公衆衛生の補完，そして余暇活動を通じた労

221

働力の再生産を目的として設置され，そのおもな利用者は大人，すなわち労働者として想定された（丸山 1994；白幡 1995；小野 2003）．

　日本の公園において，利用者としての子どもが重視されるようになったのは，1920 年代から 1940 年代にかけてであると言われている（申 2004：120–123；前田 2021：89）．関東大震災（1923 年）の復興事業のなかで東京の公園行政は，大公園からより住居に近い小公園へと舵を切ることになる．そのなかで関東大震災後に設置された 52 カ所の小公園のうち，面積にして約 11.8％ が児童向け設備に充てられた（簡易保険局 1931 より集計）．この時期から総力戦体制期にかけて，日本の公園には，児童公園や児童遊園と呼ばれる施設が徐々に備えられるようになる．

　まず児童公園は，制度的には 1919（大正 8）年の都市計画法（旧法）で小公園の一部として分類されはじめた．そして戦後，1956（昭和 31）年に，それまでの公園概念を統合する目的で制定された都市公園法のなかで，公園種別のカテゴリである児童公園として位置付けられ，1993（平成 5）年の都市公園法の改正まで存続した[1]．いっぽうで児童遊園は，戦前期からそれぞれの自治体によって設置の取り組みが行われ，1947（昭和 22）年の児童福祉法によって制度的に位置付けられた公共施設である．児童遊園は，上述の児童公園に対する補完的な機能を持ち，幼児と小学校低学年の児童をおもな対象として，都市公園の設置が困難な地域に整備された（小地沢・田村 2021：657）．戦前期に導入されはじめた児童公園・児童遊園は，戦後になって制度的に位置付けられ，本格的に拡大することとなったのである（申 2004：123）．

　こうした児童公園が震災復興事業のなかで重視され，戦中期に発達し，戦後になって全国に拡大した要因として次の 3 点を指摘することができるだろう．それは，①都市と交通の問題，②子どもの健全な育成という関心，③地域や母親の共同育児の場とすることである．

　まず，児童公園を扱った既存の研究は，何をおいても交通の問題が児童公園の拡大を押し進めたことを強調してきた（陣内［1985］1992：286）．戦前期の東京市において児童遊園の普及をけん引した末田ます（1886–1957）が児童遊園について「交通機関の危険に曝されてゐる子供達の為め」（末田 1942：54）と述べたように，路面電車や自動車が台頭することで，高速化した交通から子ど

もたちを守るために児童遊園が設置された．同時に，急激な都市化の進展による「都市病理」への対策として，児童遊園が設置されたことも指摘されている（進士 2011：112）．関東大震災後の東京では，都市人口が集積した結果，各家庭で庭を持つことができず「共同の庭」が必要となったということである（陣内［1985］1992：286）．

　第2に，児童公園・児童遊園は，児童の健全な育成を目的として設置され，管理された．児童遊園で行われた児童指導は，児童の体格と体力を向上させ，将来の生産力を養うための教育の場となった（申 2004：123-129）．さらに，体格や体力だけでなく，児童の「不良少年」化への警戒から，児童指導員により児童が善導されることも求められたという（進士 2011：116-117）．このように，児童公園と児童指導には，教化的な意図が込められていることも指摘できる．上記①②に共通する背景として，大正期以降，社会事業としての児童福祉への注目が高まっていたこと（佐藤 1977：76）も無視してはならないだろう．

　第3に，児童公園や児童遊園は，地域や母親たちを巻き込みながら，利用・運営されていくという特徴がある．それは，児童公園を量的に増加させる土台となった震災復興小公園の性質と関連する．小公園は，近隣コミュニティ単位での利用を前提としており，都市の開発により失われた路地や横丁の代替となった（陣内［1985］1992：286）．子どもたちの手頃な遊び場であり，大人たちにとっては近所づきあいの場であった路地や横丁の代替物として，小公園や児童公園が利用されたのである（陣内［1985］1992：286）．さらに，児童遊園における児童指導の対象が未就学児に拡大された際には，東京の公園各地で「公園母の会」が発足し，母親たちが児童指導員の活動を補助しつつ，遊ばせ方を学ぶ取り組みが行われた（末田 1942：251-252；進士 2011：119）．ここに，近隣の住民や母親たちによる共同育児の場としての児童公園・児童遊園像を指摘することができるだろう．

　子どもの居場所としての児童公園・児童遊園は，つづく高度経済成長期においても児童福祉の専門家によって，それまでと一貫した関心のもと，大きな注目を集めていた．全国社会福祉協議会の機関紙『月刊福祉』の第48巻7号（1965年）では，「特集 子どもの遊び場」が組まれ，「住民の要求を結集して遊び場点検運動を！」「遊び場はこれでよいか」「児童公園の役割」「遊び場ゼ

ロに挑む」という論考が掲載されている.

この特集では，遊び場の危険は二重の意味を持つことが強調される．ひとつは遊び場が存在しないことの危険であり，もうひとつは遊び場それ自体の危険である．それは具体的には，交通政策の失敗や公園管理が不在であることの皺寄せが，児童公園と児童公園を利用する子どもに及んでいるということである．そのひとつが，同特集のコラムで議論される児童の事故死傷にかんする統計である.

　　児童の不慮の事故死傷は今や大きな社会問題化しつつある．……0才を除いて，すべての年令層で死因の第一位は事故である．……児童の事故死亡の傾向をみると，全事故死亡に対する比率は年々増加している．昭和28年から最近10年間の事故死亡状況は……10〜14才を除いて死亡実数はやや減少しているものの，死亡比率は1.5〜3倍に増加し，特に3才，4才，1才の順にいちじるしい．（厚生省児童家庭局 1965：67）

ここでは交通事故による児童の死傷がますます増えており，交通事故の犠牲となるのは，とくに未就学児が多いことが指摘されている．さらに，児童公園が存在していても，大人たちは，遊び場そのものの危険さに対処しなければならなかった．「建設省・厚生省・文部省などの行政機関も，児童公園，児童遊園，校庭開放，をとそれぞれに力を入れようとしていますが，現実でははがゆいほど遊び場造成はすすんでいません．……また遊び場ができても大人に占拠されていたり，子どもの遊び要求にそっていなかったり，ときには子どもの生命を奪うような危険状態のまま放置されていたりします」（木谷 1965：12）．このように，遊び場が不足しているだけでなく，公園が子どもにとって危険な状態のまま，管理されないでいることが，高度経済成長期においても問題提起されている.

以上に見たように，日本の公園は一貫した背景と目論みをもとに児童専門の設備を持つように変質し，戦後，その性格を全国に広めた．日本の公園はこのようにして，子どもの居場所としての性格を備えるようになったのである.

　　224——第Ⅲ部　マージナルな人びとのライフコース

## 1.2 本章の視点と方法

　社会学や教育社会学の分野で蓄積された，子どもの遊び場を扱う既存研究は，上記のような性格を備える児童公園について考える際に，有効な視点を示している．それは大人には子どもの安全に対する責任があるということ，そして「子どものため」と語る大人には，直接的には子どものためにはならない恣意や関心があるということである．

　まず，プレイパークと呼ばれる子どもの「自由」を重んじる遊び場の運営実践を論じた元森絵里子（2006）は，その取り組みが行われた前提として，近代社会においては，子どもの遊びに対して大人の介入が不可避であることを指摘する．「近代的子ども観」に基づくと，子どもは遊びにおける事故や怪我に対する責任主体とはなり得ず，遊びは大人の配慮なくしては成り立たない（元森2006：516）．大人には，子どもの遊びを管理し，制限することで，安全に配慮する責任が存在するといえる．

　そして社会学や教育社会学では，「子どもにより良い教育を」と主張する大人たちの恣意や関心に目を向ける議論も蓄積されてきた．これらの研究は，ミシェル・フーコーの権力研究に影響を受けて，教室や校庭などの物的な学校空間に働く政治上の目標や，そこで育まれる子どもたちの「能力」とはいかなるものだったのかを明らかにし，その力の働き方を解きほぐそうとしてきた（高久 2014；山名 2015；牧野 2022）．

　これらの論点は，高度経済成長期において，急速に拡大した児童公園がいかなる空間だったのかを歴史的に解き明かすうえで，参考になる視点を提供してくれる．それはすなわち，児童公園を利用する子どもそのものではなく，その周囲にいる「大人たち」の行動や，その目論みに注目をすることで，児童公園を描写することの重要性である．本章でも，児童公園というものを，安全に配慮する責任を負い，同時に子どもに教育的関心を向ける大人たちという視点から捉えなおしたい．

　公園における大人と子どもの関わり方を考える．そう考えたときに，公園の設計や計画についての資料が豊富に存在することと反して，公園の日常的な利用の実態を示す資料やデータは限られていることが多い．公園の利用・管理実態をあらわす資料としては，教育者の著述や手記，新聞・雑誌の記事や文学テ

11章　団地のなかの児童公園──225

クスト，そしてフィールドワークによる観察記録などが用いられる．しかし，そこから描き出されるものだけでは，公園の日常的な姿を知るには十分ではない．そこに見られる公園利用の様相が，その場かぎりのものなのか，ひろく他の公園一般においても見られるものなのか，判断することが難しいからである．

そこで本章は，同時期に都市部の住民に対して行われた社会調査に注目をすることで，児童公園の利用の様相を解き明かす手がかりとすると同時に，歴史的研究を進めるデータとしての，社会調査データの意義を示そうとする．本章では「公害・公園に関する調査」（総理府，1966年実施）を導きの糸としつつ「団地居住者生活調査」（神奈川県，1965年実施）に含まれる，夫婦の生活時間データの分析を行う．後に見るように，この生活時間データには，当時ひろく設置され，経験されたと考えられる，団地内もしくは団地の近隣にある小公園の利用実態について，系統的に収集されたデータが含まれているためである．

## 2　戦後日本社会のなかの公園

ここまで，公園を設置し管理する主体による児童公園の意義を見てきた．そこには子どもの安全に配慮する大人の責任，そしてより良く子どもを導きたいという，大人たちの関心を捉えようとする視点が存在した．それでは，当時の社会調査データの集計結果から，公園というものがそもそもどのように使用されていたのかを確認してみたい．

児童公園・児童遊園が日本都市にひろく普及した1960年代において，公園はいかにして利用されていたのか．日本全国を対象にした「公害・公園に関する調査」を手がかりにして，その輪郭を捉えよう．「公害・公園に関する調査」は1966（昭和41）年に総理府（当時）が，全国の10万人以上の都市の人口集中地区に住む20歳から69歳に対して，層化二段無作為抽出を通して実施した調査である．本調査は，都市公園の利用実態や，利用者として都市公園に要望することについて2479の有効回答を得ている．都市公園の利用実態にかんする具体的な調査項目としては，都市公園の利用頻度，利用目的，利用する公園の種別，家から公園までの距離，公園までの移動手段，利用時間，同行者などについて，平日と休日別に尋ねられている．さらに公園に対する要望として，

226——第Ⅲ部　マージナルな人びとのライフコース

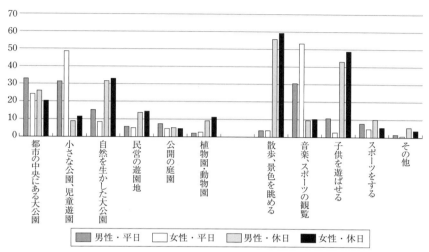

**図 11-1** 「訪れる公園種別」と「公園の利用目的」の平日・休日／男女別の比較
注：平日男性 $N=243$, 平日女性 $N=295$, 休日男性 $N=693$, 休日女性 $N=654$, 値はパーセント.

設置を求める公園の種類・公園内の設備，望ましいと考える公園の役割についての質問が，多重回答式で尋ねられている．本項では，利用する公園の種別と公園の利用目的についてのデータを使用する．

図 11-1 に示すのは，「訪れる公園種別」（図中左側）と「公園の利用目的」（図中右側）の平日・休日の違いを，男女別に集計した結果である．図を確認することで，平日と休日では目的地とされる公園の種類や，その利用目的に違いがあることがわかる．

まず「訪れる公園種別」について確認すると，平日には「小さな公園，児童遊園」を利用することが多く，男性では 31.3%，女性では 48.5% のケースが，児童公園を利用すると回答している．そして男性の場合は，「都市の中央にある大公園」を利用する割合（32.9%）が，「小さな公園・児童遊園」を利用する割合を少しだけ上回っている．このように，利用する公園種別の性差として「小さな公園，児童遊園」は女性により多く利用され，「都市の中央にある大公園」はより多くの男性に利用されることがわかる．そして休日には依然として「都市の中央にある大公園」（男性 26%，女性 20.3%）が利用され，郊外にある「自然を生かした大公園」（男性 31.6%，女性 33%）も利用される傾向があ

11 章　団地のなかの児童公園――227

る.

　つづいて，高度経済成長期における，公園利用者の利用目的について確認してみよう．平日でもっとも多かったのは「音楽，スポーツの観覧」（男性30.5%，女性53.2%）のための来園であり，次いで，女性の場合は「子供を遊ばせる」こと（10.7%），男性の場合は「スポーツをする」こと（7.8%）であった．休日においては，「散歩，景色を眺める」ことが利用方法としてもっとも多く，男女ともに利用目的の6割弱で選択されている．それにつづいて「子供を遊ばせる」ことも，男女ともに多く回答されている（男性43.0%，女性48.8%）．特筆すべき点として，休日の公園の利用目的については，「子供を遊ばせる」ことに，おおきな男女差が見られないことを指摘したい．平日において公園の外遊びの世話は，女性によってより多く行われているが，休日には性差があまり見られないということである．このように，遊び場の不足がもたらす危険と，遊び場それ自体の危険さのなかで，当時の公園利用は，平日には母親が，休日にはそれに父親が加わることで行われる姿が見えてきた．

## 3　「団地居住者生活調査」（1965年）の分析から

### 3.1　調査の背景とデータの概要

　前節までに見た，子育てをめぐる母親と父親の役割分担と協力関係について考えるにあたり，本章では団地という空間と，団地に暮らす世帯に注目をする．団地は日本社会において，性別役割分業にもとづく，夫の長時間労働と妻の専業主婦化が進む最先端の場所であり（渡邉 2019：25），それぞれの戸内では，専業主婦としての母親とその子どもたちの関係がかつてなかったほどに緊密化していく場所であった（小針 2007：174）．日本社会では高度経済成長期にひろく形成される近代家族において，子育ては家庭という私的領域でおもに妻が担うものとして位置付けられると同時に，夫はもっぱら家の外で働くものとして捉えられ，育児する主体としては認識されてこなかった（大和 2008：2）．

　本章が以下で扱う「団地居住者生活調査」の報告書（神奈川県 1969）においても，父親の家事・育児参加について次のようにまとめられている．

228——第Ⅲ部　マージナルな人びとのライフコース

団地には幼年期の子供が多いにもかかわらず，平日において夫の育児時
　間が少なかったのは，まさに先述のように勤務・通勤時間が長時間化して
　いるために家事的生活時間が異常に節約せしめられていた結果であるとい
　うことである．……そして休日にはそうした節約をできるだけ埋めあわせ
　ようと行動していることも明瞭であろう．しかし，休日一日くらいの埋め
　あわせでは，たとえば平日"子供の寝顔しかみない"夫と子供の関係の大
　きなブランクは到底埋められそうもない．（神奈川県 1969：122-123）

　1965 年に行われた本調査の報告書では，すでに父親たちが長時間通勤と長
時間労働のなかで，家事と育児に十分にかかわることのできない状況であった
ことが指摘されている．母と子の関係が緊密になる一方で，父と子の関係には
「大きなブランク」が生じていたのである．このように，公園が子ども向けの
空間として作り変えられる時期と，外で働く父親と家庭を守る母親とその子ど
もからなる近代家族の形成期は一致している．
　本章は，その焦点として団地に居住する世帯が，団地内・団地近隣の公園を
いかにして使用しているのかを検討する試みである．分析に先立って，団地の
公園についても補足しておく．戦後日本においては，深刻な住宅不足に対応す
ることが住宅政策の枠組みをつくっていった（祐成 2018：378）．なかでも日本
住宅公団は，多摩ニュータウンに代表される大規模な団地を開発していくこと
で，住環境を改善する技術を蓄積していく（祐成 2018：379）．この技術の向上
に呼応するように，住宅不足の解消にともない公団住宅の供給が，量ではなく
サービスの質的向上を重視するように転換した（日本住宅公団 1981：124-171；
矢込・菅野 2011：521）．そして住宅供給の方針が量から質へと転換するなかで，
敷地内のオープンスペースが積極的に設置されることになった．公団団地は，
敷地内のオープンスペースの豊富さを特徴としており，団地敷地内のオープン
スペースは，はじめて集合住宅に居住する人びとにとって，子どもの遊び場や
居住者間の交流の場としての機能を果たしたという（日本住宅公団 1981：192；
矢込・菅野 2011：521）．戦後日本の都市公園について考えるにあたり，団地
内・団地近隣につくられた公園は，同時期の児童向け設備を備えた小公園の量
的な普及のなかで，多くの人々に経験された，重要な研究対象であるといえる

だろう.

　本章では,「団地居住者生活調査」(以下,団地調査と表記) の分析を行う.
この調査は,東京大学社会科学研究所の氏原正治郎と小林謙一が神奈川県民生
部の委託を受けて「労働調査資料」(No. 64) として実施したものである. 団
地調査は 1965 (昭和 40) 年の 11 月から 12 月にかけて,神奈川県内の 6 つの
団地 (川崎古市場,川崎中野島,横浜瀬谷,寒川,藤沢,厚木緑ヶ丘) を対象
に実施され 1053 世帯から有効回答を得た (神奈川県 1969:36). 本章が分析対
象とするのは,12 歳以下の子どもと夫婦からなる使用する変数に欠損のない
662 世帯についてのデータである. 団地調査の多岐にわたる項目のなかでも,
夫婦それぞれの 1 日の行動を平日・休日別に記録した,生活時間データを分析
する.

## 3.2　単純集計から見る団地の子育て世帯

　はじめに,データに含まれる世帯の基本的な姿について,分析に使用する変
数の単純集計結果から確認したい. 分析にあたり使用する変数の単純集計を**表
11-1** に示している. まず独立変数として注目する調査項目は,「団地の設置主
体」「妻の年齢／夫の年齢」「子の平均人数」そして「末子年齢」である. 神奈
川県内の 6 つの団地を対象にした本調査は,川崎市営の古市場団地と中野島団
地,神奈川県営の瀬谷団地と寒川団地を対象にし,そして日本住宅公団の藤沢
団地と,住宅公社が設置した厚木緑ヶ丘団地のデータを含んでいる. 入居年に
は最大で 15 年ほどのズレがあり,早期から入居がはじまっている川崎古市場
団地では 1951 年から 1954 年にかけて入居がなされているのに対して,藤沢団
地・厚木緑ヶ丘団地では 1961 年に入居が開始され,調査年 (1965 年) まで続
いている.

　入居年の違いは,世帯員の平均年齢や子どもの人数,そして末子年齢の違い
にも反映されている. 古市場団地,中野島団地,瀬谷団地では 30 代後半の夫
婦が平均して 2 人の子どもを育て,末子年齢が約 6 歳であることに対して,藤
沢団地と厚木緑ヶ丘団地では,30 代前半の夫婦が平均して 1.4 人の子どもを
育て,末子年齢も 3 歳未満となっている.

　本研究がアウトカム変数として注目するのは,夫婦の生活時間のうち,妻も

表 11-1　分析に使用するケースの単純集計

| 団地名 | 川崎市 古市場 | 川崎市 中野島 | 横浜市 瀬谷 | 寒川 | 藤沢 | 厚木 緑ヶ丘 | ケース 全体 |
|---|---|---|---|---|---|---|---|
| 設置主体 | 市営 | 市営 | 県営 | 県営 | 公団 | 公社 | — |
| 入居年 | 1951–54 | 1959–60 | 1958–62 | 1960–65 | 1962–64 | 1962–65 | — |
| 妻の平均年齢 | 35.77歳 | 35.61歳 | 34.77歳 | 31.4歳 | 30.09歳 | 28.76歳 | 32.43歳 |
| 夫の平均年齢 | 39.31歳 | 38.92歳 | 38.03歳 | 34.69歳 | 33.4歳 | 32.36歳 | 35.83歳 |
| 子の平均人数 | 2.03人 | 2.1人 | 1.97人 | 1.69人 | 1.41人 | 1.44人 | 1.74人 |
| 末子の平均年齢 | 6.27歳 | 6.18歳 | 5.79歳 | 3.47歳 | 2.56歳 | 1.96歳 | 4.22歳 |
| 妻・平日 外出して育児 | 9.85 | 14.63 | 16.33 | 17.78 | 29.94 | 29.37 | 21.10 |
| 平均活動時間 | 63.46分 | 51.25分 | 67分 | 58.12分 | 68.47分 | 67.70分 | 64.31分 |
| 妻・休日 外出して育児 | 6.11 | 7.59 | 8.79 | 14.63 | 8.44 | 10.40 | 9.06 |
| 平均活動時間 | 84.37分 | 85分 | 108.75分 | 67.5分 | 101.53分 | 83.07分 | 87.75分 |
| 夫・休日 外出して育児 | 13.64 | 17.07 | 12.24 | 22.22 | 26.11 | 31.75 | 21.60 |
| 平均活動時間 | 114.16分 | 70.38分 | 125分 | 89.25分 | 87.07分 | 107.16分 | 98.85分 |
| ケース数 | 131 | 79 | 91 | 82 | 154 | 125 | 662 |

注：明記されている場合を除いて，単位はパーセント．

しくは夫が子どもを連れ添って外出し，育児しているとコーディングされる行動である．たとえば「子供と広場で遊ぶ」（夫・休日）や「8階屋上で子供と遊ぶ」（妻・平日）という行動が，「外出して育児」とコーディングされることで集計可能となっている．

　本研究では上述の生活時間データについて，①「外出して育児」を含むか否かを示す変数（「外出して育児」ありダミー）と，②「外出して育児」を行った時間の長さを示す変数を作成した．これらの従属変数は，妻の平日と休日，夫の休日のそれぞれについて作成されている．集計の結果，分析対象のケース中，妻・平日で21.1%，妻・休日の場合は9.06% の生活時間に「外出して育児」が含まれていることがわかった．一方で夫・休日の生活時間のなかには21.6%，妻・平日とほぼ同じ割合で含まれている．団地別に見ると藤沢団地（公団）と厚木緑ヶ丘団地（公社）で，平均よりも高い割合で「外出して育児」が生活時間に含まれることが確認できる．これは敷地内のオープンスペースが充実している公団・公社の団地であることと同時に，末子年齢が平均から2歳

11章　団地のなかの児童公園——231

表 11-2 「外出して育児」に分類された活動内容の単純集計表

| 抽出語 | 出現回数 | 抽出語 | 出現回数 | 抽出語 | 出現回数 | 抽出語 | 出現回数 | 抽出語 | 出現回数 |
|---|---|---|---|---|---|---|---|---|---|
| 子供 | 372 | 一緒 | 8 | バス停 | 5 | 相手 | 3 | 子ども | 2 |
| 散歩 | 139 | 家 | 8 | 外出 | 4 | 電車 | 3 | 室外 | 2 |
| 遊ぶ | 102 | 見る | 8 | 学校 | 4 | 病気 | 3 | 実家 | 2 |
| 幼稚園 | 52 | 出す | 8 | 広場 | 4 | 小児科 | 3 | 乗る | 2 |
| 行く | 46 | 医者 | 7 | 送り出す | 4 | 耳鼻科 | 3 | 人 | 2 |
| 遊園地 | 40 | 迎える | 7 | 団地遊園地 | 4 | 遊ばす | 2 | 赤ちゃん | 2 |
| 連れる | 26 | 日光浴 | 7 | 展覧会 | 4 | 隣 | 2 | 前 | 2 |
| 外 | 23 | 病院 | 7 | デパート | 3 | オートバイ | 2 | 孫 | 2 |
| 公園 | 23 | 保育園 | 7 | バレー | 3 | キャッチボール | 2 | 体育 | 2 |
| 近く | 17 | 戸外 | 6 | 映画 | 3 | 奥さん | 2 | 通院 | 2 |
| 送る | 15 | 出る | 6 | 外遊び | 3 | 屋上 | 2 | 庭 | 2 |
| バス | 12 | 長女 | 6 | 眼科 | 3 | 家族 | 2 | 動物園 | 2 |
| 近所 | 10 | 長男 | 6 | 供 | 3 | 街 | 2 | 入園 | 2 |
| 徒歩 | 10 | デパート屋上 | 6 | 迎え | 3 | 犬 | 2 | 面会 | 2 |
| 買い物 | 10 | 雑談 | 5 | 歯医者 | 3 | 県立 | 2 | 江ノ島 | 2 |
| 遊び | 9 | 団地 | 5 | 自転車 | 3 | 才 | 2 | 砂場 | 2 |

ほど低いことと関係していると考えられる.

## 3.3 テキストデータの構築方法とデータの概要

　単純集計から，団地に居住する夫婦がある程度分担して子どもを戸外に連れ出していることがわかった．それでは，その内容について夫婦間に違いはあるのだろうか．つづいて原票にさかのぼり，コーディングされる前の活動内容を確認したい．分析用のテキストデータは，「団地調査」の復元作業時（2013～2015)[2]に，復元作業者によって「外出して育児」とコーディングされた内容を文字化することで作成した．生活時間に「外出して育児」の活動が存在するIDの個票に遡ぼり，その内容を目視で確認し，スプレッドシート上に入力したものをデータセットとする．

　上記の工程で作成されたデータセットは，385の回答からなり，形態素解析器「茶筌」による形態素解析の結果 2615 語（310 の異なる語）が得られた．分析[3]に際して，抽出対象は名詞・固有名詞・動詞・形容詞としている．語の抽出と集計にあたっては，「遊園地，団地遊園地，団地内遊園地，デパート屋上，外遊び，スベリ台，日光浴，外気浴，展覧会，動物園」の複合語を，そ

れぞれ1語として数え上げるための「強制抽出語」としている。なお，集計と分析から除外する「ストップワード」は設定していない。

**表11-2**は「外出して育児」とコーディングされた自由記述回答の内容の頻出語である。活動内容と関連する語として出現回数が多く，目立つのは「散歩，幼稚園，遊園地，公園」の語である。頻出する動詞を確認すると「遊ぶ，行く，連れる，送る」という行動が「外出して育児」の具体的な内容であることがわかる。生活時間に含まれる「外出して育児」には，散歩・幼稚園・遊園地・公園に子どもを遊ばせる，連れていく，送ることをかなりの割合含んでいると考えることができるだろう[4]。

そのほかにも，出現回数は3回から10回程度であっても，「医者，日光浴，眼科，歯医者，耳鼻科，小児科」など，子どもの健康と医療サービスとかかわる語も，合算すると多く出現するカテゴリを構成している。同様に「デパート，買い物，デパート屋上，映画」と，街中に子どもを連れ出して，買い物をしたり遊んだりすることと関連する語も，ひとつのカテゴリとして存在していることを読み取ることができる。

また単純集計表からは「実家」「孫」など，夫婦と子どもの外にある親族と関連する語は存在するものの，それぞれ2ケースのみと少ないことも読み取ることができる。この点から，基本的には核家族のなかで育児が行われていることも確認できるだろう。

**図11-2**は「外出して育児」の活動内容の共起ネットワーク図である。共起ネットワークを確認することにより，データ中に多く出現していた語を確認するとともに，語と語のつながりからデータ中のトピックないしテーマを探索できる（樋口 2019：18）。語を囲む円の大きさは，その語の出現回数の多さを示している。語と語を結ぶ線は，その語の間に共起関係があることを示しており，線が実線である場合，点線である場合と比べて，その共起関係が強いことをあらわしている。

共起ネットワークの分析から次のことが解釈できる。それは「外出して育児」とコーディングされた自由記述の内容は，大きく分けて，「団地近隣での遊び」「家事としての外出」「遠出しての遊び」の3つのグループに分けられることである。

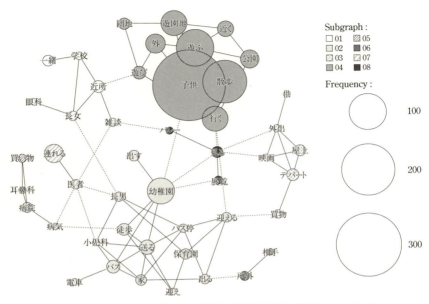

図11-2 「外出して育児」に分類された活動内容の共起ネットワーク

　第1に,図中上部の「子供」を中心に線で結ばれることで示される【団地近隣での遊び】グループである．これは「団地,遊園地,外,遊び,散歩,公園」等の語から構成されている．出現頻度を示す円が大きな単語が多く,活動内容の中心的なグループであるといえる．第2に下部の「送る」の語を中心に描画されるネットワークを中心に存在する【家事としての外出】グループである．このネットワークの左側に描画される「医者,病院」の語のネットワークも含めて,このグループは「幼稚園,保育園,出す,迎える,バス停,小児科,医者,病気」等の語から構成されている．第3に図中右側のネットワークから構成される【遠出しての遊び】グループである．これは「外出,映画,屋上,デパート」という語から構成される．以上のように,「外出して育児」の活動内容には3つ類型が存在している．

## 3.4　対応分析の結果

　以上に見た子どもを伴って外出する行動には,いかなる出現傾向があるのだ

234——第Ⅲ部　マージナルな人びとのライフコース

ろうか．さいごに，子どもを連れ添って外出することの活動内容について，対応分析という手法で，独立変数とのかかわりを確認する．独立変数として（1）末子年齢，（2）活動時間の長さ，（3）行う人・曜日の別に対応分析を行い，その傾向を確認したい．なお，末子年齢は「2歳未満」「2〜3歳」「4〜5歳」「6歳以上」の4階級に分け，活動時間の長さは「30分以内」「31〜60分」「61〜90分」「91〜120分」「120分以上」の5階級に分けている．行う人・曜日は「妻・平日」「妻・休日」「夫・休日」の3区分である．「夫・平日」の生活時間に「外出して育児」が含まれるのは3ケースのみであるため，分析からは除外している．

　本項の分析手法となる対応分析とは，語と独立変数（グループ）の関係を，1枚の図のなかに同時布置することで，それぞれのグループに特徴的な語を抽出したり，グループとグループの距離を可視化する手法である（樋口 2019：18–19）．図のなかに布置される語の分布とあわせて，子どもの年齢や，活動時間の長さ，それを行う人と行われる曜日のラベルを確認することで，各グループにより多く出現している語を見つけることができる．そして，ラベル間の距離を確認することにより，各年齢，活動時間，行う人・曜日によって活動内容が異なるのか，それとも類似しているのかを明らかにすることもできる．また，原点（0, 0）に近い場所に布置される語は，出現パターンに特徴のない語であると判断することができる．

　対応分析の計算と布置の方法については，解説書と解説論文（Greenacre 2017＝2020；樋口 2019）を参考にし，語と語の間の距離，グループとグループの間の距離，そして可能である場合にのみ，縦軸・横軸があらわすことの意味に注目することで結果を解釈する[5]．

　まず，末子年齢による活動内容の違いを検討していく．**図11-3**は末子年齢による対応分析の結果である．身近な遊び場を示す「公園」「遊園地」は原点（0, 0）の付近にプロットされているが，一方でそれは「2歳未満」と「2〜3歳」のグループに特徴的であること読み取ることができる．親が付き添い，公園で遊ぶことは，未就学児のうちでもさらに年齢の低い子どもがいる場合により多く行われていることがわかるだろう．これは，1.1項で確認した，交通問題における未就学児のリスクの高さと整合する分析結果となった．一方で，末

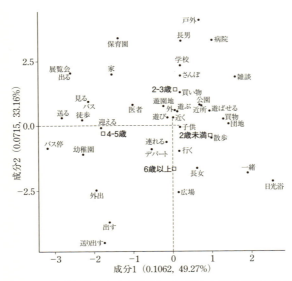

図11-3 末子年齢による「外出して育児」の活動内容の比較

子が「4～5歳」のグループには「幼稚園」「迎える」「バス停」などの語が特徴的であり,【家事としての外出】がより多く出現することが窺える.また「デパート」や「広場」の語は「6歳以上」の就学児童を持つ親の行動に多いこともわかった.

つづいて,図11-4に示すように,活動時間の長さによって,活動内容はいかに異なるかを分析する.まず「幼稚園」「保育園」「バス停」「送る」「迎える」の語は「30分以内」のグループに特徴的である.この結果から【家事としての外出】は短時間の間で済まされていることがわかる.そして【団地近隣での遊び】とかかわる行動として「散歩」「遊ばせる」や,「日光浴」の語は「31～60分」「61～90分」のグループにより多く出現している.同様のカテゴリの語として「公園」や「遊園地」の語は「91～120分」「120分以上」のグループにより多く出現する語であることから,長い時間,親が付き添いながら行われる活動であることがわかる.特筆する点として「雑談」や「近所」という近隣住民とかかわる行動が,「120分以上」の長時間外出しているグループに特徴的な語であることを挙げたい.軸についての解釈を加えると,横軸(X

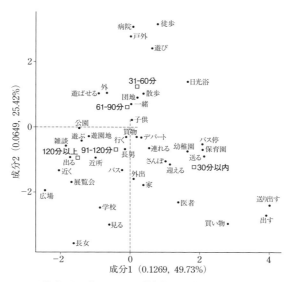

**図 11-4** 活動時間の長さによる「外出して育児」の活動内容の比較

軸）は活動内容が【遊び】であるのか【家事】であるのかを表現しており，その違いは活動時間の長さにも表れているようである．

さいごに**図 11-5** は「妻／夫×平日／休日」の組み合わせのなかで活動内容に違いはあるかについて分析した結果である．分析結果から，「公園」「遊園」「散歩」の【団地近隣での遊び】とかかわる語は「夫・休日」グループに多く出現することがわかる．公園や児童公園を利用する過ごし方は，本データ中では「夫・休日」の活動において顕著であることが示唆された．公園利用の見守りを行うことは，団地調査の生活時間においては母親ではなく，むしろ父親の活動に特徴的である．他方で「妻・平日」グループには「幼稚園」「送り出す」「バス停」といった【家事としての外出】と関連する語が多い．そして「妻・休日」グループに特徴的な語としては「デパート」「展覧」「屋上」という【遠出しての外出】と関連する語群が存在する．さいごに軸についての解釈を付け加えると，横軸（X 軸）が「家事か遊びか」で分けられることに対して，縦軸（Y 軸）は「日常的行動か非日常的行動か」，すなわち，日常的な余暇や家事か，休日の外出や病院の受診かという軸でまとめることができるだろう．

11 章　団地のなかの児童公園──237

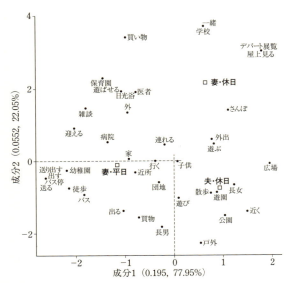

図11-5　行う人・曜日による「外出して育児」活動内容の比較

## 4　結論——公園をとおして家族を見る，家族をとおして公園を見る

　本章では「団地居住者生活調査」の復元・二次分析により，高度経済成長期の遊び場の利用実態について，次のことを明らかにした．
　まずテキストデータには「祖父母」や「叔父・叔母」といった親族に関する語が存在するものの，出現頻度が低いことを指摘できる．団地世帯においては，核家族のなかで子どもの遊びの世話が行われるケースが多かったことが，本分析から明らかになった．そして対応分析の結果から，公園への付き添いは「0歳から3歳まで」の年齢の低い子どもを持つ親に顕著であったことを明らかにした．この結果は当時，交通事故の被害に遭うのは未就学児が多く，路上と遊び場での事故を防ぐために，大人による外遊びのケアがとくに必要であったことと整合的である．
　さらに対応分析の結果からは，児童公園の利用時間についての傾向も明らかになった．それは具体的には，児童公園は「91分から120分以上」の利用が

多く，公園での外遊びや散歩の付き添いは，長い時間をかけて行われることである．こうした利用時間についての分析結果も，本研究が社会調査データに注目をすることで明瞭にしえた，団地近隣にある公園利用の側面であろう．また活動時間が長時間にわたる際に，近隣住民との関係が示唆された点も，近所づきあいの場としての児童公園像を浮かび上がらせている．

さいごに，団地近隣の公園を利用した外遊びの世話は「休日の父親」の活動として特徴的であったことを指摘したい．この分析結果は，「長時間労働をする夫」と「専業主婦としての妻」が子どもに教育的関心を向ける近代家族（落合 2019：17）が日本社会にひろく形成される高度経済成長期において，それでも父親には父親なりの子どもとのかかわり方があったことを示した．いま一度「団地調査」報告書に描写された父親の行動を振り返りたい．「平日において夫の育児時間が少なかったのは，……勤務・通勤時間が長時間化しているために家事的生活時間が異常に節約せしめられていた結果であるということである．……そして休日にはそうした節約をできるだけ埋めあわせようと行動している」（神奈川県 1969：122-123）．本章では，母親と子どもの関係がますます緊密になる団地内の家族において，住居からほど近い距離にある児童公園を通して見ることで，父親にも父親なりの育児参加の形態が存在したことを示した．

このように本章は，戦前期から戦後期にかけて「母親と子ども」のための舞台として整備され，普及してきた児童公園に対して，団地世帯を対象にした社会調査データを扱うことで，父親という公園利用者を可視化した．この点は，資料の質的読解で示される公園像が，（おおくは女性の）教育者や，母親たちの実践を描写するものが多いなかで，過去の社会調査データを発掘し，分析する本章が可能にした成果であると強調してよいだろう．

---

1) 児童公園は 1993 年の都市公園法改正にともない，名称を「街区公園」へと改めた．この改称の背景には，児童公園をより広い年齢層と多様な用途に供する場所へと変更しようとする意図が存在している（赤澤 2021：66）．
2) 「団地調査」の復元作業の方法と過程については渡邉ほか（2019），および本書の巻末付録で詳しい説明がなされている．
3) 計量テキスト分析には KH Coder（樋口 2020）を使用している．
4) 本データにおける「遊園地」とは多くの場合，団地近くの遊び場や児童公園のこ

とを指している.「近くの遊園地で子供と遊ぶ」(厚木緑ヶ丘団地/夫・休日) や「子供と遊ぶ 遊園地 スベリ台 ブランコ」(瀬戸団地/夫・休日) というように,「遊園地」は居住地の近くの遊び場として言及されることが多い.

5) 対応分析において,語と語の間の距離,およびグループとグループの間の距離,そして軸を解釈することが有効である一方で,計算・布置過程でグループの布置が原点に近づけられているために,語とグループ(ラベル)の間の距離について意味を読み取ることには意味がないことに注意が必要である(樋口 2019:21).

[付記]

本章の分析にあたり,東京大学社会科学研究所附属社会調査・データアーカイブ研究センター SSJ データアーカイブから「公害・公園に関する調査(寄託者・三宅一郎)」の個票データの提供を受けました.また,東京大学社会科学研究所課題公募型二次分析研究会の活動の一環として復元した「団地居住者生活調査」のデータを利用しました.

なお本章は,JSPS 科研費(20J10458, 23K18844),および,松下幸之助記念志財団研究助成(22-G27)によって助成を受けた研究成果の一部です.

[参考文献]

赤澤宏樹,2021,「公園緑地計画」亀山章監修/小野良平・一ノ瀬友博編『造園学概論』朝倉書店,pp. 60-79.

Greenacre, M., 2017, *Correspondence Analysis in Practice, Third Edition*, London: Chapman & Hall/CRC Press.(=2020, 藤本一男訳,『対応分析の理論と実践——基礎・応用・展開』オーム社).

樋口耕一,2019,「計量テキスト分析における対応分析の活用——同時布置の仕組みと読み取り方を中心に」『コンピュータ&エデュケーション』47: 18-24.

————,2020,『社会調査のための計量テキスト分析——内容分析の継承と発展を目指して』(第 2 版)ナカニシヤ出版.

陣内秀信,[1985] 1992,『東京の空間人類学』筑摩書房.

神奈川県,1969,『団地居住者生活実態調査報告書』神奈川県.

簡易保険局,1931,『児童遊園ニ関スル調査』.

木谷宣弘,1965,「遊び場はこれでよいか」『月刊福祉』48(7): 12-19.

小針誠,2007,『教育と子どもの社会史』梓出版社.

小地沢将之・田村渓介,2021,「都市公園に隣接する児童遊園の更新の可能性の検討」『都市計画論文集』56(3): 657-664.

厚生省児童家庭局,1965,「児童の事故とその実態」『月刊福祉』48(7): 57-64.

前田一歩,2021,「近代東京・都市公園の話題変遷——長期・記事見出しデータへのトピックモデルの適用」左古輝人編『テキスト計量の最前線——データ時代の社会知を拓く』ひつじ書房,pp. 71-93.

牧野智和,2022,『創造性をデザインする——建築空間の社会学』勁草書房.

丸山宏，1994，『近代日本公園史の研究』思文閣出版.

元森絵里子，2006，「子どもへの配慮・大人からの自由――プレーパークを事例とした『子ども』と『大人』の非対称性に関する考察」『社会学評論』57(3): 511-528.

日本住宅公団，1981，『日本住宅公団史』日本住宅公団.

落合恵美子，2019，『21世紀家族へ――家族の戦後体制の見かた・超えかた』（第4版）有斐閣.

小野良平，2003，『公園の誕生』吉川弘文館.

佐藤昌，1977，『日本公園緑地発達史（下）』都市計画研究所.

申龍徹，2004，『都市公園政策形成史――協働型社会における緑とオープンスペースの原点』法政大学出版局.

進士五十八，2011，『日比谷公園』鹿島出版社.

白幡洋三郎，1995，『近代都市公園史の研究――欧化の系譜』思文閣出版.

総理府，1967，「都市公園に関する世論調査」『世論調査報告書 昭和41年8〜10月調査』内閣総理大臣官房広報室.

末田ます，1942，『児童公園 少国民文化新書2』清水書房.

祐成保志，2018，「戦後住宅政策の枠組み」都市史学会編『日本都市史・建築史辞典』丸善出版，pp. 378-379.

高久聡司，2014，『子どものいない校庭――都市戦略にゆらぐ学校空間』勁草書房.

渡邉大輔，2019，「普通の時間の過ごし方の成立とその変容――高度成長期の団地生活での一日のあり方」渡邉大輔・相澤真一・森直人・東京大学社会科学研究所附属社会調査データアーカイブ研究センター編『総中流の始まり――団地と生活時間の戦後史』青弓社，pp. 155-163.

渡邉大輔・森直人・相澤真一，2019，「『団地居住者生活実態調査』の概要とデータ復元について」渡邉大輔・相澤真一・森直人・東京大学社会科学研究所附属社会調査データアーカイブ研究センター編『総中流の始まり――団地と生活時間の戦後史』青弓社，pp. 155-163.

矢込祐太・菅野博貢，2011，「公団賃貸集合住宅団地の空間構成の変遷と外部空間の構造についての考察――東京都における集合住宅団地の年代的・空間的な構成変化と外部空間の利用に関する研究 その1」『日本建築学会計画系論文集』76(661): 521-530.

山名淳，2015，『都市とアーキテクチャの教育思想――保護と人間形成のあいだ』勁草書房.

大和礼子，2008，「"世話／しつけ／遊ぶ"父親と"母親だけでない自分"を求める母親」大和礼子・斧出節子・木脇奈智子編『男の育児・女の育児――家族社会学からのアプローチ』昭和堂，pp. 1-24.

# 12章

# 1960年代における高齢者の生活の実相
「老人問題」の諸相

羅　　　佳

## 1　はじめに

　日本の高齢者福祉の制度・政策のあゆみを振り返ると，1963年の老人福祉法の制定が老人の生活をめぐる諸問題を改善・解決するための公的制度の一環として画期的な動きであった．1970年代に入ってから，高齢化率が7%に達し，高齢者に関する各種調査が多数行なわれた．高齢者福祉の制度・政策の側面において，老人医療費無料化制度の実現，「社会福祉施設緊急整備5カ年計画」の実施による特別養護老人ホームの急増，在宅福祉サービスの創設など，老人福祉制度の拡充と量的整備が進んでいった．

　1960年の平均寿命は男性65.32歳，女性70.19歳となり，「人生70年時代へ」と唱えられた年で，その前後は老人ブームが沸き起こった．このことについて，中村律子は「1950年代から1960年代の前半まで国家政策上のアジェンダにのせるほどには政治的な魅力がなかった老いや老人福祉をめぐる議論が，老人福祉法制定を契機に，新聞やテレビという報道機関を活用する意図的な試みによって，世間に老人ブームが沸きおこり，国家政策上のアジェンダとしての魅力を増し，様々な老人福祉政策が推進されていったことは否定できない事実である」と述べていた（中村 2006：105）．

　小笠原祐次（1994）が，高齢期のどこかで，①労働，社会的仕事からの引退（退職）と経済的自立の喪失，②健康の喪失，③身辺生活自立の喪失，④社会的役割の喪失や生きがい感の喪失などに出会うと述べ，現代社会の中，家族や地域，小規模核家族化や家族の生活様式の変化にともない，扶養力が低下し，

地域の相互支援力の弱まりなどによって，高齢者の生活維持や支援ができかねる状況に置かれていると指摘し，「老人問題」とは何かについて，「現代社会の家族や地域は小規模核家族化や家族の生活様式の変化に伴う扶養力の低下あるいは地域の相互支援力の弱まりなどによって，高齢者の生活を維持し支援できかねる状況に置かれている．そこから老人の生活問題が発生する．それが老人問題であり，老人問題は老人の生活をめぐる社会問題である」と指摘していた（小笠原 1994：31）．また，上記の①～④の4つの喪失を含めて，基礎的な生活条件の困難や貧困の問題（経済的欠乏や就労困難，住宅難），介護問題（寝たきり高齢者，認知症[1] 高齢者），社会的孤立や自己実現（生きがい）の喪失の問題など，老人問題として具体的に現れていると述べている（小笠原 1994：31-33）．

　1960年代の高齢者像について，「貧困」「孤独」「老衰」「寝たきり」等の言葉でその特徴を表現されることが多いが，具体的に，1960年代の高齢者がどのような暮らしをしていたのか，その暮らしの中どんな不安を抱えていたのか等についてほとんど文献は見当たらない．例えば，「寝たきり」というと，「床につききり」とのイメージができるが，果たしてそれだけなのだろうか．また，「施設」に入所したあとに高齢者の健康状態が改善されるということを取り上げられた文献もあるが，施設での生活には不安はないのか，不安があればどのようなことで不安を感じさせられるのかなどについて，その実相を明らかにされていない．そこで，本章は，下記方法を用い，1960年代における高齢者の生活の実相を明らかにすることを試みてみた．

1) 1994年に出版された『老人問題——新聞集成　上巻・下巻』に収録された1960～1969年の新聞記事をすべてチェックし，高齢者の生活に関する問題を取り上げられた記事を抽出してまとめた．ただし，印刷の関係で文字が非常に読み取りづらい記事の場合，今回は取り入れておらず，今後，読み取れる方法を見つけたら再度確認することにした．
2)『老人福祉』（「全国養老事業協会」発行）に収録された1960年～1970年までの文献から，高齢者の生活の実相を反映される文献を検討した．
3) 河畠ほか著／日本福祉文化学会監修『増補 高齢者生活年表——1925-

**表 12-1** 日本における 65 歳以上の高齢者人口と高齢化率の推移

| 年　次 | 総人口（人） | 65歳以上高齢者人口 | |
| --- | --- | --- | --- |
| | | 実数（人） | 構成割合（％） |
| 1950 | 84,114,574 | 4,155,180 | 4.9 |
| 1955 | 90,076,594 | 4,786,199 | 5.3 |
| 1960 | 94,301,623 | 5,397,980 | 5.7 |
| 1965 | 99,209,137 | 6,235,614 | 6.3 |
| 1970 | 104,665,171 | 7,393,292 | 7.1 |
| 1975 | 111,939,643 | 8,865,429 | 7.9 |
| 1980 | 117,060,396 | 10,647,356 | 9.1 |
| 1985 | 121,048,923 | 12,468,343 | 10.3 |
| 1990 | 123,611,167 | 14,894,595 | 12.0 |
| 1995 | 125,570,246 | 18,260,822 | 14.5 |
| 2000 | 126,925,843 | 22,005,152 | 17.3 |

出典：1950 年から 2000 年までの国勢調査のデータに基づき筆者作成．

　2000 年』（2001）の中，1960～1969 年の高齢者の生活の実相を反映する情報を確認した．

4）上記 1），2），3）の作業結果に基づいて，「自殺」「就労」「住まい」「家族との同別居」「寝たきり高齢者」「高齢者福祉施設での生活」「医療」「精神障害」「高齢者の犯罪」の 9 つに分類した．

5）高齢期の住まいの状況について，1970 年 5 月に厚生省（当時）が実施した「全国老人実態調査」の報告書を確認して，調査結果の中に住まいに関する項目の結果を取り上げ，高齢期の住まいに関する生活の実相を補足した．

## 2　1960 年代の高齢者をめぐる動向

### 2.1　65 歳以上人口の増加

　1950 年から 5 年刻みの国勢調査のデータによると（**表 12-1**），65 歳以上の高齢者人口は 1950 年の 415.5 万人で，1960 年には 478.6 万人となり，総人口の 5.7％ 占めていた．1970 年の 739.3 万人になり，2000 年の 2200.5 万人に増えた．**表 12-1** の数値から分かるように，65 歳以上人口は総人口に占める率から見ると，1950 年から 1960 年までの 10 年間で 0.8％ の上昇の傾向が示され，

12 章　1960 年代における高齢者の生活の実相——245

その後，その割合がさらに急速に増加し，1970年から2000年までの30年間で17.3%に急増した．とりわけ，1960年から1970年までの10年間には，65歳以上の高齢者人口の割合が1.4%増加し，約200万人近く増加したことが分かる．

## 2．2　高齢者福祉に関する政策・制度の動向

日本の社会福祉法体制は戦後の児童福祉法（1947年），身体障害者福祉法（1949年），生活保護法（1950年）についで，1960年代に入ってから精神薄弱者福祉法（1960年），老人福祉法（1963年），母子福祉法（1964年）が公布され，福祉6法体制が作り上げられた．

1960年の『厚生白書』[2]は，「福祉国家への途」を題とし，「福祉国家の建設」を目指すことを明言し，「福祉国家の建設に重大な責任を負っているのが，ほかならぬ社会保障制度なのであります」と述べている．同白書は，「老齢者の問題は，いまや重大な社会問題の一つとして国家的見地に立って総合的にその対策を樹立しなければならないときに至っている」と述べ，（1）所得の保障，（2）健康の保持，（3）社会福祉からの対策をあげた．

1960年代初頭における高齢者福祉制度・政策の状況について，当時厚生省社会局施設課の森幹朗の「養老事業から老人福祉事業へ」（1963）の中で示されている．主に生活に困窮している場合の最低限度の生活の保障に留まるものとして，高齢者に対する公的扶助制度がある．国民年金法による高齢者への給付は，老齢年金および福祉年金[3]の2種類で，後者の年額が1万2000円で十分であるとは言い難い．公的扶助と年金のほかに，1951年に東京で誕生した有料老人ホーム，1958年に大阪市で開始した家庭奉仕員制度，1960年12月に岩手県沢内村で実施された高齢者を対象とする無料外来の医療サービス供給等がある．

1960年代における高齢者福祉に関する政策・制度の動向として，画期的なものは1963年に制定された老人福祉法である．同法は，老人福祉施設として，養護老人ホーム（生活保護法の養老院を継承），特別養護老人ホーム，軽費老人ホームを規定するほか，老人健康診査，老人家庭奉仕員派遣制度などを創設した．老人福祉法制定のほかに，老人医療費無料化や高齢者福祉施設の増加，

**表 12-2** 1950 年から 1970 年までの高齢者に関する主な制度・政策および動き

| 年 次 | 高齢者に関する制度・政策及び動き |
|---|---|
| 1950（S25） | 「社会保障制度に関する勧告」（「50 年勧告」）. |
| 1956（S31） | 長野県, 家庭養護婦派遣事業（老人家庭奉仕員事業）が開始. |
| 1958（S33） | 「国民健康保険法」.<br>大阪市, 老人家庭奉仕員事業が開始. |
| 1959（S34） | 「国民年金法」.<br>9 月, 「社会保障制度の総合調整に関する基本方策」. |
| 1960（S35） | 4 月 23 日, 国民年金法実施規則公布, 10 月 1 日施行.<br>12 月, 岩手県沢内村, 高齢者を対象とする無料外来の実施. |
| 1961（S36） | 1 月, 静岡県浜松市に寝たきり老人のための施設「十字の園」が開設.<br>3 月 9 日, 奈良県高取町に全国初の盲老人ホーム「慈母園」が開設. |
| 1962（S37） | 1962 年の勧告「社会保障制度の総合調整に関する基本方策についての答申および社会保障制度の推進に関する勧告」（「62 年勧告」）.<br>4 月, 老人家庭奉仕員派遣事業が創設. |
| 1963（S38） | 4 月 11 日, 「老人福祉法」制定・公布. |
| 1966（S41） | 1 月, 「養護老人ホーム及び特別養護老人ホームの設備及び運営の基準に関する意見具申」（最低基準）. |
| 1967（S42） | 「公害対策基本法」. |
| 1968（S43） | 4 月, 「老人ホーム・老人向け住宅の整備拡充に関する意見」（中央社会福祉審議会老人福祉専門分科会）.<br>9 月, 「深刻化するこれからの老人問題」（国民生活審議会）. |
| 1969（S44） | 8 月 14 日, 厚生大臣, 社会保険審議会「老齢保険制度要綱試案（さしあたり実施すべき項目）」そのほかを説明.<br>11 月 11 日, 東京都, 東京都医師会と老人医療無料化実施の契約書を締結.<br>12 月, 東京都, 70 歳以上の高齢者に対する医療費自己負担分の無料化. |
| 1970（S45） | 7 月, 全日本労働総同盟, 「福祉ビジョンと政策——70 年代の生きがい保障」の中間報告発表.<br>7 月, 厚生省, 老人福祉センターに「福祉 110 番」の設置計画を発表.<br>9 月, 社会福祉審議会老人福祉専門分科会, 「老人問題に関する総合的諸政策」を報告.<br>9 月, 厚生省, 厚生行政の長期構想を発表. 年金スライド制と社会福祉の範囲になかった公害対策を含む.<br>10 月, 厚生省, 1971 年度からの社会福祉施設緊急整備 5 カ年計画を決定.<br>11 月, 社会福祉審議会, 答申「老人問題に関する総合的諸政策について」.<br>12 月, 老人向け電話サービスが 1971 年度から新設. |

出典：下記資料に基づき筆者作成.
　国立社会保障・人口問題研究所ホームページ「日本社会保障資料　社会福祉関係　1980 年以前」.
　河畠ほか（2001）.

在宅福祉の展開等に関する自治体独自な事業の発足等の動きがあり，1970年代に入ってからの高齢者福祉に関する諸制度・政策の基礎を作るものが見られる（**表12-2**）．

　このように，施設，在宅，医療等の側面から政策が打ち出されているが，高齢者をめぐる諸問題も注目されていた．1968（昭和43）年9月の国民生活審議会の「深刻化するこれからの老人問題」は，年金，福祉，保健，就労，住宅対策の側面から「今日における老人問題」を具体的にあげた．例えば，年金について，「老後の所得保障についてみるべき役割を果たしていないのは事実である」．福祉対策について，「現在とられている福祉対策としては，健康診査，養護老人ホームや特別養護老人ホームへの収容措置，老人家庭奉仕員の派遣，老人クラブの育成，軽費有料老人ホームの設置などがあるが，全体の需要を満たすにはなお程遠いといわなければならない」．また，保健対策について，「老人が必要なとき適宜に診査を受けうる態勢にはない」．就労について，「老年労働者は全企業による職業あっせんという指摘救済に頼らざるを得ない実情にある．住宅政策について，「老人の福祉にとってより良い住居は何かということについての考え方すら確立していない」．

## 3　新聞記事と文献から取り上げられた高齢者の生活の実相

### 3.1　高齢者の自殺

　1955年の調査では，高齢者の自殺は60歳以上の人口10万人に対して男性が72人，女性が48人で，女性が世界1位で男性が世界2位で有数の高い自殺率を示されていたことが報道された（『日本経済新聞』1963年9月29日夕刊）．同記事では，自殺の原因としてほとんどが病気や老衰，厭世だが，女性の場合はそれに家庭不和が加わっていると報道された（『日本経済新聞』1963年9月29日夕刊）．

　1960年9月11日の『朝日新聞』では，「恵まれない"としより"　自殺がとくに多い　高い65歳以上の有業率」をテーマに，自殺者の人数が60歳から急激に高まって，人口10万人当たり男性は70歳代100人近くなり，80歳代120人と，70歳以上の自殺率が上昇していることは報道された．また，同記事の

248――第III部　マージナルな人びとのライフコース

中，65 歳以上の老齢者の有業率が高いが，低賃金が多いと指摘された（『朝日新聞』1960 年 9 月 11 日）．

1966 年 9 月 16 日の『朝日新聞』には下記 3 件の高齢者自殺が報道された．

　　68 歳の男性が自宅の裏の物置で首をつって死んでいるのを前日の「敬老の日」を祝うために遊びにきた長女らが見つけた．A さんは数年前妻と死別，次女の歯科技師（28）と 2 人暮らしだったが，次女も早朝から夜遅くまで勤めにでているのでさびしい生活を送っていた．そのうえ，若いころ道路工事のハッパ事故で左腕を失ったことから仕事も思うようにできず，孤独感に陥っていたという．

　　84 歳の一人暮らしの A さんが，さる 7 月ごろから老衰と精神病のため，寝たり起きたりの生活をしていた．このため，最近大阪から次女と三女の夫婦が来て看病していた．

　　65 歳の A さんが自宅で首吊り自殺しているのを，近くに住む三男が見つけた．調べでは，A さんは 3 ヶ月ほど前，次女が病死してからノイローゼ気味で，長男夫婦と同居して療養していたが，長男たちが外出して，ひとりになった後，自殺したらしい．

なぜ高齢者が自殺まで追い込まれたのか．当時ハマノ愛生園長の石渡金吾（1962）は「死神にも見放された哀れな老人」という手記の中に，庄野さんという入所者に関する記述を以下に取り上げたい．庄野さんの遭遇の中，なぜ自殺を考えるまで追い込まれたのかについて窺うことができると考える．

　　庄野さんは船大工で，神戸の某造船所に 20 年余りも勤続し，まじめで仕事熱心なので，模範工として何度もなく褒賞されたことがあるが，昭和27 年（1952 年），勤務先の造船所が終戦後の経済界不況の余波をうけて閉鎖せざるを得なくなり，庄野さんが失業の状況に陥ってしまった．当時すでに 65 歳になっていた庄野さんは再就職がうまくいかず，日雇い稼ぎで

かろうじて暮らしを立てていたが，もともと病弱であった妻がガンに患ってしまい，寝たきりの状態となった．庄野さんは志摩半島の鳥羽で船大工をしているかつての友達のことを思い出し，妻を抱きかかえるようにしていたわりながら，友を訪ねて鳥羽に辿りついたが，その友がもうこの世にいないことを知り，家族はどこへ引越ししてしまったかぜんぜん消息が分からなかった．途方にくれた庄野さん夫婦は心中を決意した．伊勢の大廟で最後の祈りをささげた後，神宮の裏山に登った．妻の「早く殺してくれ」との声の中，苦痛を抱えて妻を殺して自殺した庄野さんは折柄通りかかった山廻りの看視に発見されて救われた．その後，裁判になったが，情状酌量されて無罪となり，庄野さんの実の甥である養子夫婦に身柄を引き取ってもらった．しかし，養子夫婦は庄野さんをいったん引き取ったものの，すぐ邪魔者扱いにして遂に庄野さんを置き去りして，行方をくらましてしまった．再び一人ぼっちになった庄野さんは，崖から飛び降りて自殺を図ろうとしたが，砂地に落ちて奇跡的に助かり，また一度は，海に飛び込んだが，溺死寸前で通りかかった漁船に助けられた．住むべき家があるわけではない状態で，警察を通して，民生安定所[4]につながり，民生安定所からハマノ愛生園に送られ入所した．

## 3.2 高齢者の就労

1962 年，当時の厚生省統計調査部は老人福祉法制定の資料として，50 歳から 64 歳までの男性高齢者の就職状況と生活の見通しについての調査をまとめ，多くの高齢者が何らかの形で収入を得ているものの，約半数が今後の生活に子の扶養をあてにしているとの結果を得た（『日本経済新聞』1962 年 9 月 30 日夕刊）．1964 年，東京都社会福祉協議会の「高齢者就労実態調査」では，求職理由として，「働かなければ暮らせない」が最も多く，仕事が事務・雑役で，賃金も 1～2 万円とのことが分かった（河畠ほか 2001）．

1965 年の「定年制実態調査」（当時の労働省，1964 年実施）では，下記 4 点について明らかにされていた（河畠ほか 2001）．①大企業ではほとんど定年制があるが，中小企業でも最近急速に普及した．②55 歳定年制がほとんどだが，中小企業ほどそれ以上の年齢を定める傾向があった．③1960 年以降，定年年

齢延長など定年制を定める企業が急増していた．④定年年齢を上げられない理由として「人事の停滞」「賃金の増加」をあげる企業が多い．

1967 年，東京都社会福祉協議会が実施した「高齢者就労実態調査」では，求職数 660 人のうち，230 人が就職，働きたい理由は健康管理が 38%，小遣いがほしいのが 27%，子どもの学費が 12%，生活のためが理由となるのが 11% を占める結果が見られた．同調査では，収入は半数が 2 万〜2 万 5000 円で，3 万円以上は 14% を占めていたことが分かった．一般事務を希望したのに，実際の求人はビル清掃，会社受付，病院清掃，洗濯などだったことは少なくなった（河畠ほか 2001）．

1968 年に東京都社会福祉協議会の「高齢者就労実態調査」の結果では，働く理由は生計維持や家計補助が主で，仕事への満足度は比較的高いことが示されていた．反面，賃金の不満度が高く，賃金など雇用条件の悪さや本人の病気で，就労後 2 年間に 6〜7 割が退職されていたことが分かった（河畠ほか 2001）．

1969 年 5 月に総理府が実施した「老後生活の世論調査」（50 歳以上の人に住宅事情・経済生活・健康状態など老後生活一般についての意見を聞いた調査）の結果では，60 歳以上の 100 人中 45 人が働いており，その半数が家計の中心となっていることがわかった（河畠ほか 2001）．

1969 年 9 月 14 日に，厚生省（当時）が実施した「老人就労実態調査」（60 歳以上のお年寄りに仕事の実態と意識に関する調査）の結果が発表された（『毎日新聞』1969 年 9 月 15 日）．就労している高齢者の中，60 歳以上の働く高齢者の 46% が生計中心者となっている．年とともに生計中心者の率は減っていくが，80 歳以上の高齢でも 24% が生計中心者として働かねばならないことが分かった．生計中心者として働く高齢者の中，男性が約 6 割，女性は 2 割弱であった（『毎日新聞』1969 年 9 月 15 日）．

## 3.3 高齢期の住まい

1960 年の『毎日新聞』（9 月 13 日）の記事「不安定な老人の座　貧困な家庭・働くにも場所がない　足りない養老院は満員」の中，「住宅難で別居も困難」の小見出しでは，「理屈で『別に暮らす方がいい』と思いながら，そのまま同居している年寄りがたくさんいる．（中略）住宅不足が別居できない理由

12 章　1960 年代における高齢者の生活の実相──251

でもある．しかし，日本の住宅は同居生活に適しておらず，狭い家での同居は，ともすればデリケートなトラブルを起しやすい．ある老人は公団アパートに住む息子夫婦との同居に耐えられず，昼間はほとんど街をさまよい歩いているという」と当時の住宅事情を窺うことができる記述がされている（『毎日新聞』1960年9月13日）．

1970年5月に厚生省（当時）が実施した「老人実態調査」の結果では，住まいに関する状況は下記項目で得た結果から読み取ることができる（財団法人老人福祉研究会 1974）．

① 「老人数（世帯主のみ），住居の所有状況・世帯業態別」の結果から，「日雇い労働者世帯」のうち，総数の129人に対して，「（持家・公営住宅・公団住宅・給与住宅以外の）借家」と「借間」の合計が43人で，総数の約3割を占めていることが分かる．

② ひとり暮らし高齢者の場合，「日雇い労働者世帯」の中，総数71人に対して，「（持家・公営住宅・公団住宅・給与住宅以外の）借家」と「借間」の合計が29人で，総数の約4割を占めている．

③ 「老人数（世帯主のみ），住居の所有状況，地域別」から見ると，「大都市」の中，総数491人に対して，「（持家・公営住宅・公団住宅・給与住宅以外の）借家」と「借間」の合計が179人で，総数の約3割以上を占めている．「その他の市」の場合，該当する項目の割合は約2割である．

④ ひとり暮らし高齢者の場合，「大都市」の総数が212人に対して，「（持家・公営住宅・公団住宅・給与住宅以外の）借家」と「借間」の合計が107人で，総数の約半数を占めている．「その他の市」の場合，該当する項目の割合は約2割である．


## 3.4　家族との同別居

1962年2月22日の『日本経済新聞』夕刊では，大阪，横浜，名古屋，東京，神戸の5大市夫人団体連絡協議会連合会がまとめた「都市の老人のすがた」調査の結果が紹介され，同居が圧倒的に多数になっていることが分かった（『日本経済新聞』1962年2月22日夕刊）．

1963年に厚生省（当時）が実施した「高齢者（65歳以上）実態調査」の結

果では，6.85％が子どもと同居を希望，80％が実際に同居していることが分かった．また，自活できる高齢者は33％，61％は子が扶養，2％は生活保護で，自活できる人の半数は自分の働き，恩給・年金27％，財産・その他の収入23％となっていた（河畠ほか 2001）．

1969年5月に総理府が実施した「老後生活の世論調査」（50歳以上の人に住宅事情・経済生活・健康状態など老後生活一般についての意見を聞いた調査）の結果では，建前では「子どもとは別居がいい」と答えてはいるが，76％が本音では「同居したい」．同居したいと思う高齢者の中に，「老後の生活に経済力が必要だ」と嘆く者が目立つ（河畠ほか 2001）．

## 3.5 寝たきり高齢者

1967年，全国初の「寝たきり老人の実態調査」（東京都社会福祉協議会）の結果では，75歳以上で5.6％の6617人が寝たきり，3割が診療を受けず，家計を大きく圧迫していることが分かった（『朝日新聞』1967年9月12日）．

全国社会福祉協議会が実施していた「居宅寝たきり老人実態調査」の中間報告の結果が1968年9月14日に，『朝日新聞』『毎日新聞』『日本経済新聞』で報道された．当調査は民生委員の協力で，70歳以上の388万6000人を対象に戸別訪問を行ない，年齢，病状，医療，看護，人間関係など12項目について調べた．三紙の記事によると，全国の調査結果（中間報告）は以下の5点が取り上げられた．①日常ほとんど寝ている70歳以上の老人は19万6000人と推計され，一部の調査もれを加えると20万人を超えると見られ，70歳以上の老人の5〜6％にあたる．②男女の比率は男性41％，女性59％で，寝たきり老人の6割が女性である．③寝たきり老人のうち人手をかりなければ排便できない老人が55％で半数以上を占めている．④主な看護者として嫁が全体の半数を占める49％，配偶者（ほとんどが妻）が25.6％，娘が14.3％で，いずれにしても看病の90％は婦人の肩にかかっている．⑤家族以外の人，つまり近所の人，民生委員，ホームヘルパーなどに世話してもらっている老人が8100人，全体の4.9％いる．さらに，『朝日新聞』（1968年9月14日）の記事によると，当調査に当たった民生委員たちから次のような凄まじい実情の報告があった．

東京都内の高級住宅街，老女（93）が物置に寝ていた．70 歳で同家の
お手伝いに雇われたが，2，3 年前から寝たきり．生活保護を受けながら，
主人の家族に食事，便器のお世話を受けている．『死に方が下手でこんな
に長生きしてしまいました』と嘆く．

　千葉県の農村地帯．元大工だった 80 歳の老人．半身不随で娘の嫁ぎ先
に世話になっている．娘と孫夫婦は新築の家に住んでいるが，この老人は
納屋住まい．『誰も話し相手になってくれない』とつぶやいていた．

　徳島県で，一人暮らしの老人が栄養失調で衰弱しきっていた．息子は大
学教授，嫁と意見が合わず別居して仕送りを受けているが，食事も作れな
い．調査でわかって，入院させられた．

　1969 年に公表された「居宅寝たきり老人実態調査」（全国社会福祉協議会・
1968 年 7 月）から，寝たきりの高齢者は 18 人に 1 人．その 3 分の 1 は，話し
相手もなく，半数近くが医師の診断を受けていないことが分かった．

## 3. 6　高齢者福祉施設での生活

　新聞記事で報道された施設での高齢者の生活に関する 4 つの記事を以下に取
り上げて紹介する．

　1960 年，全国社会福祉協議会の調べでは，65 歳以上で，生活が貧しく，身
寄りがなく，あっても扶養しきれず，養老施設[5]に収容する必要があると言
われる人の数は約 14 万 4000 人のうち，本人も希望し，緊急を要すると認めら
れるものだけでも 3 万 7000 人に対して，収容できる施設はなく，どこも満員
状態であった（『毎日新聞』1960 年 9 月 15 日）．全国の 607 の養老施設は収容人
数が約 3 万 7700 人で，定員過剰のところが多い（『毎日新聞』1960 年 9 月 15 日）．
東京都では，「170 人の定員なのにムリして 266 人も収容して，1 人当たり 1 畳
半ぐらいで最低基準の 1 人当たり 2 畳を下回る施設もあった（『毎日新聞』1960
年 9 月 15 日）．

　1964 年 9 月 16 日の『朝日新聞』には，東京・昭島市の老人ホーム[6]で同室

の高齢者同士がけんか，1人（愛媛県出身）が相手（群馬県出身）を刺殺するという事件が報道された．同施設のある部屋に5人の高齢者が住んでいたが，Aさんがふだんから酒好きで，酔うと他人にからむため，同室の人たちと仲が悪かった．同施設では，酒癖が悪くて他の高齢者に迷惑をかける人は，精神病院や都立の施設に移すことにしていたことも分かった（『朝日新聞』1964年9月16日）．

1966年9月13日の『毎日新聞』の記事から，養護老人ホーム[7]に入所している高齢者の様子を窺うことができる．

　ベニヤ板ばりの粗末なバラック建築．歩くたびに廊下の板がミシミシきしみ，裸電球が揺れる．ちょっとした豪雨があれば，床下浸水もしばしばである．（社会福祉法人・江東園）

　8畳間では3人の老人が水鉄砲のおもちゃの内職に積出していたが，その一人，細貝徳七さんは「一日たった60円にしかなりません．70歳以下では年金も出ないので，タバコ銭かせぎです．同じ施設に入っていて，年金をもらえる人ともらえない人があるというのはフに落ちない」と首を傾げた．最近，福祉年金の出ない70歳以下の老人には都から月300円の小づかいが支給されるようになった．1日10円の小づかいでは幼稚園の子供だって喜ばないご時世だが……

1967年9月15日の『毎日新聞』には，東京杉並区の社会福祉法人・浴風園[8]の様子に関する記事が掲載された．

　平屋建てのホームは，とうに耐久年限を越した老朽建物，居間兼寝室の10畳に8人が同居する．フトンを敷くとギッシリ．年寄りは手洗いの回数が多いので，夜中には困ってしまう」とSさん．『せめて押し入れを1人で半分使いたい』とAさん．

　午後3時40分というのに，もう夕食の時間．食卓に並ぶおかずはヒジ

キ，生揚げの豆腐．1日の給食費は152円．

ここでは約3割が60歳代で，「年金の出る時期になるたびにみじめな気持ちになる」Iさん．

## 3.7 高齢者の医療

1965年に東京都23区で「老人の健康診断」の結果によると，受診者数は2万7327人（全体の8.9%）で，うち，「異常のないもの」が42.9%にすぎず，残りの57.1%が「どこかに欠陥がある」ことで，とくに「治療を要するもの」が29.5%であることが分かり，受診した人たちの多くは「この診断で初めて病気がわかり，さっそく治療ができた」と喜んでいるという（『朝日新聞』1966年9月8日）．

## 3.8 高齢者における精神障害

高齢者における精神障害に関して，1969年9月15日に掲載された『毎日新聞』の記事から当時の状況を窺うことができる．「厚生省が1954年と1963年に行なった「精神障害実態調査」でみると，60歳以上の老人有病率（人口千人に対して）は1954年に17.2%だったのが，1963年が19.9%との増加の傾向．……全国の養護老人ホーム，特別養護老人ホームの入所者を調べたところ『全国平均で15%，東京は少なく8%だが，地方へ行くと20%が障害者だ．東京が少ないのは精神病院へ入れるためだろう』と説明している」．「調査によると，老人の精神障害の3分の2が老年期以後に初めて発病しており，『全国では50万人から100万人の精神障害老人がいる』と推定．その大半が①老年痴呆など脳萎縮性疾患，②脳動脈硬化症のような血管症障害を主とするものに大別できるとしている．こうした精神障害老人の増加による影響をまともに受けるのが精神病院」．「精神障害者を収容している国立武蔵療養所でも『現在，1病棟（48人）を老人専用にしているが，入院希望者は5倍以上もある』（安藤医務部長）という」．

### 3.9　高齢者の犯罪

1965 年 9 月 18 日に『朝日新聞』に，72 歳の男性の逮捕歴が 76 回という記事が掲載された（『朝日新聞』1965 年 9 月 18 日）．男性の経歴に関する部分の文章を以下に紹介する．

　　A というこの老人は，台東区浅草山谷の簡易旅館の住人．子どもはなく，精神病の妻（44）と 3 畳 1 間に 2 人暮らしだ．明治 25 年，神田の医療器具職人の長男として生まれ，小学校高等科を卒業後，洋服の仕立て職人になった．まじめな仕事ぶりが買われて，まず人並みの生活．が，寄る年波には勝てず，さる 25，6 年ごろから仕事ができなくなった．やむなく，洋服や着物を売って飢えをしのぐ“タケノコ生活”．だが，ついに山谷の簡易旅館へ．しかし，職安へ通っても，老人のできる仕事はほとんどない．ようやく手に入れた就職口はエロ映画と売春の客引きだった．以来，『新世界』裏のひさご通りや浅草三谷，国際通りなどに立って遊び客のソデを引いたが，売春の取締りが厳しくなるにつれて浅草署にご厄介になることざっと 40 回．この間，金に困って盗みや詐欺を働き，ついに逮捕 76 回にもなってしまった．……万策つきて養老院で暮らそうと奔走したが，やはり妻の精神病を理由に入れてくれなかった．

## 4　考　察

1960 年代における高齢者の生活の実相について，「自殺」「就労」「住まい」「家族との同別居」「寝たきり高齢者」「高齢者福祉施設での生活」「医療」「精神障害」「高齢者の犯罪」の 9 つに分類したが，高齢者の自殺に関する報道が目立ったイメージを受ける．自殺の原因を注目すると，孤独，病苦によるケースが少なくない．また，『老人福祉』に掲載された当時ハマノ愛生園長の石渡（1962）の「死神にも見放された哀れな老人」という手記の中に，庄野さんという入所者に関する記述から，なぜ自殺を考えるまで追い込まれたのかについて窺うことができると考える．職を失い，再就職しようと思ってもできず，病弱の配偶者と心中したが自分が助けられ，実の甥である養子夫婦に身柄を引き

取ってもらったがすぐ邪魔者扱いにして，遂に庄野さんを置き去りにした．再び一人ぼっちになり，何度も自殺を図ったが救助され，住むべき家があるわけではない，という庄野さんの境遇の中から，1人の高齢者において多重な生活課題を抱えていることを窺うことができると考える．

　高齢者の就労に関しては，働く意欲を持つ高齢者が多いが，80歳を超えても家計の柱になっている世帯もあった．生計の中心となっている高齢者が少なくない．生計における不安が生じていることを窺うことができる．

　高齢期の住まいに関しては，住宅事情によって，別居して暮らすほうがいいと思っていても困難という状況が分かる．また，1970年5月に厚生省（当時）が実施した「老人実態調査」の結果では，日雇い労働者として一人暮らしをしている高齢者の場合，就労の不安定と住まいの不安定という状況に置かれていることが分かる．また，大都市の一人暮らし高齢者の「（持家・公営住宅・公団住宅・給与住宅以外の）借家」と「借間」の割合が高い．同じ都市部とはいっても，大都市とその他の市の住まいの状況が異なることが分かった．このことは都市部の大都市と大都市以外の市という地域の違いに関する裏付けになると考える．

　高齢期における家族との同別居について，建前では「子どもとは別居がいい」と答えてはいるが，76％が本音では「同居したい」との状況もあれば，自殺に関する報道と合わせて確認すると，同居家族がいる場合も，高齢者が孤独を感じることがあり，自殺してしまうケースもあったことが分かる．また，寝たきり高齢者の状況に関する報道も合わせて確認すると，家族と同居していても誰も話し相手になってくれない，あるいは，栄養失調で衰弱しきっていた状況に置かれていた高齢者がいたことが分かる．これらの結果から，家族以外のサービスやサポートが必要であることが読み取れると考える．

　施設での生活に関しては，1963年の老人福祉法のスタートによって，特別養護老人ホーム，養護老人ホーム，軽費老人ホーム，有料老人ホームの整備が始まったが，1960年代においては，施設の数が不足のため1人当たりの居住面積の確保ができていないことや，建物の老朽化が現れていた等の状況が起こっていた．高齢者福祉施設に入所していることを「施設での生活」という視点で捉えると，このような当時の施設の状況は，住まいの確保に問題が生じてい

るとのことが考えられる.

　高齢者に関する医療については，1965年に東京都23区で「老人の健康診断」の結果によると，受診者数は2万7327人で全体の8.9%に留まっていたことが分かる．制度はあるが受診者が少ない状況から，健康診断の医療サービスは当時まだ普及されていないことを窺うことができる.

　ほかには，高齢者の精神障害に関する報道では，その記述の内容から，1960年代には，認知症を精神障害として扱われていたことが分かる.

　高齢者の犯罪に関する記事では，72歳で逮捕歴が76回の男性・Aさんの経歴を記載されていた．まじめに生きてきたAさんが，老齢とのことで職を失い，職安へ通っても，高齢者のできる仕事はほとんどなく，ようやく手に入れた就職口はエロ映画と売春の客引きだったが売春の取締りが厳しくなるにつれて40回逮捕されることになった．子どもはなく，精神病の妻（44）と3畳1間に2人暮らしで，養老院で暮らそうと奔走したが，妻の精神病を理由に入所を拒否された．Aさんの生活の状況と前述の自殺に関する記事を合わせて考察すると，高齢者の自殺や犯罪まで追い込まれてしまうことをどう阻止すべきかが問われる．そこで，高齢期の生活を総合的・包括的に支援していくセイフティネットの整備が必要であることが考えられる.

# 5　おわりに

　本章では，1960年代における高齢者の生活の実相について，「自殺」「就労」「住まい」「家族との同別居」「寝たきり高齢者」「高齢者福祉施設での生活」「医療」「精神障害」のキーワードを抽出することができた．これらのキーワードに関する生活の実相においては，様々な生活問題が見受けられる．それぞれのキーワードに関する実際の状況から見ると，1960年代の高齢者の身に起こった生活問題は今日の生活問題と大きく変わることはないようなイメージを受ける．高齢者福祉における制度・政策，また，サービスが戦後から段階的に整備されてきているものの，生活問題が根本的に解決されているのだろうか．それについてさらに深く掘り探っていきたい.

　本章では，主に「老人問題」，「高齢者の生活問題」という視点から1960年

代における高齢者の生活の実相を取り上げたが，1960 年代およびそれ以降の制度・政策・法律をどのように高齢期の生活問題に対応して整備されてきたのか，そのプロセスと効果について明らかにしていきたいと考え，今後の課題として取り組んでいきたい．

1) 2004 年に国が設置した「『痴呆』に替わる用語に関する検討会」にて「『痴呆』に替わる用語に関する検討会報告書」が取りまとめられた．「痴呆」に替わる新たな用語としては，「認知症」が最も適当であるとの議論の結果になった．それまでには，「痴呆」という用語は一般的に使用されていた．
2) 現在の『厚生労働白書』であり，厚生労働省が毎年に公表するもので，厚生労働行政の現状や今後の見通しなどについて，広く国民に伝えることを目的にとりまとめられるものである．
3) 老齢福祉年金とは，国民年金が発足した 1961 年 4 月 1 日当時に既に高齢等であったため，拠出年金を受けるための受給資格期間を満たせない人々を救済するために設けられた制度である．無拠出年金で，受給する本人が保険料の掛け金をしない，国が負担するものである．
4) 後に福祉事務所に改組された．
5) 養老施設は生活保護を受けている高齢者のうち，自分で生活できないものを収容する施設のことを指している．
6) 同記事の中に「老人ホーム」との言葉を用いられていたが，具体的にどの種別なのかは明確に記載されていなかった．
7) 1963 年の老人福祉法で定められた施設で，老人福祉法施行前は，生活保護法による保護施設の一種である養老施設として存在したものが移行した施設である．
8) 社会福祉法人浴風会の事業の一部で，1927 年 2 月 1 日に入所者の受入を開始し，1963 年 8 月 1 日より，老人福祉法の施行に伴い，同法により養護老人ホームに指定された．1966 年の上記新聞記事により，当時の施設老朽化の様子を窺うことができる．

[付記]
　本章は「2020 年度二次分析研究会課題公募型研究成果報告会」東京大学社会科学研究所附属社会調査・データアーカイブ研究センター「戦後福祉国家成立期の福祉・教育・生活をめぐる調査データの二次分析」（2021 年 3 月 12 日にオンライン開催）での報告をベースに執筆した羅（2022）を修正したものである．

[参考文献]
石渡金吾，1962,「三等養老院長の手記（続）」『老人福祉』29: 24-26.
河畠修・島村節子・厚美薫著／日本福祉文化学会監修，2001,『増補 高齢者生活年表──1925-2000 年』日本エディタースクール出版部.

森幹朗, 1963, 「養老事業から老人福祉事業へ」『老人福祉』31: 3–12.

中村律子, 2006, 「高齢者福祉制度の離陸期——1950年から1970年における老人の制度化過程の議論を中心に」『現代福祉研究』6: 103–131.

小笠原祐次監修, 1994, 『老人問題——新聞集成 上巻』大空社, p. 299, 「恵まれない"としより" 自殺がとくに多い 高い65歳以上の有業率」『朝日新聞』1960年9月11日.

————, 1994, 『老人問題——新聞集成 上巻』大空社, p. 301, 「不安定な老人の座 貧困な家庭・働くにも場所がない 足りない養老院は満員」『毎日新聞』1960年9月13日.

————, 1994, 『老人問題——新聞集成 上巻』大空社, p. 303, 「養老院 ひどい不足 人口老齢化の60年代に」『毎日新聞』1960年9月15日.

————, 1994, 『老人問題——新聞集成 上巻』大空社, p. 310, 「自殺率は世界で一位 厚生省 福祉法の制定急ぐ」『朝日新聞』1962年9月15日.

————, 1994, 『老人問題——新聞集成 下巻』大空社, pp. 3–4, 「老人の生活と意識」『日本経済新聞』1962年2月22日, 夕刊.

————, 1994, 『老人問題——新聞集成 上巻』大空社, p. 33, 「心細い老後の生活」『日本経済新聞』1962年9月30日, 夕刊.

————, 1994, 『老人問題——新聞集成 上巻』大空社, p. 39, 「日本の老人問題」『朝日新聞』1963年9月5日.

————, 1994, 『老人問題——新聞集成 上巻』大空社, p. 41, 「ゆらぐ老人の『座』 夫婦中心の家族制度へ」『日本経済新聞』1963年9月29日, 夕刊.

————, 1994, 『老人問題——新聞集成 上巻』大空社, p. 321, 「『老人の日』に悲劇 酔払ってからまれ 同室者を刺殺す 昭島の施設で老人同士」『朝日新聞』1964年9月16日.

————, 1994, 『老人問題——新聞集成 下巻』大空社, p. 5, 「老人福祉週間に悲しい現実 客引き・窃盗・詐欺 病妻かかえ のしかかる生活苦 逮捕歴76回」『朝日新聞』1965年9月18日.

————, 1994, 『老人問題——新聞集成 上巻』大空社, p. 50, 「老人の半数は病気 23区で無料診断 早期発見こそ大事」『朝日新聞』1966年9月8日.

————, 1994, 『老人問題——新聞集成 上巻』大空社, p. 328, 「もっと"谷間"に目を 破れダタミの上で手内職」『毎日新聞』1966年9月13日.

————, 1994, 『老人問題——新聞集成 上巻』大空社, p. 342, 「悲しい『敬老の日』 孤独な老人, 自殺相次ぐ」『朝日新聞』1966年9月16日.

————, 1994, 『老人問題——新聞集成 上巻』大空社, p. 335, 「故郷で死を選んだ78歳 孤独に耐えきれず 家族と離れたアパート住まい」『朝日新聞』1966年9月15日.

————, 1994, 『老人問題——新聞集成 上巻』大空社, p. 54, 「寝たきりの老人 3割が診療を受けず 多い脳卒中 家計を大きく圧迫」『朝日新聞』1967年9月12日.

————，1994，『老人問題——新聞集成　上巻』大空社，p. 350,「『せめて一』を
くり返す　施設の老人たち　二度目の敬老の日　152 円（1 日）　食事も細る　年金
月 100 円アップにも明暗」『毎日新聞』1967 年 9 月 15 日.

————，1994，『老人問題——新聞集成　上巻』大空社，p. 56,「長寿嘆く 20 万人
冷遇・衰弱・不衛生　8 千人が他人の世話に」『朝日新聞』1968 年 9 月 14 日.

————，1994，『老人問題——新聞集成　上巻』大空社，p. 57,「"寝たきり老人"
20 万　全国調査中間報告」『日本経済新聞』1968 年 9 月 14 日.

————，1994，『老人問題——新聞集成　上巻』大空社，p. 59,「寝たきり 20 万人
お粗末な保障　栄養失調者も」『毎日新聞』1968 年 9 月 14 日.

————，1994，『老人問題——新聞集成　上巻』大空社，p. 372,「働かなくては暮
らせぬ老人　実態と意見・政府が調査　80 歳越え家計の柱　6 割が"自活はできな
い"」『毎日新聞』1969 年 9 月 15 日.

————，1994，『老人問題——新聞集成　上巻』大空社，p. 377,「"お年寄り"お
びやかす精神障害　家庭からはじき出され　病院は"満員"と敬遠」『毎日新聞』
1969 年 9 月 15 日.

羅佳，2022，「1960 年代における高齢者の生活の実相」『同朋福祉』29: 71-94.

財団法人老人福祉研究会，1974，『全国老人実態調査結果報告書——44 年・45 年』.

**13章**─────

# 戦後日本型労働・雇用─保障体制の手前における高齢者の働き方と子からの自立生活意識

渡邉　大輔

## 1　問題の所在と問いの設定──高度経済成長期初期の老い

　本章の目的は，老齢者生活実態調査（以下，老齢者調査）のデータをもちいて，戦後から高度経済成長期にかけて雇用労働が一般化する雇用中心社会と，その雇用労働市場の外部におかれた高齢者が社会保障制度によって生活が維持できるようになる戦後日本型労働・雇用─保障体制が確立する手前の時期において，当時の高齢者がどのように働き，引退し，そして子どもに扶養されるのか自立するのかを想定していたのかについて分析することにある．

　本分析の基盤となる発想は，高齢期 old age は社会経済的な状況によって構築されたとする批判的老年学の知見である．批判的老年学によれば，高齢期は人間にとって加齢によって必ず経験するような自然で普遍的なライフステージではなく [1]，資本主義社会において政治的，経済的，社会的制度によって構築されたものであると考える（Estes et al. 2003）．フィリップソンは，賃金の減少と労働からの撤退の強制によって性格づけられる退職経験が，イギリスにおいてとくに金銭的な生活の不安定をもたらしていることに注目する．この生活の安定に関する国家による保証が，資本主義下においていかなる形で成立してきたかについて，資本主義の発展と社会保障制度の発展について分析した（Phillipson 1982）．さらに，サッチャー政権以降には，社会保障支出の削減が求められるなかでの政府の言説は，コストのかかる集団ないし人口としての高齢者をイデオロギー的に神秘化する作為を自然として扱うことで，正統化し，財政的なコストとしての高齢者像の構築に寄与したとする（Phillipson 1998）．

263

ウォーカーは，高齢者を社会における周縁的な存在へと位置付けてゆく政治的，経済的なメカニズムに注目し，資本主義下において退職を強制されることによって「依存の社会的創出」を見いだす（Walker 1981）．また，産業構造の変化によって産出される高齢者というカテゴリー自体を，老年学という学問が学術的にも正当化し，その構築に貢献してきた（Green 1993）．

　産業構造の変化と資本主義の進化における高齢者の創出と周縁化は，日本においても同様に起きたと考えられる．副田義也は明治時代以前からの退隠俗による賢者としての老年観から，国民皆年金，皆保険を基軸とする社会保障制度が確立するなかにおいて，「社会と老年の関係の性格」に新しい側面が加わり，過去の老年観が一定の継承を受けつつも人口レベルで集合的に捉える存在へと高齢者が変化し，高齢化が社会の負荷として捉えられるようになったとする（副田 1982）．また天田城介は，五五年体制と高度経済成長という政治経済体制において，男性稼ぎ手労働市場としての正規雇用労働市場と日雇い・パート労働者による非正規雇用労働市場の外部における社会保障領域に高齢者の生活保障を位置づける「戦後日本型労働・雇用─保障体制」が確立したと指摘する（天田 2011）．若年から壮年の労働者の雇用を守るために，高齢者は年齢によって労働市場から構造的に排除される．そのため「雇用レジーム主導の生活保障の落とし穴」（宮本 2008：85）を補完する社会保障制度に依存しなければ，高齢者は生活できない存在となってゆくのである．

　ただし，欧米の経験とは異なる日本における高齢期の構築がもつ独自の特徴を検討する必要がある．ここではとくに 2 点指摘したい．

　第 1 に，高齢期の構築がおきる高度経済成長期が，定年制が一般化する過渡期にあったことである．定年制については佐口（2003）が論じているように，戦前に一時期導入された定年制は戦後に改めて導入され，1950 年代に普及が進み，1960 年代に定着する．定年制は使用者にとっての雇用調整と労働者にとっての雇用保障の「同床異夢」（佐口 2003；濱口 2014）的な制度であり，つねに労使交渉の対象となってゆく．高度経済成長期初期は国民年金の整備途上であり，厚生年金も 1954 年の改正によって当時の平均的な定年年齢であった 55 歳から 60 歳へと支給開始年齢が繰り延べられる．この狭間は，退職一時金と子による扶養によって生計が維持されることが期待されていた（佐口 2003）．

第 2 に，1947 年の民法改正による扶養義務の法的位置付けの変化から 10 年強しか経過しておらず老親扶養意識が強く残っており，さらに，子による扶養への期待の背景には社会保障制度の整備がまだはじまったばかりであったという点である．この点は，核家族化が進んだ後に高齢化がおきたヨーロッパの経験に比べて，3 世代同居が主であった日本の経験は異なると考えられる．1947 年の民法改正によってイエ制度は廃止され，戸主に対する家族扶養義務規定も撤廃された．家族相互の扶養義務規定は現行民法でも残るが（民法 877 条），3 世代の直系制家族によるイエのあり方が変化するなかで，老親に対する扶養への意識や親が子に対して扶養を期待する意識も変化してゆく．ただしこの変化は，3 世代家族から核家族へという直線的なものではなかった．1970 年代の代表的な社会老年学者の一人である那須宗一は，家族による同居こそが扶養を可能にするものであるとし，同居と扶養を一体として考えた（那須 1974）．実際，厚生省が 1969 年に行った調査では，60 歳以上の高齢がいる世帯のうち高齢者の独居ないし夫婦のみ世帯は 17.9% に過ぎず，同居による扶養が多かった（厚生省大臣官房統計調査部 1969）．この時期，高齢者の扶養期待と子からの自立意識にも変化が起きている．毎日新聞社が 1950 年以降に行っている「家族計画世論調査」によれば，老後において子どもに頼るつもりかを聞いた設問において，1950 年では 54.8% が「頼るつもり」と回答し，21.3% が「頼らないつもり」と回答していたが，1960 年代前半には「頼らないつもり」が急増し，1963 年には 48.0% になる（毎日新聞社人口問題調査会編 1976：33-34）．つまり，同居が老親扶養の中心に置かれつつも，社会保障制度の整備がまだ途上のなかにおいて，高齢者の意識は同居と扶養の直接的な関係から子に扶養されない生活へと向かっていったと考えられる．

　ここから次のような疑問が生じる．日本における高齢期の構築過程となる高度経済成長期初期において，雇用労働が一般化する前の高齢者がいかなる形で働いていたのか．また，就労したり引退するなかにおいて，どのような高齢者が子どもに対して扶養期待を抱いていたのだろうか．それは，同居と扶養の関係を変えるものであったのだろうか．この問いは，天田のいう戦後日本型労働・雇用─保障体制が成立する過程において，高齢者がいかなる過程で周縁化されていったのかという問いにつながる．しかし，この過程の実証的な研究は

少ない．なぜなら，このような問いに答えるためには，1960年前後の高齢者の就業や生活実態，意識についての大規模な個票データが必要となるからである．そこで本章では，雇用労働の一般化と社会保障制度の整備の過程における高齢者の働き方と生活を自立的に営むことができるかという意識について，1963年の調査データを復元し，その個票データを分析することでこの問いについて検討する．

## 2　データと方法

　本節では，用いるデータと変数，および分析方法を述べる．本章で扱うデータは神奈川県が1963年に神奈川県民生部福祉課が企画し，実施した「老齢者生活実態調査」（以下，老齢者調査）である．本調査の詳細は，東京大学社会科学研究所の氏原正治郎と，当時東京大学経済学部助手であった下田平裕身が報告書としてまとめている[2]（神奈川県 1965）．

　老齢者調査の調査時の目的は，「神奈川県における『老令者』の生活実態を，主としてその経済的な側面に焦点をしぼって明らかにし，最近とみに関心を呼びつつある老令者対策のための基礎資料を供しようということ」（神奈川県 1965：1）である．1950年代から60年代の高齢者を対象とした社会福祉調査の特徴をまとめた中川清は，60年代の高齢者福祉調査の特徴を「同居・扶養の一体的な構図に変化が，実態においても意識においても変化の兆しを呈した」（中川 2009：64-65）時代の調査と位置付けたうえで，同調査が「1960年代の社会科学の問題関心を最も鋭敏に反映した調査」（中川 2009：61）であると評価している．これは，この調査が高齢者の経済状態の分析を通して，家族との同居や別居の有無や扶養と世帯の経済状況を別のものとして分析する視点を持つからである．

　老齢者調査は，対象となった世帯の老齢者すべてを調査対象としている．同時期の社会学的な関心による大規模社会調査として1955年，1965年のSSM調査があり，いずれも個票をもちいた分析が可能である．しかし，いずれの調査も対象は20〜69歳の男性であり[3]，女性は対象となっていない．そのため，高度経済成長期の高齢者，それも男女双方の就業状況を分析することができる

本調査は貴重な調査である．

　老齢者調査の調査手法は，訪問面接による他記式質問紙調査である．民生委員が訪問し，老齢者に面接して，調査票に調査員自身が記入する形であった．調査対象は，1963年7月時点で60歳以上の者がいる世帯6400世帯であり，当時の神奈川県の民生委員3200人がそれぞれ2世帯を担当した[4]．具体的には，各民生委員が担当の地域において，世帯収入分布3区分（4.5分位以上，2.5〜4.5分位，2.5分位未満）と世帯に住む老齢者の年齢2区分（60〜69歳，70歳以上）を組み合わせた6カテゴリーのいずれか2ケースを無作為に割り当てられて訪問面接調査している．この際，割り当てでは必ず1ケースが60〜69歳，もう1ケースが70歳以上の者がいる世帯となるようにしていた．なお，世帯に複数の老齢者が居住している場合はその全員が調査対象となっている．復元したデータの回収世帯数は5814世帯であり，高齢者の回収数は7030人（男性4590人，女性2433人，性別不明7人）であった．

　この回収状況には特徴があり，データの二次分析において解釈に注意を要する点がある．それは，男女で回収率が大きく異なっていることである．調査全体の世帯の回収率は91.3％と非常に高く，回収した世帯に住む男性の老齢者への個別質問の回収率も98.7％とほぼ全数となっている．これに対して，女性の老齢者への個別質問の回収率は52.3％とほぼ半数である．これは，世帯主のみが回答すればよいと考えた調査員が多くいたためと考えられる．報告書ではこの回収率の影響も分析しているが，影響が大きいため分析は男女別で行う必要がある．そこで，分析はすべて男女別に行った．

　本章では大きく2つ分析を行う．第1に，高度経済成長期初期の老齢者の労働と引退の状況を復元した個票データの二次分析によって詳述することにある．周縁化される途上にある老齢者が，しかし年金による生活保障がないなかでどのように働いていたのかを記述する．具体的には，現在の就業状況と従業上の地位，最長職の職業（8区分），および，働く気があるのに働いていない理由の変数を分析した．

　第2に，扶養への意識を考察する．従属変数は子からの自立生活意識であり，「子どもの世話にならずに暮らしていけますか」という設問で測定されている．「いける」との回答を1，「いけない」を0とするダミー変数とした．

13章　戦後日本型体制の手前における高齢者——267

独立変数は，扶養関係を考察するための家族状況として，配偶者の有無，同居子の有無，仕送りをする子どもの有無，子ども以外の仕送りの有無の4つの変数をもちいた．また，現在の従業上の地位（業種，内職を含む家族従業，被用者，無職），および，最長職の職業を5区分（専門・管理，事務・販売，熟練，農業，詳細な記載なし）とした．最長職の職業に詳細な記載なしを組み入れたのは，とくに欠損によって女性の分析ケースが大幅に減ることを防ぐためである（女性の58.6%のケースが最長職が未記載であった）．統制変数として年齢，高等教育ダミーをもちいた．

分析では，子からの自立生活意識を従属変数とする2項ロジスティック回帰分析を性別別に行った．モデル1では，もちいるすべての独立変数と統制変数を投入した．さらに，配偶者の有無と同居子の有無はいずれか片方による扶養があれば構わないと考えられる可能性もあるため，両者の交互作用項を投入したモデル2も分析した．

また，それぞれの分析において，もちいる変数に欠損のないケースのみをもちいた．

# 3　分析結果

## 3.1　働き方と引退のあり方の分析結果

**表13-1**に性別別，および，年齢階級別の従業上の地位を示した．老齢者調査における男性の無業者は，39.7%であった．また，男性は業主が31.3%と就業しているものの過半を占めていた（就業者のなかでは51.9%）．年齢階級別の結果を見ると，年齢を経るごとに無職が増加するが，75〜79歳でも無職は56.6%であり，半数近くの人が就労していた．この数値は2020年現在の高齢者の就業率（65〜69歳で60.0%，70歳以上で25.4%）と比べても高い数値である．

女性については，無業者が77.9%であり，男性のほぼ倍の比率であった．有業の女性の従業上の地位は家族従業が多く，その傾向はすべての年齢階級で同様であった．被雇用者の比率は小さく，もっとも就労率が高い60〜64歳で6.7%（就業者のなかでは20.1%）であった．女性は男性に比べて高齢者の無

268——第Ⅲ部　マージナルな人びとのライフコース

**表 13-1**　性別別，年齢階級別の現在の従業上の地位の構成比

(%)

| | 男　性 | | | | 女　性 | | | |
|---|---|---|---|---|---|---|---|---|
| | 業　主 | 家族従業 | 被雇用者 | 無　職 | 業　主 | 家族従業 | 被雇用者 | 無　職 |
| 全　体 | 31.3 | 14.5 | 14.5 | 39.7 | 4.3 | 14.7 | 3.1 | 77.9 |
| 60–64歳 | 42.8 | 10.8 | 25.0 | 21.4 | 5.8 | 20.8 | 6.7 | 66.7 |
| 65–69歳 | 38.2 | 13.8 | 16.5 | 31.6 | 4.7 | 16.7 | 2.7 | 76.0 |
| 70–74歳 | 25.2 | 17.7 | 11.1 | 46.0 | 4.4 | 14.5 | 2.2 | 78.9 |
| 75–79歳 | 20.7 | 17.3 | 5.4 | 56.6 | 3.1 | 8.5 | 1.0 | 87.4 |
| 80歳以上 | 10.9 | 13.6 | 2.6 | 72.8 | 1.3 | 5.1 | 0.3 | 93.4 |

**表 13-2**　現在就業している人の，性別別，従業上の地位別の産業の構成比

(%)

| | 男　性 | | | 女　性 | | |
|---|---|---|---|---|---|---|
| | 農林漁業 | 運輸通信・製造・建設業 | 商業その他 | 農林漁業 | 運輸通信・製造・建設業 | 商業その他 |
| 全　体 | 51.3 | 16.0 | 32.7 | 63.5 | 3.2 | 33.3 |
| 業　主 | 55.1 | 11.0 | 33.9 | 38.3 | 0.0 | 61.7 |
| 家族従業 | 80.6 | 4.4 | 15.0 | 78.7 | 1.3 | 20.0 |
| 被雇用 | 7.8 | 41.7 | 50.5 | 18.1 | 18.1 | 63.9 |

職率が高く，仕事を続けている場合の多くは家族従業か業主など農業を含めた自営業であった．

　**表 13-2** は，現在働いている人のみを対象として，性別別，従業上の地位別の現職の産業の比率を示した．表からは，男女ともに農林漁業といった第1次産業の従業率が高く，それは業種や家族従業といった自営業の形態をとっていた．運輸通信・製造・建設業の第2次産業は雇用労働が多くを占めているが，高齢者の就業先として多くない．商業その他の第3次産業については雇用が一定の割合を占めつつ，業主や家族従業も多いことから零細小売商などの形態で高齢者が働いていたことと考えられる．

　高度経済成長期初期において，高齢者の就業は農業などの第1次産業が中心であり，また，雇用労働ではなく業主や家族従業といった自営業の形態が主であった．すなわち，高度経済成長期初期の高齢期の就業は産業構造転換に周縁部において行われており，戦後日本型労働・雇用─社会保障制度の外部に高齢就業者が存在していたことが確認された．

13章　戦後日本型体制の手前における高齢者──269

**表 13-3**　男性における最長職の職業と現在の職業の移動表

| 列：現職<br>行：最長職 | 専門 | 管理 | 事務 | 販売 | 熟練 | 半熟練 | 非熟練 | 農業 | 働いて<br>いない | 合計 |
|---|---|---|---|---|---|---|---|---|---|---|
| 専　門 | 62 | 8 | 9 | 7 | 0 | 2 | 5 | 21 | 91 | 205 |
| | 30.2% | 3.9% | 4.4% | 3.4% | 0.0% | 1.0% | 2.4% | 10.2% | 44.4% | 100.0% |
| 管　理 | 3 | 50 | 6 | 5 | 3 | 0 | 2 | 4 | 37 | 110 |
| | 2.7% | 45.5% | 5.5% | 4.5% | 2.7% | 0.0% | 1.8% | 3.6% | 33.6% | 100.0% |
| 事　務 | 2 | 20 | 76 | 21 | 12 | 1 | 13 | 30 | 237 | 412 |
| | 0.5% | 4.9% | 18.4% | 5.1% | 2.9% | 0.2% | 3.2% | 7.3% | 57.5% | 100.0% |
| 販　売 | 1 | 14 | 14 | 227 | 5 | 2 | 11 | 12 | 153 | 439 |
| | 0.2% | 3.2% | 3.2% | 51.7% | 1.1% | 0.5% | 2.5% | 2.7% | 34.9% | 100.0% |
| 熟　練 | 1 | 13 | 11 | 22 | 202 | 5 | 28 | 20 | 242 | 544 |
| | 0.2% | 2.4% | 2.0% | 4.0% | 37.1% | 0.9% | 5.1% | 3.7% | 44.5% | 100.0% |
| 半熟練 | 2 | 9 | 16 | 10 | 10 | 67 | 28 | 28 | 198 | 368 |
| | 0.5% | 2.4% | 4.3% | 2.7% | 2.7% | 18.2% | 7.6% | 7.6% | 53.8% | 100.0% |
| 非熟練 | 1 | 2 | 12 | 11 | 5 | 4 | 51 | 13 | 116 | 215 |
| | 0.5% | 0.9% | 5.6% | 5.1% | 2.3% | 1.9% | 23.7% | 6.0% | 54.0% | 100.0% |
| 農　業 | 0 | 3 | 14 | 12 | 7 | 1 | 18 | 951 | 371 | 1,377 |
| | 1.0% | 0.2% | 1.0% | 0.9% | 0.5% | 0.1% | 1.3% | 69.1% | 26.9% | 100.0% |
| 合　計 | 72 | 119 | 158 | 315 | 244 | 82 | 156 | 1,079 | 1,445 | 3,670 |
| | 2.0% | 3.2% | 4.3% | 8.6% | 6.6% | 2.2% | 4.3% | 29.4% | 39.4% | 100.0% |

注：比率は行パーセント.

　次に，**表 13-3，13-4** に性別別の最長職の職業と現在の職業の移動表をまとめている．移動表の各行は最長職の職業 8 分類，各列は現在の職業 8 分類と無業を入れている．最長職の職業が不明なものは除外しているため，女性のついてはケース数が少なくなっている．比率は行パーセントであり，最長職の職業ごとに現在の職業や現在無業かの比率を示している．

　まず男性について検討する（**表 13-3**）．最長職と現職の関連が強く，とくに最長職が農業である人の 69.1% が現在も農業に従事している．また最長職が販売の人も 51.7% が現在も販売についていることがわかる．これは，農業，販売は自営業が多くなっており，定年制の導入が進んでいないことからこの傾向にあると考えられる．逆に，専門，事務，熟練，半熟練，非熟練といった自営業主が相対的に少ない職業では，最長職と現在の職業の一致が低くなっている．そして注目するべきは，現在就業していない人の最長職の職業別の違いである．前述したとおり，農業はもともと自営が多いため現在働かず引退してい

270——第Ⅲ部　マージナルな人びとのライフコース

表 13-4　女性における最長職の職業と現在の職業の移動表

| 列：現職<br>行：最長職 | 専門 | 管理 | 事務 | 販売 | 熟練 | 半熟練 | 非熟練 | 農業 | 働いて<br>いない | 合計 |
|---|---|---|---|---|---|---|---|---|---|---|
| 専　門 | 7 | 0 | 0 | 2 | 0 | 2 | 0 | 1 | 48 | 60 |
|  | 11.7% | 0.0% | 0.0% | 3.3% | 0.0% | 3.3% | 0.0% | 1.7% | 80.0% | 100.0% |
| 管　理 | 0 | 2 | 0 | 0 | 0 | 0 | 0 | 0 | 5 | 7 |
|  | 0.0% | 28.6% | 0.0% | 0.0% | 0.0% | 0.0% | 0.0% | 0.0% | 71.4% | 100.0% |
| 事　務 | 0 | 1 | 7 | 1 | 0 | 1 | 1 | 0 | 49 | 60 |
|  | 0.0% | 1.7% | 11.7% | 1.7% | 0.0% | 1.7% | 1.7% | 0.0% | 81.7% | 100.0% |
| 販　売 | 0 | 1 | 7 | 1 | 0 | 1 | 1 | 0 | 49 | 60 |
|  | 0.0% | 1.7% | 11.7% | 1.7% | 0.0% | 1.7% | 1.7% | 0.0% | 81.7% | 100.0% |
| 熟　練 | 0 | 0 | 0 | 2 | 9 | 1 | 1 | 1 | 39 | 53 |
|  | 0.0% | 0.0% | 0.0% | 3.8% | 17.0% | 1.9% | 1.9% | 1.9% | 73.6% | 100.0% |
| 半熟練 | 2 | 9 | 16 | 13 | 10 | 84 | 29 | 28 | 233 | 424 |
|  | 0.5% | 2.1% | 3.8% | 3.1% | 2.4% | 19.8% | 6.8% | 6.6% | 55.0% | 100.0% |
| 非熟練 | 0 | 0 | 0 | 5 | 0 | 2 | 30 | 0 | 93 | 130 |
|  | 0.0% | 0.0% | 0.0% | 3.8% | 0.0% | 1.5% | 23.1% | 0.0% | 71.5% | 100.0% |
| 農　業 | 0 | 0 | 1 | 1 | 1 | 2 | 3 | 212 | 387 | 607 |
|  | 0.0% | 0.0% | 0.2% | 0.2% | 0.2% | 0.3% | 0.5% | 34.9% | 63.8% | 100.0% |
| 合　計 | 7 | 3 | 9 | 79 | 10 | 27 | 37 | 218 | 766 | 1,156 |
|  | 0.6% | 0.3% | 0.8% | 6.8% | 0.9% | 2.3% | 3.2% | 18.9% | 66.3% | 100.0% |

注：比率は行パーセント.

る人は 26.9% と 4 人に 1 人程度である．これに対して他の最長職は 3〜5 割強が引退しており，最長職の職業内でも引退において違いがあることがわかる．現在でも農業や自営業の引退年齢は高いが，現在よりもはるかに平均余命が低かった高度経済成長期初期においても，農業従事者の引退年齢は高かったであろうことが推察できる．

　女性については（**表 13-4**），男性に比べて就業率が低い傾向にある．就業していない男性は 39.4% であったのに対して，女性は 66.3% と 3 人に 2 人が就業していなかった．

　それでは就業していない人はなぜ働いていないのだろうか．**図 13-1** に性別別，年齢階級別に現在就業していない人の働いていない理由をまとめた．男性は「身体がきかない」がすべての年齢階級でもっとも高く，次いで 74 歳以下では「身体にあう仕事がない」，75 歳以上では「家族が不賛成」が高かった．身体的理由が中心となっていることがみてとれる．

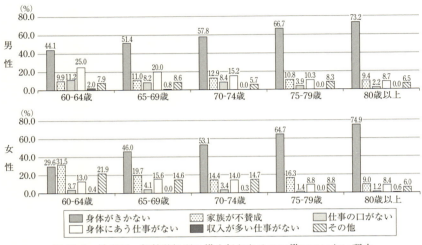

図 13-1 性別別，年齢階級別の働く気があるのに働いていない理由

　これに対して女性の回答は興味深い．男性と同様に「身体がきかない」が多くなっているが，60～64歳では「家族の不賛成」がもっとも高く，また，他の年齢階級でも3番目以降との差は小さいものの2番目に多くなっている．次いで「身体にあう仕事がない」「その他」が多くなっている．男性に比べて「家族の不賛成」の比率が高く，女性の高齢者については家族が就業継続に反対した結果，離職していた．

　以上の結果をまとめたい．高度経済成長期における老齢者の就業継続は，最長職からの継続傾向にあるが，最長職の職業間で現在までの職業継続には違いがみられた．男女ともに，最長職，現職ともに農業の継続率が高く，また自営業になりやすい職種の継続率も高かった．ただし，女性は高齢期に就業を継続しない傾向にあった．また現職での農業に対して，最長職が異なるものは少なかった．このことは，一度，農業の外で働いたものが，高齢期になって農業に戻る「帰農」が起きていなかったことを示している．

　老齢者調査では，あくまでも就業を測定しているため，家の庭などで自家消費用の畑作を行うといったことを職業としては回答していない．これらの活動は，家事ないし趣味と捉えている可能性がある．だが，すでに高度経済成長期

**表 13-5** 子からの自立生活意識の分析にもちいる変数の記述統計

| | 全　体<br>$N=5,810$ | | 男　性<br>$N=2,972$ | | 女　性<br>$N=2,738$ | |
|---|---|---|---|---|---|---|
| 子どもの世話にならなくて暮らせる | 1,851 | 31.9% | 1,290 | 43.4% | 561 | 20.5% |
| 年　齢 | 69.81 | 6.63 | 69.72 | 6.46 | 69.91 | 6.81 |
| 高等教育 | 989 | 17.0% | 661 | 22.2% | 328 | 12.0% |
| 等価所得（対数変換） | 4.31 | 0.28 | 4.32 | 0.28 | 4.29 | 0.28 |
| 配偶者あり | 2,975 | 51.2% | 2,035 | 68.5% | 940 | 34.3% |
| 同居子あり | 5,057 | 87.0% | 2,616 | 88.0% | 2,441 | 89.2% |
| 仕送り子あり | 549 | 9.4% | 265 | 8.9% | 284 | 10.4% |
| その他仕送りあり | 34 | 0.6% | 20 | 0.7% | 14 | 0.5% |
| 従業上の地位（現在） | | | | | | |
| 　業　主 | 1,071 | 18.4% | 956 | 32.2% | 115 | 4.2% |
| 　家族従業 | 876 | 15.1% | 455 | 15.3% | 421 | 15.4% |
| 　被用者 | 472 | 8.1% | 401 | 13.5% | 71 | 2.6% |
| 　無　職 | 3,291 | 56.6% | 1,160 | 39.0% | 2,131 | 77.8% |
| 最長職 | | | | | | |
| 　専門・管理 | 330 | 5.7% | 266 | 9.0% | 64 | 2.3% |
| 　事務・販売 | 888 | 15.3% | 675 | 22.7% | 213 | 7.8% |
| 　熟　練 | 1,037 | 17.8% | 859 | 28.9% | 178 | 6.5% |
| 　農　業 | 1,735 | 29.9% | 1,056 | 35.5% | 679 | 24.8% |
| 記載なし | 1,720 | 29.6% | 116 | 3.9% | 1,604 | 58.6% |

注：年齢および等価所得（対数変換）は平均，標準偏差．その他は度数，比率．

初期において，年をとったら「畑に戻る」という生活はあったかもしれないが，それは職業としての農業ではなく，家事ないし趣味の延長線上の活動に過ぎなかった[5]．またその背景には，男性は身体問題が，女性は身体問題とともに家族の就業継続への不賛成が大きな要因となっていた．この時期の老親が働くことへの家族の態度が，親の性別によって異なっていることが示された．

## 3.2　子からの自立生活意識の分析結果

　それでは，家族の意向によって就業をやめても自立的な生活を送ることはできるのだろうか．この点や扶養規範の変化を踏まえ，次に，子からの自立生活意識の分析についても考察する．**表 13-5** に分析にもちいた変数の記述統計を全体，および，性別別に示した．もちいる変数に欠損があるケースを除いたリストワイズ削除による結果を示している．

　記述統計からは，「子どもの世話にならなくて暮らせる」とする回答は男性

13章　戦後日本型体制の手前における高齢者──273

**表 13-6　子からの自立生活意識を従属変数としたロジスティック回帰分析の結果**

| | 男　性 | | | | 女　性 | | | |
| | モデル 1 | | モデル 2 | | モデル 1 | | モデル 2 | |
| | OR | SE | OR | SE | OR | SE | OR | SE |
|---|---|---|---|---|---|---|---|---|
| 年　齢 | 0.944 | 0.008*** | 0.944 | 0.008*** | 0.952 | 0.010*** | 0.954 | 0.010*** |
| 高等教育(ref.それ以外) | 1.924 | 0.252*** | 1.924 | 0.252*** | 1.760 | 0.296*** | 1.820 | 0.308*** |
| 等価所得(対数変換) | 14.616 | 3.088*** | 14.741 | 3.116*** | 12.467 | 2.836*** | 13.978 | 3.211*** |
| 配偶者あり(ref.なし) | 1.423 | 0.151*** | 0.937 | 0.361 | 4.156 | 0.546*** | 0.647 | 0.224 |
| 同居子あり(ref.なし) | 0.065 | 0.014*** | 0.046 | 0.018*** | 0.076 | 0.015*** | 0.018 | 0.006*** |
| 仕送り子あり(ref.なし) | 0.114 | 0.027*** | 0.115 | 0.028*** | 0.401 | 0.099*** | 0.196 | 0.060*** |
| そのほかの仕送りあり(ref.なし) | 3.397 | 2.287+ | 3.395 | 2.268 | 1.160 | 1.024 | 1.031 | 0.966 |
| 従業上の地位:家族従業(ref.自営) | 0.422 | 0.059*** | 0.423 | 0.059*** | 0.326 | 0.088*** | 0.315 | 0.088*** |
| 従業上の地位:被用者(ref.自営) | 0.641 | 0.096*** | 0.641 | 0.096*** | 0.369 | 0.150* | 0.384 | 0.158* |
| 従業上の地位:無職(ref.自営) | 0.182 | 0.023*** | 0.183 | 0.023*** | 0.240 | 0.060*** | 0.240 | 0.062*** |
| 最長職:事務・販売(ref.専門管理) | 0.604 | 0.125* | 0.606 | 0.125* | 1.520 | 0.606 | 1.423 | 0.580 |
| 最長職:熟練(ref.専門管理) | 0.466 | 0.100*** | 0.466 | 0.100*** | 1.046 | 0.441 | 0.967 | 0.416 |
| 最長職:農業(ref.専門管理) | 0.383 | 0.083*** | 0.384 | 0.084*** | 0.999 | 0.387 | 0.995 | 0.392 |
| 最長職:記載なし(ref.専門管理) | 0.433 | 0.133** | 0.444 | 0.133** | 0.738 | 0.271 | 0.734 | 0.274 |
| 同居子あり×配偶者あり | | | 1.571 | 0.629 | | | 8.281 | 3.005*** |
| N | 2,972 | | 2,972 | | 2,738 | | 2,738 | |
| AIC | 2911.9 | | 2912.7 | | 2032.3 | | 1998.6 | |

注：$^+$：$p<0.1$，$^*$：$p<0.05$，$^{**}$：$p<0.01$，$^{***}$：$p<0.001$．OR：オッズ比，SE：標準誤差．

が 43.4%，女性は 20.5% であり，男女で大きな違いがみられた．この違いが性別ごとにいかなる要因によって規定されているかについて，**表 13-6** に子からの自立生活意識を従属変数としたロジスティック回帰分析の結果をまとめた．

　ロジスティック回帰分析の結果，男性は子ども以外からの仕送りありを除いて，ほぼすべての変数が 5% 水準で有意であった．これに対して女性は，そのほかの仕送りありと最長職が有意ではなかった．

　まず就業との関係を考察したい．男性は，現在の就業状況や過去職が子どもの世話にならない子からの自立意識の規定因となっていた．学歴も有意な効果を持っており，社会階層が子からの自立意識をもたらしていた．これに対して，女性は，過去職が子からの自立意識について関連していなかった．女性にとって本人の社会階層は子からの自立意識の規定因にはなっていなかったのである．

　次に家族のあり方について，まず交互作用をもちいていないモデル 1 の結果を検討する．男性にとって，配偶者あり，同居子なし，子による仕送りなしが

274——第Ⅲ部　マージナルな人びとのライフコース

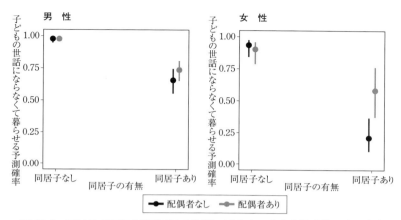

図 13-2 同居子の有無と配偶者の有無別の子からの自立生活意識の予測確率

それぞれ独立に，子からの自立生活意識を説明していた．配偶者がいるほど子からの自立意識があり，また，子どもからの支援を受けないほど子どもの世話にならなくても暮らせると考えていた．子どもと同居している場合には，子どもに頼ることが容易であるがゆえに自立生活意識は高くなかった．女性もほぼ同様であり，子どもからの仕送り以外の支援についてのみ有意ではなかったが，そのほかは有意であった．なお，女性の配偶者ありのオッズ比は 4.156 と男性の 1.423 に比べて大きく，女性のほうが配偶者の影響が大きかった．

同居子がいることは，子からの自立意識に負の効果をもつことは当然であろう．同居子がいなければ自らの力で生活をせざるをえない部分が大きくなるからである．しかし，配偶者の有無と同居子の有無はいずれか片方による扶養があれば構わないかもしれない．そこで，表 13-6 のモデル 2 として，同居子の有無と配偶者の有無の交互作用について検討した．その結果，男性は交互作用項が有意ではなく，女性は有意であった．この結果を図示したものが図 13-2 である．男性は交互作用項を投入することで配偶者の有無が有意でなくなったことからも理解できるように，同居子の有無を統制すると配偶者の有無による子からの自立生活意識への効果は消える．つまり男性にとっては同居子の有無こそが重要であり，配偶者の有無は子からの自立生活意識を規定していなかった．これに対して女性の場合，同居子なしの場合は配偶者の有無の違いはない

13 章 戦後日本型体制の手前における高齢者——275

**表 13-7** 性別別, 同居子の有無と配偶者の有無別の子からの自立生活意識の比率と等価所得

| | | | 子どもの世話にならなくて暮らせる比率 | 等価所得（円） |
|---|---|---|---|---|
| 男 性 | | | | |
| | 配偶者なし | 同居子なし（N=58） | 56.9% | 17,407 |
| | | 同居子あり（N=879） | 24.5% | 23,144 |
| | 配偶者あり | 同居子なし（N=298） | 70.1% | 27,706 |
| | | 同居子あり（N=1,737） | 48.0% | 27,693 |
| 女 性 | | | | |
| | 配偶者なし | 同居子なし（N=129） | 41.9% | 12,384 |
| | | 同居子あり（N=1,669） | 7.7% | 23,247 |
| | 配偶者あり | 同居子なし（N=168） | 65.5% | 28,516 |
| | | 同居子あり（N=772） | 34.7% | 27,470 |

が, 同居子ありの場合において, 配偶者の効果が有意に異なっていた. すなわち, 同居子がいて, かつ, 配偶者がいる場合には子どもからの自立が可能であると考える傾向にあったが, いない場合は難しいと考えていた.

　結果をまとめる. 記述統計から, 女性は男性に比べて子からの自立意識は高くなかった. ロジスティック回帰分析の結果では, 女性で同居子がいる場合のみ配偶者の有無が異なる結果をもたらしていた. 女性は配偶者がいることで, 同居子ありでも子から自立できると考えていた. この結果は, 同居しない子の支援を統制してなお成立していた.

　子からの自立生活意識の分析結果からは, 男女ともに経済状況を重視した自立感を持っていたことがわかる. この当時の老いの問題は, 家庭内における介護問題としてよりも経済問題こそが重視されていたのである. そしてこの経済問題は家族形態に大きく異なる. **表 13-7** にはこの結果を踏まえ, 性別別, 配偶者の有無別, 同居子の有無別の子からの自立意識と等価所得の平均値を示したが, 女性の配偶者なし, 同居子なしは等価所得が他に比べて圧倒的に低い. 言い換えると高度経済成長期の高齢者の自立は経済的な意味において家族に依存しており, 働ける男性は自立できるものの, 女性は家族から切り離されると苦境に陥る傾向が明らかであった. そして, このように所得が低く, かつ, 社会保障制度の整備が行われていないなかでも子から自立した生活ができると答

276——第Ⅲ部　マージナルな人びとのライフコース

えている人がいるということは，生活水準への期待値を低くしているからこそ可能となっていることが推察できる．

　なお，**表 13-6** のロジスティック回帰分析のモデルについて，社会的な不労所得となる各種年金の有無を投入したモデルについても検討したが，結果は同様であった[6]．そのため，収入源を踏まえても一定の頑健性のある結果であった．

# 4　考察と結論

　本章では，高度経済成長期初期という戦後日本型労働・雇用―保障体制の構築の手前における高齢者の働き方や引退のあり方と，その自立意識を考察した．その結果，男性の高齢者は 2020 年現在の高齢者よりも就業を継続しており，農業が多かった．女性の就業率は男性の半数程度であり，やはり農業が主であった．ただ，農業に従事する者が多くはあるが，それらは最長職も農業であり，他の職業に従事した後に高齢期に帰農するという傾向はみられなかった．また，引退の理由は男女で異なっており，男性は身体面を重視していたが，女性はこれに加えて家族の不賛成の比率が大きく家族との関係で仕事をやめていた．雇用労働が中心化するなかで，高度経済成長期初期の高齢者は労働市場の周縁において働き続けていた．

　また，子からの自立生活意識について分析した結果，男性は過去職を含めて仕事と家族のあり方が自立意識を説明していたのに対して，女性は家族のあり方が子からの自立生活意識を説明していた．さらに，女性は配偶者がいることで，同居子ありでも子から自立できると考えており，同居子の存在に全面的に依存しているわけではなかった．この点は重要である．同居と扶養を一体として捉えていた男性に対して，女性は同居と扶養の乖離を意識する人が一定の割合でいたのである．前述したように，那須は同居こそが高齢期の生活の安定をもたらすとしたが（那須 1974），すでに 1960 年代前半において，他家に嫁ぎ，家事を担ってきた女性たちの一部は，同居子に頼るのではなく，配偶者とともに夫婦で自立的な生活を営む可能性を想定していた．本章の分析は，高齢期における同居と扶養が一致しなくなってゆく過程を描き出したといえる．なお，

13 章　戦後日本型体制の手前における高齢者——277

当時の意識では，長い介護生活という想定はあまりなされていなかった．1970年代以降に介護問題がより重要な社会課題となってゆくなかで，子ではなく社会保障制度の整備を重視するようになっていく背景には，このような女性の意識の変化が関連しているとも考えられる．

また，批判的老年学が議論してきたように，戦後日本型労働・雇用—保障体制によって周縁化される途上において，高齢者はその仕事を行うことを望んでいたかどうかはわからないが，自分たちの仕事をし，生活を支えていた様子が明らかとなった．高齢者だから働けないという考え方は，女性に対する家族による意識以外ではほぼみられなかった．この意味において，近代的な年齢差別（Palmore 1999）は，高度経済成長期初期より後に一般化していったと考えられる．

以上から，戦後日本型労働・雇用—保障体制の手前における老いは，農業を中心とした自営的な就業の継続による生活の維持と，とくに女性における同居と扶養意識の乖離の始まりという特徴をもつものであったと結論づけられる．

本章の分析には，いくつか課題がある．本章の分析は就業に焦点をおいており，家事やケア労働などの不払い労働については分析ができていない．この点はとくに女性の老いについて捉え損ねている部分があり，家事をいかに分析モデルに組み込むかは大きな課題である．また，過去の社会調査の復元による二次分析という性質上，復元した老齢者調査の調査票では，最長職の従業上の地位が不明であるなどといったデータに制約がある点があげられる．この方法論的な限界について，他の史資料との連携などによって乗り越える可能性がないか，方法論的な発展の模索が今後の課題である．

これらの課題はあるが，老齢者調査の復元によって，戦後日本型労働・雇用—保障体制の手前という高齢期の社会的構築の初期段階における高齢者の働き方や，子からの自立生活意識とその性別による違いを詳述することができた．これは歴史的な社会調査資料を個票レベルで復元したからこその意義であり，計量歴史社会学の重要性を改めて確認するものであったといえるだろう．

---

1) このようなライフステージ観は発達心理学を中心に構築されてきたものである．ただし，高齢期を自然で普遍的なライフステージとする考え方は，やや平板な見方

でもあり，エリクソンは発達課題を社会における順応力の変化と捉えなおし，中高年期においては次世代との関係のあり方を世代性 generativity という概念から考察することで，社会における多様な世代間関係をも視野に入れた議論をしている（Erikson et al. 1986＝1990）．

2) 神奈川県民生部による高度経済成長期に行われた高齢者を対象とした調査は，老齢者調査以外に 1970 年と 1972 年に行われている．前者が「ねたきり」老人を対象とした調査であり（神奈川県 1971），後者は一人暮らし高齢者を対象としている（神奈川県 1973）．高度経済成長期の後半になると，個別具体的な老後生活の問題が意識されるようになり，「ねたきり」や「ひとり暮らし」というものが対象となっている．そのため，全般的な高齢者の経済生活への関心をもって行われた調査であるという点でも，当時の老齢者調査は重要かつ貴重な調査である．また，この 2 つの調査には東京大学社会科学研究所の氏原正治郎らは関わっておらず，神奈川県が独自に調査を行っている．

3) 1965 年の SSM 調査の対象は 20 歳以上であるが，現在，個票として提供されているデータは 20〜69 歳の男性のみである．

4) 当時の神奈川県の民生委員の配置では，神奈川県東部の市部に比べて西部の郡部のほうが民生委員が多く配置されていたため，郡部の対象者にやや偏りがみられると報告書で指摘されている（神奈川県 1965：7）．ただし，実際の回収では当時の国勢調査などの結果とほぼ一致しており，市部において若干，市部のなかでも農村よりの市部の回収が多くなっていると指摘されている（神奈川県 1965：20）．そのため，地域的な偏りについてはやや残るものの，おおむね神奈川県全体の老齢者の状況を示していると考えられる．

5) 1960 年代までは農村の過剰人口をいかにして都市部が吸収するかが重要な論点であり，都市部と農村部双方を抱える神奈川県において，高齢期における最長職からの離脱後に農業に戻る傾向は少なく戻る余地があまりなかったと考察できる．高齢期の帰農については，農山漁村文化協会が 1995 年の新規就農者の半数以上が 60 歳以上だったことに着目して「定年帰農」という造語をもちいた（農山漁村文化協会 1998）．しかし，その実態は過去から行われていたものではなかったことが改めて確認された．

6) 具体的には，5 つの種類の年金（厚生年金，福祉年金，共済年金，恩給（文官，軍人のいずれか），私的年金）の有無をそれぞれダミー変数として投入したが，基本的な知見は変わらなかった．なお最長職と年金は結びついているため，とくに男性について多重共線性の問題は起きていないものの，最長職の効果は変化している．

［付記］
　本章の執筆にあたり，東京大学社会科学研究所課題公募型二次分析研究会の活動の一環で復元した「老齢者生活実態調査」のデータを利用しました．

［参考文献］

天田城介，2011，「老いをめぐる政策と歴史」天田城介・北村健太郎・堀田義太郎編
『老いを治める──老いをめぐる政策と歴史』生活書院，pp. 126-147.

Estes, C. L., S. Biggs, and C. Phillipson, 2003, *Social Theory, Social Policy and Ageing: A Critical Introduction*, Maidenhead: Open University Press.

Erickson, E. H., J. M. Erickson and H. Q. Kivnick, 1986, *Vital Involvement in Old Age*, New York: W. W. Norton & Company.（＝1990，朝長正徳・朝長梨枝子訳，『老年期──生き生きしたかかわりあい』みすず書房）.

Green, B. S., 1993, *Gerontology and the Construction of Old Age: A Study in Discourse Analysis*, New York: Aldine de Gruyter.

濱口桂一郎，2014，『日本の雇用と中高年』筑摩書房.

神奈川県，1965，『神奈川県における老齢者生活実態調査報告書 昭和38年』神奈川県.

────，1971，『神奈川県における「ねたきり」老人の実態──昭和45年「ねたきり」老人生活実態調査結果』神奈川県.

────，1973，『神奈川県におけるひとり暮らし老人生活実態調査報告書 昭和48年10月版』神奈川県.

厚生省大臣官房統計調査部，1969，『昭和44年厚生行政基礎調査報告』厚生統計協会.

毎日新聞社人口問題調査会編，1976，『日本の人口問題』毎日新聞社.

宮本太郎，2008，『福祉政治──日本の生活保障とデモクラシー』有斐閣.

那須宗一，1974，「老人扶養の変貌」家族問題研究会編『現代日本の家族──動態・問題・調整』培風館，pp. 82-87.

中川清，2009，「日本における高齢者福祉調査の形成と高齢者像──1950年代と60年代の生活実態調査を中心に」『同志社政策研究』3: 48-67.

農山漁村文化協会，1998，『定年帰農──六万人の人生二毛作（増刊現代農業）』1998年2月増刊号，農山漁村文化協会.

Palmore, E. B., 1999, *Ageism: Negative and Positive*, 2nd Edition, New York: Springer Publishing Company.

Phillipson, C., 1982, *Capitalism and the Construction of Old Age*, London: Macmillan.

────, 1998, *Reconstructing Old Age*, London: Sage.

佐口和郎，2003，「定年制度の諸相」佐口和郎・橋本秀一編著『人事労務管理の歴史分析』ミネルヴァ書房，pp. 281-332.

副田義也，1982，「現代日本における老年観」副田義也編『老いの発見2 老いのパラダイム』岩波書店，pp. 83-110.

Walker, A., 1981, "Towards a Political Economy of Old Age," *Ageing and Society*, 1: 73-94.

湯沢雅彦，1999，「戦後日本の老人扶養と相続の変容」奥山恭子・田中真砂子・義江明子編『扶養と相続』早稲田大学出版部，pp. 238-254.

# 付　　録


　この付録では，「戦後労働調査資料」の調査データの復元作業について，そのプロセスや経緯を読者と共有する．本書で用いられている復元された調査データは，第1章の**表1-1**にまとめられているとおりである．このうち，本書を執筆したメンバーが復元に関わったのは，表中のNo. 2「新規学卒者（中卒）労働市場調査」以外の6調査であり，この調査の調査票については記入された情報を削除した状態で，本付録の末尾に掲載した．

　序章でもふれているように，「新規学卒者（中卒）労働市場調査」は，1990年代に石田浩（東京大学・当時）・苅谷剛彦（東京大学・当時）・菅山真次（東北学院大学・当時）を中心として復元された．その後，十数年間，「戦後労働調査資料」の復元に着手する研究者は現れなかった．古い調査票の山からデータを復元し，さらに二次分析する過程では，多大な時間と労力が必要になるためである．一方で，「戦後労働調査資料」の資料集である『戦後日本の労働調査』をまとめた関係者たちは，これらの調査を復元する意義を折に触れて語り続けていた．その「語り部」の最後の1人とも言える存在が仁田道夫（東京大学社会科学研究所名誉教授）であった．仁田道夫は，社会科学研究所でのセミナーで若手研究者がこのデータを復元することの意義を説いていた．2007年秋におこなわれていたセミナーを聴いて，復元二次分析の研究を構想したのが本書の編者の1人の相澤真一であった．

　相澤は，2010年に「戦後労働調査資料」復元を研究テーマとする日本学術振興会特別研究員（PD）として東京大学社会科学研究所に着任する．相澤は，2010年8月に**表1-1** No. 4「ボーダー・ライン層調査（東半分）」の撮影を開始した．これが本書完成まで15年にわたる一連の復元作業の始まりであった．ちょうど，当時「100年に一度」と言われたリーマン・ショックによる不景気の真っ只中にあった．また，復元作業開始直後には東日本大震災にも見舞われた．突如問題として注目されるようになった貧困あるいは人々が災厄によって見舞われる不幸に直面するなかで，日本社会が以前に抱えていた貧困問題とは

何だったのかについて関心を共有する若手の研究者は少なくなかった．編者の渡邉大輔，石島健太郎も自身の研究とのかかわりをもちながら，この復元作業に当初からかかわっていくこととなる．

# 1 復元作業の経緯

(1) No. 4「ボーダー・ライン層調査（東半分）」(神奈川県における民生基礎調査)

相澤は自身の日本学術振興会特別研究員の科学研究費によってアルバイト学生を雇用して撮影作業を進め，10月には入力を開始した．翌年2011年3月の東日本大震災までに，横浜市を除く部分について入力作業を完了した．震災による中断後，入力を再開して2011年度に作業を完了した．

本書の編者の佐藤香は，相澤の作業に全面的に支援をおこなってきた．渡邉大輔は，研究作業自体に関心を持ち，この頃に研究室を訪問し，入力作業に携わっている．石島健太郎は，震災後，2011年4月に大学院に進学してすぐにこの作業をアルバイトとして手伝い始めた．

当初より，高度経済成長前夜における都市の変容に着目していたため，工業都市として発展した横浜市，川崎市，横須賀市を中心とした東半分の復元を完了し，(2)の作業に移行した．なお，2023年度に東京大学社会科学研究所から予算措置を受け，西半分の復元もおこなったものの，まだ後述の復元のプロセスとしては途上の状態にある．

「ボーダー・ライン層調査」の復元データをもちいた研究成果は，次に述べる「貧困層の形成（静岡）調査」の復元データの分析とあわせて，相澤ほか(2016) としてまとめられ，青弓社より出版された．また，復元されたデータは2020年にSSJデータアーカイブから公開された．

(2) No. 3「貧困層の形成（静岡）調査」と No. 1「京浜工業地帯調査（従業員個人調査）」

2011年に「ボーダー・ライン層調査（東半分）」の入力作業を完了した相澤は，続いて，No. 3「貧困層の形成（静岡）調査」の復元に着手した．同じ

282——付　　録

2011年に，橋本健二（武蔵大学教授・当時）がNo. 1「京浜工業地帯調査（従業員個人調査）」の復元を開始した．橋本の復元作業は社会科学研究所内の研究会として組織され，佐藤が社会科学研究所の担当となった．相澤も，この研究会に参加して作業を進めることとなった．研究会として復元作業を実施する枠組みは，その後も継続されることになる．復元作業と復元したデータの分析について2年ごとに成果報告会もおこなってきた．

　橋本が復元作業のための科学研究費補助金を取得していたことから，「京浜工業地帯調査」の復元作業では多くのアルバイト学生を雇用することができ，また，自由記述がほとんどない調査票の設計だったため，2カ年で復元作業を完了することができた．調査票の撮影写真をPDF化し印刷して，冊子に綴じることにより，その冊子をもちいることで社会科学研究所外での作業が可能になったことも，作業の進捗を早めることにつながった．

　また，相澤による「貧困層の形成（静岡）調査」の復元作業でも，2012年度末には自由記述の解読と入力をおこなった（（4）文字情報をコーディングするに後述）．後でも述べるが，計量的な二次分析をおこなうということのみを目的とする復元であれば，自由記述の読解と入力は，本来，不要な作業である．けれども，紙の調査票原票の保存に限界があることを前提として，データの散逸を防止することも目的に含める場合，自由記述を切り捨てることはできない．自由記述部分の復元は，半世紀以前の肉筆を読み解くところから始めなければならないが，癖のある文字も多く，2024年現在の30〜40歳代では旧字・略字などについての知識も共有されていない．そのため，くずし字辞典などももちいて作業をおこなうが，多くの時間を要した．

　「京浜工業地帯調査」の復元データを分析した研究成果は，橋本（2015）として弘文堂から出版された．本書の序章でもふれたように，ここで橋本は，氏原正治郎の「企業封鎖的労働市場モデル」が妥当であるか否かを検証している．「貧困層の形成（静岡）調査」「京浜工業地帯調査」の復元データは，いずれも2018年にSSJデータアーカイブから公開された．


(3) No. 7「団地居住者生活調査」

　2012年度に中京大学に就職していた相澤が，以前より「団地居住者生活調

査」に関心をもっていた森直人（筑波大学）とともに「団地居住者生活調査」の復元を開始したのが 2013 年度である．このとき，渡邉大輔が成蹊大学に常勤職を得たのを機に，正式に復元作業に加わった．主要メンバーの所属先が異なることから，クラウドサービスとして Dropbox を利用して作業を進めることとした．

この頃になると，(1)，(2)の作業を経てノウハウの蓄積が進んだため，それを記録することもおこなわれた．相澤ほか（2013）は，過去の社会調査データを復元・再構成するための手続きと方法論をまとめ，紹介したものである．この論文の執筆当時，小山裕と鄭佳月は「京浜工業地帯調査」の復元作業に参加していた．

「団地居住者生活調査」は生活時間調査であり，平日と休日の 0 時からの 24 時間をおおむね 15 分単位で区切って何をしていたかが自由記述で記入されている．1960 年から NHK による「NHK 国民生活時間調査」が開始され，1976 年からは総務省統計局（当時は総理府）の「社会生活基本調査」が開始されており，いずれも 5 年ごとに継続されている．「団地居住者生活調査」の 15 分ごとの行動を分類するにあたり，これらの調査を参照した．「社会生活基本調査」で用いられている 20 種類の行動分類（小分類）に加え，「テレビ」「家事と趣味の境界（編物や洋裁，菓子作りなど）」「読書」の行動を加えることとした．この追記は，いずれも非常に頻出すること，および，既存分類に一意に当てはまりにくいものであったからである．生活時間部分については，行動に加え，自宅か自宅外かを区別するコード，および，テレビを見ながらという記述が多かったことからテレビを見ながらの活動を区別するコードを導入した．また，分類が困難な行動についても独自のコードを割り当てた．

この復元作業においては，渡邉の指導のもとで，成蹊大学の学生が目覚ましい働きを見せた．森もまた，筑波大学で作業をおこなった．2014 年度のうちに一連の作業が完了した．「団地居住者生活調査」の復元データを用いた研究成果は，渡邉ほか編（2019）として青弓社から出版され，復元されたデータも 2020 年に SSJ データアーカイブから公開された．

284——付　　録

## (4) No. 6「老齢者の労働・扶養調査」(通称「老齢者生活実態調査」)

渡邉の専門領域が老いの社会学的研究であることから，2015年度に「老齢者生活実態調査」の復元に着手することになった．「団地居住者生活調査」と同様に，渡邉の指導のもとで成蹊大学の学生を中心として作業をおこなった．この調査は60歳以上の老齢者がいる世帯を対象とした世帯調査であり，同居家族に複数の老齢者がいる場合はそれぞれについてデータが存在するため，入力には注意が必要であり，分析上の混乱が生じないよう配慮した．2017年度まで職業や過去職のコーディング作業が続いた．

この復元作業と同時期の2015年に，「ボーダー・ライン層調査」「貧困層の形成（静岡調査）」「京浜工業地帯調査」の復元作業の経験にもとづいた佐藤ほか（2015）が刊行された．

## (5) No. 5「福祉資金の経済効果調査」(通称「福祉資金行政実態調査」)

「老齢者生活実態調査」の復元作業が一定程度の完了を見た後，2016年度から「福祉資金行政実態調査」の復元作業をおこなうことになった．成蹊大学の多くの学生の協力が見込めたことから，作業開始の決断をすることができた．さらに，「老齢者生活実態調査」の作業を経験した「熟練学生」がリードすることで，渡邉の管理業務も軽減された．

序章の注6）でもふれたように，「福祉資金行政実態調査」は設問数が多く，1世帯あたりのカラム数が570カラムにのぼり，膨大な作業量になった．また，1世帯が複数の資金を利用しているケースが少なくなく，入力に工夫を要した．さらにこの調査では福祉資金を借りた時点と現在時点の複数時点の世帯状況が測定されているが，世帯人員の続柄に誤記が多く，また，世帯主の結婚や死去等により続柄が大きく変わったケース，複数の子どものうち教育資金を借りたものが誰かについて当時の調査時に測定ミスをしているケースなど多くの問題ケースがあった．そのため，クリーニング作業でも多くの困難に直面することとなり，2024年度まで作業が継続している．

以上，本書で取り上げた調査データの復元作業の経緯をみてきた．コロナ禍では復元作業を進めることはできなかったが，分析にかかわる研究会を開催してきた．コロナ禍による会議のオンライン化は，結果として，この研究会には

大きくプラスに作用した．本書執筆でも活躍している岩永理恵（日本女子大学），角崎洋平（日本福祉大学），渡邊勉（関西学院大学）といったメンバーは，研究会のオンライン化を機に加わった．さらに，2021年度末からは，社会科学研究所の経費および東京大学経費を受けて「国鉄女子労働者調査」「ソーシャル・ニーズ調査」の復元を開始し，新たなメンバーが参加することになった．それまで2010年代を通じて10名から15名前後であった研究会メンバーが，2020年代に入ってから20名を超えることになり，2024年8月現在で25名に至っている．世代としては，佐藤香を筆頭としつつ，相澤，渡邉らの70年代後半生まれ世代，石島らの80年代後半生まれ世代から，近年では，90年代，2000年代生まれの世代が，復元作業の実働の「若手」として活躍している．

## 2 復元作業のプロセス

2010年の作業開始以来，デジタル技術は大きく進化し，それにともなって作業にもある程度の変化はあったが，流れそのものは変わっていない．復元作業の工程は，佐藤ほか（2015）で述べたように，いわば「ジャングル探検」であって，しばしば変更する必要が生じ，予定通りにはいかない．しかしながら，「ジャングル探検」も何度も繰り返すと少しずつ探検の仕方が見えてくる．本章では，この「探検の仕方」の現状について紹介する．

復元作業のプロセスは，序章で述べたように，「1 保管されている調査票を確認する」「2 撮影する」「3 入力ルールを作成し，入力する」「4 文字情報をコーディングする」「5 データクリーニングする」といった流れでまとめることができる．このプロセスを一般的な社会調査と比較しながら図示すると次の図付-1のようになる．

一般的な社会調査，特に量的な社会調査では，構想・計画の段階で注目すべき関係性を考え，それを変数に落とし込む作業をおこなう．ところが，復元作業の場合，調査思想などを共有していないため，そもそもこの調査票をどのようなデータとして復元するのか，入力フォーマットを立ち上げながら，入力データを設計する作業が必要とされる．

この際，当時の集計表や報告書が役に立つこともあれば，役に立たないこと

286——付　録

**【一般的な社会調査】**

構想・計画 → 準備 → 実査 → 入力・点検 → 分析 → 報告 → データ管理

**【復元工程】**

資料確認 → 撮影 → ［入力設計（1回目）→ 入力（1回目）／入力設計（2回目）→ 入力（2回目）］ → 照合 → クリーニング

**図付-1　一般的な社会調査と復元作業のフロー比較**

出典：前田ほか編（2024）p. 14.

もある．総じていえば，本書で復元したデータのほとんどでは，データの復元
過程においては役に立っていない．それには2つの理由がある．第1は，調査
票の構想資料は多くの場合，残っていない上，仮に集計過程の資料があったと
しても，それらは集計をする研究会内でのメモでしかないため，第三者が読ん
でわかるような状態のものは少ないことがあげられる．第2は，特に，神奈川
県民生部がおこなった(1)，(3)〜(5)については一通りの集計表とクロス集計
のみで報告書が完了しており，その数字の含意が十分に吟味されていないこと
がしばしば見られるからである．

　そのため，多くの調査では，当時の入力設計思想を想像しながら，現代の集
計技術を生かして，着実かつ思い切った入力のデザインをする必要がある．そ
の結果，1回目の入力設計では不十分となることが多い．結局，どの調査でも
1回全部打ち込んで問題点を洗い出し，2回目の入力設計をおこなうことが必
要になった．とはいえ，カラムを大きく変化させたり，入力コードを大きく変
更させたりすると，当然ながら，1回目入力と2回目入力の結果が一致しなく
なる問題も出てくる．こうしたことから，1回目にどの程度の入力フォーマッ
トの「完成」を目指し，2回目にどの程度の入力フォーマットの「改訂」をす
るかは，今回復元したデータの間でも，それぞれのデータや復元責任者におい
て若干異なる考えのもとでおこなわれたことは否定しない．

　以下，作業プロセスについて，「1 保管されている調査票を確認する」「2 撮
影する」「3 入力ルールを作成し，入力する」「4 文字情報をコーディングす
る」「5 データクリーニングする」の5点を紹介する．なお，この説明では，

最新の復元作業のノウハウを含める意味を込めて，本書には取り上げていないものの，ほぼ復元データが出来上がった「国鉄女子労働者調査」「ソーシャル・ニーズ調査」の事例も一部含んでいる．

## （1）保管されている調査票を確認する

「戦後労働調査資料」は，現在，一定の温度と湿度に保たれている資料室で，調査ごとに中性紙の箱に入れて保管されている．今回復元に取り組んだ調査は1950年代から60年代に実施された調査もので，当時の調査票には安価な用紙が使用されていることもあって，その劣化は著しい．当然のことながらコピーをとることはできず，写真撮影から始める必要があることを確認した．

先に当時の集計表や報告書がデータの復元過程においては役に立たないことが多いと述べたが，これらの情報が最も役立つのは，この調査票の現物確認のタイミングである．何票が回収され，何票が集計されたのか，この最も基本的な情報においても，しばしば齟齬がない訳ではなかった．最も大きい齟齬は「貧困層の形成（静岡）調査」であった．当時の集計では都市の402票しか集計されていなかったが，実際には1000票の調査票が現存していた．一部実施されていない市町村はあるものの，当時の都市だけではない被保護層の様相に光を当てることができた点は復元二次分析の1つの大きな開拓であった．

## （2）撮影する

撮影作業の準備として，1）IDの付与規則の作成，2）撮影機材の設営，の2つが必要である．IDの付与規則については，矛盾が生じないように一定の法則性を持たせつつ，個別の調査票を識別する数値を付与した．

撮影機材としては，デジタルカメラとオーバーヘッド読取方式スキャナの2種類の可能性を探った．デジタルカメラを使用する場合は，三脚，カメラ，照明，下敷きとして画用紙，画像保存用のPC，カメラとPCの給電および接続のためのコード類，事前に準備したIDカードを必要とする．なお，IDカードの導入は（3）No. 7「団地居住者生活調査」から開始している．その前の3つの調査については，都市番号あるいは企業番号（京浜従業員調査）を定め，そのなかに存在する枚数を撮影前，撮影時，撮影後の3回チェックをして，一

288——付　　録

**図付-2　撮影作業の様子**
出典：相澤ほか（2013）p. 72 と同写真を使用.

致するのを確かめながらの作業を進めた．これが可能であったのはここまで3つの調査は情報が片面1枚に収まる「1枚もの」の調査票であったためだ．一方，「団地居住者生活調査」では，複数枚の調査票であるうえ，世帯人員の数によって調査票の枚数が異なるため，IDの別個の管理が必要となり，いわゆる受験単語帳を用いたIDカードを導入した．

　カメラの撮影作業は一眼レフカメラまたはミラーレス一眼カメラを使った．可能な限り，2人一組で作業をおこない，1名がPCのテザーソフトを用いてシャッター操作を，もう1名が調査票のセット・入替をおこなうことを基本としてきた．

　IDカードを使うにしろ，使わないにしろ，画像データの行方不明が生じないことには細心の注意を払った．どの調査票の復元に当たっても，枚数確認とIDとの数の一致は気を付けてきた点である．

　一通りの撮影作業が完了した後，画像データをチェックする．この工程では，1) 画像自体の欠損（何らかのミスで撮影されていない調査票があるか），2) 写真の焦点が合っておらず読めない文字があるか，3) 調査票の折れ曲がりや調査票を押さえる撮影者の指などによって調査票の一部が隠れていないか，の3点についてチェックをおこなう．目視によってエラーが検出された調査票については再撮影をおこない，画像データの命名規則にしたがってファイル名を

付与し，データの追加・差し替えをおこなう．こうして画像の生データが完成したところで，拠点ごとにフォルダを分けて格納した．

最後に JPEG 形式で保存されているデータを PDF 形式に変換し，PDF 上で調査票 ID ごとにしおりを付与し，記録媒体に保管する．さらに，この画像データの印刷をおこなった．保管用と入力作業用の 2 冊である．印刷された画像は拠点ごとにファイリングした．2020 年代以降の復元作業では，さらに NAS およびクラウド上にアップロードして，PC で閲覧できるようにした．これは入力作業を分業でおこなう点で非常によく機能した．

## (3) 入力ルールを作成し，入力する

入力ルールの作成にあたってポイントとなるのがカラム設計である．カラム設計と関連して，イレギュラー回答の対処方法も重要である．今回復元した調査の多くが本書第 2 章で堀江和正が詳しく論じている民生委員による他記式であったものの，例えば，「団地居住者生活調査」は基本的に自記式で生活時間が入力されている．いずれの場合であっても，多様なイレギュラー回答が発生しうることがカラム設計の段階で判明した．これらのイレギュラー回答に対応できるよう，作業チームは相当量の原票を参照し，テスト入力を反復することで，きめ細やかなカラム設計をおこなうことが各調査において目指された．

このため，どの調査票でもテスト入力には時間をかけている．入力規則とマニュアル作成にあたっては，「データを漏れなく入力できるか」に加えて「誰がどこまで判断するのか」を明確にすることを重視した．それによりアルバイトの学生がおこなう作業の標準化が可能になった．

マニュアルにはすべてのカラムについての入力規則を記載した．入力規則の具体的な運用方法を直感的に理解することを可能にするとともに，代表的なイレギュラー回答への対応方法も示した．また実際には入力を進めていくと想定外の回答も頻発し，とくに入力初期においては日々入力ルールを改訂し，それを入力担当の学生等と共有しながら進めることとなった．学生には，各自が書き込みやパターンのメモをしておくことができるよう専用の入力マニュアルを用意して作業をおこなった．

調査当時の社会に関する常識的な情報を共有していないため，単なる誤記な

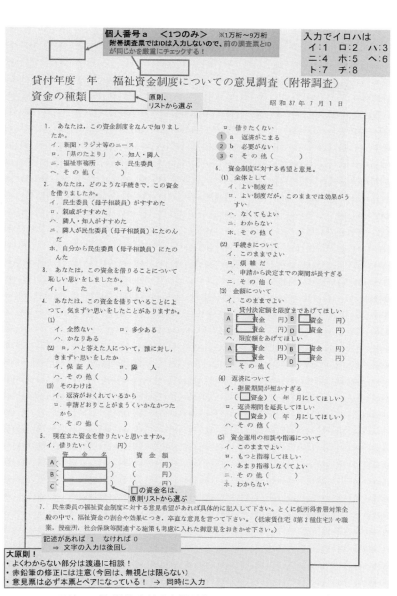

**図付-3** 「福祉資金行政実態調査」(意見票)のマニュアル例
注:実際にマニュアルとして使われたものについて、個別の情報は削除したものを掲載.

**図付-4　記入の一例**

のか，イレギュラーであっても正しい回答なのかを判断できないケースや，旧字・旧仮名遣い・崩し字・略字・略語などが判読できないケースも数多く存在する．これらに対応するため，周辺情報について当時の資料等を収集し，マニュアルに掲載して監督者・入力者間で情報共有をおこなった．「過去の歴史資料の保存」という観点から欄外記入も情報として保存することが望ましいと判断し，各設問について自由記述カラムを用意して，欄外記入を入力できるようにした．

　特に入力において頭を悩ませたのは，こちらのマニュアルにも指示があるように，「赤鉛筆の修正」であった．これは，岩永が第1章で紹介している東大社研の当時のスタッフによる修正だったと判断される．その修正の指示をどこまで踏み込んで採択するかどうかは，常に入力作業の現場では悩ましい問題であった．当時の集計表が役に立たない理由の1つはこの点であった．相澤ほか（2013），佐藤ほか（2015）でも示したように，当時の数値の完全な再現というのはこの点で無理であり，かつ無意味であると早々に判断せざるを得なかった．復元二次分析はこの点で，復元であるとともに，新しいデータを再構築することであると考えることができる．

## （4）文字情報をコーディングする

　文字情報のコーディングも一連の入力作業としておこなった．まずは，これらの自由記述もそのまま文字入力することとした．

　**図付-4**にあげた記入例は，貧困に至る過程を扱った記述であるが，学生アルバイトが読解することはほとんどできなかった．略字・崩し字に関する資料や崩し字辞典を用意し（とくに児玉幸多編『漢字くずし方辞典』東京堂出版，児玉幸多編『くずし字解読辞典』東京堂出版，が有益であった），典型的な字

292——付　　録

の崩し方を示すなどした．作業者も入力に習熟するとともに判読能力が向上したが，判読不能となるケースが少なくなく，本書の編者などが中心になって判読にあたった．また，周囲にいらっしゃった，数多くの歴史学の先生方には判読にあたり，大変お世話になった．

「貧困層の形成（静岡）調査」では，この貧困に至る過程のコーディングをその後に実施している．例えば，上記の記述については，以上の情報から「1943 年・生計中心者の病死」「年号不明（ただし他個所から補足）・生計中心者以外世帯員の病死」「年号不明・静岡県をまたぐ転居」をコードしている．

### （5）データクリーニングする

毎回の入力作業では，必ず 2 回入力をおこない，2 回分の入力データを照合し，確認する作業をおこなったうえで入力を完了させた．その後，データクリーニング作業をおこなった．データクリーニングは，1）値エラーチェック，2）論理エラー修正，3）クロス表チェック，の 3 工程でおこなわれた．

1）値エラーチェックでは，入力時に判断が保留されていた値や，回答として不適切な値が入っていないかをチェックする．異常値が検出されたケースでは，調査票画像を参照のうえ，正しい入力値に修正するプログラム文を作成した．

2）論理エラー修正では，まずアルバイト作業者の協力を得て，調査業の質問構造から発生しうる論理エラーの可能性を考えうる限りリストアップした．次にこの可能性リストから現実的に修正が可能な論理エラーを集約したうえで修正方針を決定し，修正のためのプログラム文を作成した．

3）最後に，統計ソフトでクロス表を出力し，値エラーと論理エラーが問題なく修正されているかをチェックした．

こうした一連の作業を完了しても，データクリーニングそれ自体が完了するわけではない．研究会メンバーでさまざまな変数をもちいた分析をおこなうことで，クリーニングが必要な箇所を見つけることができる．本書で取り上げられた「老齢者生活実態調査」「福祉資金行政実態調査」の分析では，今回の執筆をクリーニング作業とすることで発見された問題点も少なくない．とくに「福祉資金行政実態調査」では資金の種類によって世帯で世帯主が借りている

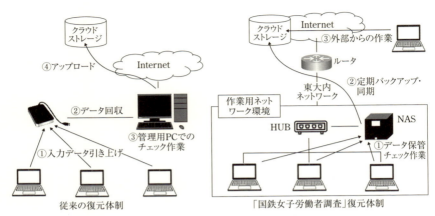

**図付-5** 作業環境のシステム構成
出典：前田ほか編（2024）p. 24.

資金（事業資金など）と，世帯の特定の個人が借りている資金（修学資金，療養資金など）があるが，調査票段階におけるあいまいな記載などが見つかりその修正をおこなっている．

(6) 入力作業体制のアップデート

　入力作業体制はこの15年間で最も更新されてきた点である．当初は**図付-5**のうち，左側の①から③の範囲のみでおこなわれていた．そこから「団地居住者生活調査」の復元以降，④の過程を経てバックアップをクラウドストレージでおこなうようになった．その後，2020年代以降の復元作業，特に「国鉄女子労働者調査」復元作業以降では，従来とは大きく異なる体制が導入された．その理由は4つある．

　第1に，本節の冒頭でも述べたように，コロナ禍で開始された作業であるため，密集した環境での作業を避ける必要があった．第2に，冊子化した調査票原票のコピーが膨大な分量になったため，持ち出しが困難になった．第3に，従来の体制では入力データの引き上げが「余計な工程」として発生して作業ミスの誘因となり，柔軟な作業切替えが困難であった．第4に，マスターファイルの保管場所が分散することからバージョン管理が困難になるだけでなく，バックアップ復元も面倒な工数が生まれ，作業ミスにつながりやすい問題があった．

以上をふまえて，**図付-5**右側のようなシステムを構築することになった．複数作業者が1つのファイルに同時にアクセスして作業することが可能であり，NASとGoogle Driveの同期設定により，手作業によるバックアップも不要になった．

# 3　寄託・公開までの長い道のり

研究会メンバーは，復元されたデータをもちいて分析をおこなう．復元作業者が分析する場合もあれば，復元作業には参加していないメンバーが分析する場合もある．後者であっても，データについて疑義があれば，研究会で作業者に確認することができる．そこで修正の必要が確認されれば，データは修正されることになる．

こうした予備的分析で使用された変数については，クリーニングの完了は早い．修正を繰り返したデータをもちいた研究成果が書籍としてまとめられる段階に達したとしても，データアーカイブから公開される寄託データの完成までは，まだまだ長い道のりが残されている．

公開準備にあたり，当初の「調査設計者，調査者，調査回答者それぞれの有するリアリティをいかにデータセット上に表現し，現在の分析者に届けるか」を再度検討し，必要な場合には3回目の入力設計の変更をおこなった．特に，先述の「ジャングル探検」の初期に復元したデータはこの過程の処理が多くなっている．

たとえば，「ボーダー・ライン層調査」の「低所得化素因」「最も生活を圧迫していると思われる費目」について，調査設計者は単一回答とみなし，調査当時の報告書も単一回答として集計している．しかし，実際の調査票には同項目に複数の○をつけている回答が多くあった．このような場合，多くの調査票では，集計者によるものとみられる赤鉛筆による○が追記されていた．1回目，2回目入力時点では，集計者による判断等を採用して単一回答としての入力を進めていたが，公開準備段階で複数回答による回答とみなし，再度の入力を進めた．

寄託データは広く一般に公開されるため，すべての変数について十分なクリ

付　録——295

ーニングをおこなう必要がある．各変数がどのような分析で利用され得るかを想像し，そのときに不整合が生じないようクリーニングする．

また，復元作業では「過去の歴史資料の保存」としてデータを作成することから，文字情報を多く含む．けれども，公開されるデータは計量分析のデータとして利用される．職業名や自由記述などの文字情報を削除して，保存用のデータとは異なるデータセットを作成しなければならない．変数名や変数ラベルも作成する必要がある．

寄託にあたっては調査票の画像も必要とされるが，復元データの場合はもともとの調査票を利用することが難しい場合が多い．こうした場合には，質問紙の内容を再現したファイルを用意する．さらに，復元データを寄託する場合，調査についての情報をまとめたメタ・データを作成することが求められる．近年の調査であれば，報告書にもとづいてデータアーカイブがメタ・データを作成するが，復元データの場合，調査当時の報告書とは有効回答数が異なるなど，データアーカイブに作業を依頼することができないためである．メタ・データとして，調査の概要，調査対象，調査対象の単位（個人か世帯か企業か），サンプルサイズ，調査時期・調査地域，標本抽出，調査方法，調査実施者，主要な調査事項などを整理する．

先述したように，2010 年代に復元二次分析の研究が始められたことの社会的問題意識として，戦後日本社会における貧困や社会問題への関心があった．一方で，本研究がこれまで 15 年間も続き，しかも多くのメンバーを集めてきた大きな理由として，この 15 年間が「デジタル」を 1 つのキーワードに社会科学の総合化が進んだ時期であり，編者たちの世代にとって，この研究が社会科学の総合化の 1 つの営みとして，方法論的にも非常に魅力的なものであり続けたことも重要である．東京大学社会科学研究所は，1998 年より SSJ データアーカイブを通じて，個票データの提供をおこなってきた，日本の社会科学におけるデータのオープンリソース化に最も貢献してきた機関の 1 つである．社会調査データをオープンリソースとして公開していく発想と，計量データ分析を用いた歴史研究ができるようになった計算機の発展の出会いが 2010 年からこの 15 年間の復元二次分析の作業を支えてきた．現在も，この復元二次分析の研究会では，これまで復元した調査データをすべて寄託できるよう作業を継

296——付　　録

続している．公開された際には，当時の文脈をよく踏まえつつ，広く利用されることを願っている．

### ［付記］

　本付録の作成にあたり，本研究会を支えてきた二次分析研究会メンバーに多大な協力を頂戴した．特に，前田一歩，瀬戸健太郎，堀江和正，魚住知広，太田昌志，塩谷昌之，小林成美の各氏に対しては，記して感謝申し上げる．

### ［参考文献］

相澤真一・小山裕・鄭佳月，2013，「社会調査データの復元と計量歴史社会学の可能性──労働調査資料（1945-1961）の復元を事例として」『ソシオロゴス』37: 65-89.

相澤真一・土屋敦・小山裕・開田奈穂美・元森絵里子，2016，『子どもと貧困の戦後史』青弓社.

橋本健二編，2015，『戦後日本社会の誕生』弘文堂.

苅谷剛彦・菅山真次・石田浩編，2000，『学校・職安と労働市場──戦後新規学卒市場の制度化過程』東京大学出版会.

児玉幸多編，1993a，『漢字くずし方辞典』東京堂出版.

児玉幸多編，1993b，『くずし字解読辞典　机上版』東京堂出版.

前田一歩・堀江和正・瀬戸健太郎，2024，「『国鉄労働組合婦人部実態調査』（1952年）の復元過程──『データセットの整備』と『資料保存』は両立しうるか」SSJデータアーカイブ Research Paper Series No. 90，東京大学社会科学研究所附属社会調査・データアーカイブ研究センター.

労働調査論研究会編，1970，『戦後日本の労働調査』東京大学出版会.

佐藤香・相澤真一・中川宗人，2015，「歴史的資料としての社会調査データ」野上元・小林多寿子編著『歴史と向き合う社会学──資料・表象・経験』ミネルヴァ書房，pp. 45-64.

渡邉大輔・相澤真一・森直人編，2019，『総中流の始まり──団地と生活時間の戦後史』青弓社.

（相澤真一・渡邉大輔・石島健太郎・佐藤　香）

以下のページでは，本書で分析をおこなっている調査票について，調査票原票の掲載をおこなった．ただし，No. 7「団地居住者生活調査」については全体5ページのうちの1ページのみを採録した．No. 1「京浜工業地帯調査（従業員個人調査）」については橋本編（2015）を，No. 2については苅谷ほか編（2000）を参照されたい．

資料番号 No. 55「貧困層の形成（静岡）調査」（記入の少ない原票から修正して作成）

付　　録——299

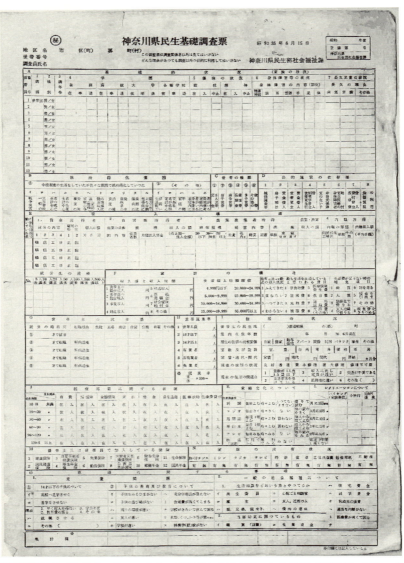

資料番号 No. 60「ボーダー・ライン層調査」(神奈川県における民生基礎調査)(記入の少ない原票から修正して作成)

資料番号 No. 61「福祉資金の経済効果調査」（通称「福祉資金行政実態調査」）

出典：神奈川県，1962，『福祉資金行政実態調査報告書』神奈川県，p. 263, 268. 上記のほかに，福祉資金制度を
利用した世帯に対して同制度についての意見調査が附帯調査（調査票1枚）として行われており，その調査票
はマニュアル例で示した**図付-3**である.

付　　録——301

資料番号 No. 62「老齢者の労働・扶養調査」(通称「老齢者生活実態調査」)
出典：神奈川県、1963、『神奈川県における老齢者生活実態調査報告書』神奈川県、p. 120.

**夫 の 生 活 時 間 表**

1. 平日と休日の2日の生活時間を記入して下さい。（平日には『はんドン』を除いて下さい。）
2. この二日は連続した2日でなくて結こうです。
3. 休日は、仕事が休みの日のことで、かならずしも日曜日のことではありません。
4. 雨の日、病気の日、冠婚葬祭のあった日を除いて下さい。
5. 記入は、前日からつづく睡眠、次の日の起床まで書いて下さい。

**平日**

| 0 時 | 1 時 | 2 時 | 3 時 | 4 時 | 5 時 |
|---|---|---|---|---|---|

| 6 時 | 7 時 | 8 時 | 9 時 | 10 時 | 11 時 |
|---|---|---|---|---|---|

**月**

| 12 時 | 13 時 | 14 時 | 15 時 | 16 時 | 17 時 |
|---|---|---|---|---|---|

| 18 時 | 19 時 | 20 時 | 21 時 | 22 時 | 23 時 |
|---|---|---|---|---|---|

**日**

| 0 時 | 1 時 | 2 時 | 3 時 | 4 時 | 5 時 |
|---|---|---|---|---|---|

| 6 時 | 7 時 | 8 時 | 9 時 | 10 時 | 11 時 |
|---|---|---|---|---|---|

**休日**

| 0 時 | 1 時 | 2 時 | 3 時 | 4 時 | 5 時 |
|---|---|---|---|---|---|

| 6 時 | 7 時 | 8 時 | 9 時 | 10 時 | 11 時 |
|---|---|---|---|---|---|

**月**

| 12 時 | 13 時 | 14 時 | 15 時 | 16 時 | 17 時 |
|---|---|---|---|---|---|

| 18 時 | 19 時 | 20 時 | 21 時 | 22 時 | 23 時 |
|---|---|---|---|---|---|

**日**

| 0 時 | 1 時 | 2 時 | 3 時 | 4 時 | 5 時 |
|---|---|---|---|---|---|

| 6 時 | 7 時 | 8 時 | 9 時 | 10 時 | 11 時 |
|---|---|---|---|---|---|

| 上記の2日において、一部分だけ平生と違ったことがありましたら簡単に書いて下さい。たとえば「友人の結婚式に列席」「病気で寝ていた」とか | 平 日 | 休 日 |
|---|---|---|

資料番号 No. 64「団地居住者生活調査」生活時間票（白票より作成）

注：上記の生活時間を夫婦それぞれ尋ねているほか，世帯状況の調査（耐久消費財の保有状況，外部サービスの利用状況を含む，調査票1枚），および子どもの生活時間調査（平日，休日別に調査票2枚）が行われている．

付　　録——303

# あとがき


「まえがき」でも述べたように，2011年以来，復元二次分析プロジェクトの研究会には，本書の執筆者・編者の他にも，非常に多くの研究者が参加してくださった．また，復元作業には多くの学生アルバイトが携わってくださった．2年ごとの成果報告会では，多くの先生方にコメンテータをお引き受けいただいた．あまりに多くの方にお世話になっているため，ここでお名前をあげることはできないが，すべての方たちに，心から御礼を申し上げたい．

とはいえ，「蛮勇を奮って」このプロジェクトのファーストペンギンとなってくださった相澤真一さんのお名前は挙げておく必要があるだろう．すでに付録を読んでくださった読者の方には，相澤さんの決意から始まった長い道のりを理解いただけたことと思う．本書は，その里程標である．

佐藤は，東京工業大学の大学院生時代に復元二次分析を経験しており，このプロジェクトを支援することになった．1965年「社会階層と社会移動全国調査（通称：SSM調査）」の学歴等の再コーディングおよび1960年「東京SSM調査」の復元二次分析を指導してくださった佐藤俊樹先生と，その作業を全面的に支援してくださった矢野眞和先生には，改めて感謝申し上げたい．

社会科学研究所とCSRDA，社会科学研究所図書室にも多大な支援をいただいている．2011年当時は「労働調査資料」は図書室の管轄であったが，さまざまな便宜を図ってくださった．耐震工事で図書室が一時的に移転する際にも，特注の中性紙箱に入れた膨大な資料群を大切に運んでいただいた．耐震工事後は，歴代の所長が「労働調査資料室」に一部屋をあてるために大変な努力をしてくださった．2000年代に所長でいらした仁田道夫先生には，この間を通じて，プロジェクトの進捗を温かく見守っていただき，また折にふれて有益なアドバイスをいただいてきた．

付録でも少しふれたが，2020年度には当時の玄田有史所長が用意してくださった所内経費により，残されていた大規模調査である「国鉄女子労働者調査」と「ソーシャル・ニーズ調査」の復元に着手することができた．現在，デ

ータクリーニングや分析を進めている.

　このことからもおわかりのように，この復元二次分析のプロジェクトは現在も進行中である．本書が刊行された後も，研究会メンバーにとってはデータと格闘する日々は終わらない．佐藤は 2024 年度末で定年退職するが，2025 年度以降も研究会は継続されるはずである．新たなメンバーの力も得て，遠くない日に次の里程標が打ち立てられることと思う.

　本書の刊行にあたっては，東京大学出版会の宗司光治氏と依田浩司氏に大変，お世話になった．宗司さんには，企画の段階から相談にのっていただき，遅れがちな原稿にも辛抱強く対応していただいた．依田さんには原稿の取りまとめから校正など，刊行ぎりぎりまで力になっていただいた．次の機会にも，どうぞよろしくお願いいたします.

　佐藤自身にとって，15 年間の復元二次分析は楽しい時間であった．実は，コーディング作業が好きであり，年の功もあって昭和世代の崩し字や略字も，それなりに読むことができる．作業を通じて，これらのスキルを若い世代に伝えることができたことを嬉しく思っている．復元作業には一種の魅力がある．時間と労力は要するが，古びた（ときには酸っぱい臭いのする）紙に判読不能な文字が記してあるだけの紙束が分析可能なデータに形を整えていくプロセスが，達成感を与えてくれることは間違いない.

　「データをして語らしめよ」というのは，KJ 法を開発した川喜多二郎先生（前述の矢野先生の恩師でもある）の言葉であるが，復元データを作成すると，「データが語りたがっている」と感じざるを得ない．データが何を語ってくれるのかは，研究者によって異なるが，復元二次分析はデータの声に耳を傾ける作業に他ならない.

　その意味で，本書は復元されたデータの過去の声を集めたものだといえる．データの声を，どれだけ正確にとらえることができたかは，読者の判断に委ねることになるが，これらの過去の声を多くの方と共有できることを喜びとして，本書を送り出したい.

　　2024 年 9 月

佐　藤　　香

# 索　引

### あ　行

天野正子　205

石川晃弘　37

石田忠　24

医療費貸付　136

　　——制度　94, 138

医療保険　144

医療保障　135

岩田正美　18, 26, 32

引退　271, 277

氏原正治郎　4, 7, 20, 22, 35, 206, 266

江口英一　4, 13, 27, 73, 85, 102

SSJ データアーカイブ　1

NHK 国民生活時間調査　207, 217

大河内一男　20

大須眞治　27

オープンスペース　231

### か　行

介護　278

外出して育児　231, 232

開田奈穂美　83

核家族　238, 244

学生社会科学研究会　21

籠山京（籠山京）　4, 25, 29, 73, 163

家事関連時間　208, 209

家事としての外出　234

家事の高度化　215, 216

家事労働のパラドックス　204, 206, 215

家電製品　205

角崎洋平　184, 194

神奈川県民生部　35, 72

川合隆男　17

川上昌子　8

川端康成　54

簡易旅館　256

関東大震災　222

既存持家　165, 167, 176

気まずさ　181, 185, 191–193, 196

休日　212

　　——の父親　239

教育的関心　225

共起ネットワーク　233

共変量　187, 188

近代家族　204, 221, 228

KH Coder　239

形態素解析　232

京浜工業地帯調査（従業員個人調査）　2, 22

建設省　163, 164

公営住宅　162

公園管理　224

公園種別　227

工業化　6

高校進学　125

壕舎生活者調査　74

更生資金貸付　96

厚生省児童局　58

公団住宅　229

交通事故　224

高度経済成長　131, 165, 177, 203, 214

　　——期　221, 223, 228, 263, 265, 269, 272, 276, 277

高齢化率　245

高齢期　278

高齢者　264

　　——自殺　249

　　——人口　245, 246

　　——福祉　243, 248, 259

国民皆保険　136, 141

国民健康保険　142, 144, 155

### さ　行

財産税　165

佐藤健二　16, 36

自営　269–272

児童公園　221, 222, 226, 238, 239
児童指導　223
児童遊園　222
島崎稔　15
下田平裕身　8, 18, 23, 26, 28, 36, 266
社会階層　214, 274
社会学的想像力　6
社会事業研究所　21, 31
社会生活基本調査　207, 217
社会福祉　71
　　──協議会　91, 92, 250, 253
　　──法　246
社会保険　140, 149
社会保障制度　263, 264
重回帰分析　208, 211
修学資金　115, 121–126, 129, 131, 132
集合住宅　205
住宅供給政策　161, 166, 168
住宅行政　162
住宅資金　161, 169, 170, 172–176
住宅事情　258
住宅難　162, 166, 170, 176–178, 251
住宅扶助　171, 173, 177
順序ロジスティック回帰分析　187, 192
奨学金制度　119
償還指導　194
傷病　152, 156
女性世帯主　79, 83, 86
自立　268, 273–277
震災復興小公園　223
新制学校制度　119
身体障害者更生資金　95
新築主義　166
人的資本　111
隅谷三喜男　20
生活時間研究　204
生活時間調査　206
生活保護　55, 57–60, 62, 117, 124, 137, 144,
　　147, 149, 154, 168, 175
　　──法　26
生業資金　92
　　──貸付　96, 99, 103, 110

精神障害　256
性別役割分業　209
世帯　7
世帯更生資金　47, 137, 139, 145
　　──貸付（世更貸付）　91, 93, 96, 99, 100
　　──制度　157
全国社会福祉協議会　39, 40
戦後未亡人　53, 63
戦後労働調査資料　2, 5, 76
潜在クラス分析　60, 81, 86
測定誤差　44

　　　た　行

対応分析　81, 235, 240
耐久消費財　203, 208, 210, 214
貸与奨学金制度　116
多子世帯　77
高野四郎　18
探索型復元二次分析　5
団地居住者生活調査　203, 228, 230
団地近隣での遊び　234
団地調査　207, 215, 217
長時間通勤　229
長時間労働　229
定年制　250, 264, 270
同居　252, 265, 275, 278
東京大学社会科学研究所　1, 76, 163
遠出しての遊び　234
特別養護老人ホーム　256
都市化　6
戸田貞三　13, 32
冨江直子　49

　　　な　行

中筋直哉　32
中村汀女　54
2項ロジスティック回帰分析　187, 189, 268,
　　274
20世紀の成功モデル　116, 131
仁田道夫　8, 42
日本育英会　116, 118, 128, 132, 196
認知症　259, 260

寝たきり　254
年金　248, 255, 256, 267, 279
能力基準　129

### は 行

配偶者　275
恥　181, 183–186, 191–193, 196
橋本健二　2
林房雄　54
伴走支援　182, 184, 186, 193, 195
批判的老年学　263, 278
平林たい子　53
貧困層の形成（静岡）調査　3, 55
ブース，C.　75
復元二次分析　1, 72
福祉国家　135, 156
福祉資金　168, 196
　　——行政実態調査（福祉資金調査）　115,
　　123, 136, 139, 141, 155, 157, 181
　　——制度　195
　　——調査　161, 164
　　——の経済効果調査　3
福武直　13, 15
藤田若雄　22
藤林敬三　19
扶養　267, 268, 273
　　——義務　265
平日　212
返済　127, 130
訪問面接法　44
「ボーダー・ライン層」調査　3, 71, 75
母子家庭　130, 132
母子世帯　53, 56, 59, 61–63, 65, 68, 69, 77, 85,
　　121
　　戦災——　66–69
母子福祉資金　47, 48, 123, 128

　　——貸付　95
　　——貸付法　117, 120, 122
補修　169–172

### ま 行

マイクロ・クレジット（MC）　182, 185
松本征二　31
未就学児　235, 238
三宅一郎　7
民生委員　25, 35, 37–50, 93, 106, 139, 147, 173,
　　183, 188, 191, 194, 195, 253, 267, 279
民族文化研究会　30
名目的自営業　110
　　——者　102
森岡清志　15

### や 行

安田三郎　17
山本潔　5, 19
養護老人ホーム　255, 256
養老院　251, 257, 259
養老施設　254
浴風園　255

### ら 行

良妻賢母　218
療養資金　138, 140, 143–149, 151, 152, 154–
　　157
老人福祉法　243, 246, 250, 258, 260
老人ホーム　254
老人問題　244, 248
労働科学研究所　57
労働省婦人少年局　58
老齢者生活実態調査　266
老齢福祉年金　260

# 執筆者一覧 （執筆順）

[編者]

相澤　真一 （あいざわ・しんいち）　　上智大学総合人間科学部教授

渡邉　大輔 （わたなべ・だいすけ）　　成蹊大学文学部教授

石島健太郎 （いしじま・けんたろう）　東京都立大学人文社会学部准教授

佐藤　　香 （さとう・かおる）　　　　東京大学社会科学研究所教授


岩永　理恵 （いわなが・りえ）　　　　日本女子大学人間社会学部教授

堀江　和正 （ほりえ・かずまさ）　　　東京大学高大接続研究開発センター特任研究員

渡邊　　勉 （わたなべ・つとむ）　　　関西学院大学社会学部教授

角崎　洋平 （かどさき・ようへい）　　日本福祉大学社会福祉学部准教授

白川　優治 （しらかわ・ゆうじ）　　　千葉大学大学院国際学術研究院准教授

坂井　晃介 （さかい・こうすけ）　　　神戸大学大学院人間発達環境学研究科准教授

佐藤　和宏 （さとう・かずひろ）　　　高崎経済大学地域政策学部准教授

前田　一歩 （まえだ・かずほ）　　　　聖心女子大学現代教養学部専任講師

羅　　　佳 （ら・か）　　　　　　　　同朋大学社会福祉学部准教授

戦後日本の貧困と社会保障
社会調査データの復元からみる家族

2024 年 11 月 28 日　初　版

［検印廃止］

編　者　相澤真一・渡邉大輔
　　　　石島健太郎・佐藤　香

発行所　一般財団法人　東京大学出版会

代表者　吉見俊哉

153-0041 東京都目黒区駒場 4-5-29
https://www.utp.or.jp/
電話　03-6407-1069　Fax 03-6407-1991
振替　00160-6-59964

印刷所　株式会社理想社
製本所　牧製本印刷株式会社

© 2024 Shinichi Aizawa et al.
ISBN 978-4-13-051149-0　Printed in Japan

JCOPY 〈出版者著作権管理機構　委託出版物〉
本書の無断複写は著作権法上での例外を除き禁じられています．複写され
る場合は，そのつど事前に，出版者著作権管理機構（電話 03-5244-5088,
FAX 03-5244-5089, e-mail: info@jcopy.or.jp）の許諾を得てください．

| | |
|---|---|
| 学校・職安と労働市場　苅谷剛彦・菅山真次・石田　浩［編］ | A5・6200 円 |
| 生活保護制度の社会史［増補版］　副田義也 | A5・5500 円 |
| ソーシャル・キャピタルと格差社会　辻　竜平・佐藤嘉倫［編］ | A5・3800 円 |
| 教育と社会階層　中村高康・平沢和司・荒牧草平・中澤　渉［編］ | A5・4400 円 |
| 変化する社会の不平等　白波瀬佐和子［編］ | 46・2500 円 |
| 日本の不平等を考える　白波瀬佐和子 | 46・2800 円 |
| 学歴と格差・不平等［増補版］　吉川　徹 | 46・3600 円 |
| 戦後日本社会保障の形成　小野太一 | A5・6400 円 |

白波瀬佐和子［監修］

少子高齢社会の階層構造（全3巻）　　　　　　　A5 各 4000 円

［1］人生初期の階層構造　中村高康・三輪　哲・石田　浩［編］

［2］人生中期の階層構造　渡邊　勉・吉川　徹・佐藤嘉倫［編］

［3］人生後期の階層構造　有田　伸・数土直紀・白波瀬佐和子［編］

ここに表示された価格は本体価格です．ご購入の
際には消費税が加算されますのでご了承下さい．